时间管理手册

如何高效过好每一天

徐丹妮 ◎著

清華大學出版社
北京

内 容 简 介

这是一本学生和职场人士都可以使用的时间管理指南，通过科学的时间管理方法和长期的实践经验的分享，它可以帮助读者高效利用时间，更好地平衡学习、工作和生活之间的关系。书中的方法简单易学，具有很强的实用性、可操作性，读者不妨与身边的朋友一起学习和实践。在这个时间碎片化的时代，关于如何高效过好每一天，这本书或多或少都会给你一些启发。

图书在版编目（CIP）数据

时间管理手册：如何高效过好每一天 / 徐丹妮著 . —北京：清华大学出版社，2023.10
ISBN 978-7-302-64710-2

Ⅰ. ①时… Ⅱ. ①徐… Ⅲ. ①时间—管理 Ⅳ. ① C935

中国国家版本馆 CIP 数据核字（2023）第 183651 号

责任编辑：张尚国
封面设计：长沙鑫途文化传媒
版式设计：楠竹文化
责任校对：马军令
责任印制：宋 林

出版发行：清华大学出版社
网 址：http://www.tup.com.cn，http://www.wqbook.com
地 址：北京清华大学学研大厦 A 座 **邮 编：**100084
社 总 机：010-83470000 **邮 购：**010-62786544
投稿与读者服务：010-62776969，c-service@tup.tsinghua.edu.cn
质量反馈：010-62772015，zhiliang@tup.tsinghua.edu.cn
印 装 者：三河市东方印刷有限公司
经 销：全国新华书店
开 本：165mm × 235mm **印 张：**19.25 **字 数：**278 千字
版 次：2023 年 11 月第 1 版 **印 次：**2023 年 11 月第 1 次印刷
定 价：69.80 元

产品编号：095991-01

序言 Preface

承蒙各位读者的厚爱和清华大学出版社的支持，我的第一本书《学习就是要高效：时间管理达人如是说》自出版后一直在不断地加印。同时我也从各地读者的反馈中得知，通过阅读本书，他们的学习、工作都得到了提升，对此我感到非常欣慰。

虽然这几年我一直有写第二本书的想法，但我一直没有开始动笔，一是担心没有足够的积累沉淀，写不出更好的作品；二是觉得自己应该在创业这条路上再摸爬滚打几年，让人生阅历更丰富一些，能够站在更好、更高的角度全面思考，与大家分享更多的关于时间管理的好文章、好方法。

在过去几年里，我走过了“创业—获得全国、云南省创业比赛奖项—创业失败—第二次创业”的心路历程，由于人生的高光时刻和低谷都经历了，在丰富了人生阅历的同时，我也获得了成长。也正是一直在创业的缘故，我每天的时间都被切割成了一个又一个碎片时间段，几乎同时面临着工作、学习、家庭、健康等几个方面的平衡和考验。相信许多读者也经历过或正在面对与我类似的问题：如何把 24 小时变成 48 小时，利用好每一天的时间？我也不断地在思考和实践，以使自己在有限的单位时间里做出更多有意义的事情。

受清华大学出版社张尚国策划编辑的邀请，我于 2021 年 7 月开始创作此书，在这一年多的时间里，我一边创业一边用业余时间书写，一次次不断修改其中的内容。

为了更好地创作此书，2021 年我读了 90 本书，每一本书我都认真阅读，并做了笔记，所阅读的内容涉及商业知识、自我提升、效率管理、自然科学等领域。“多读书，读好书”是我一直倡导的理念，通过“阅读输入，文字输出”的形式，让自己每周都能学习新知识、新理念，又通过做读书笔记、写书评等方式记录自己的阅读收获，同时也在不断实践我的时间管理方法和学习方法。

在一边创业一边写书的过程中，我感受到了做时间管理的“复利效应”。我能够明确自己的工作目标和想要达到的生活状态，把这些目标以“年 / 月 / 日”为单位，通过每天做时间管理，把大目标不断拆成一个个小任务。每天只要完成任务清单上的事项，我的目标基本上都能实现，每天的工作和生活都井井有条。身边的朋友看到我在工作忙碌的情况下还能抽空搞创作，都很好奇，想知道我是怎么做到的。三言两语说不清，我便通过大量的方法论和实践，想把这些“简单好用的时间管理方法”以文字的形式一步一步呈现给读者，这也是我创作此书的原因。

我希望通过分享这些好方法，使读者能够在高效工作和学习的同时，抽出时间陪伴家人，或留出时间给自己的兴趣爱好，在有限的时间里，丰富自己人生的厚度和拓宽自己知识的广度。这才是做时间管理的真正意义。

“终身学习，知行合一”是我的座右铭，无论是学习外语、做时间管理，还是创业升级打怪，我都在践行这个理念。在大学毕业后的这些年里，我不断地提升自己的综合能力，哪怕最终结果不太满意，但我至少努力过，这样将来就不会后悔。

我曾在冯唐的一本书里看到这样一个故事：假如你能活到 70 岁，把你的一生画在一张 A4 纸上，一个格子代表一个月，那么你人生中会拥有 840

个格子。从出生开始，人生每过去一个月，就划掉一个格子。如果你今年 30 岁，那么就划掉了 360 个格子，放眼看去，这张 A4 纸上的大部分格子都已经划掉了。通过这样的方式，你能很直观地从视觉上感受到时间的流逝。

这个案例让我印象深刻，也让我感到人生短暂，时间不容浪费，甚至走着走着还没想明白人生的意义、实现几个梦想，我们就老了。抚今追昔，我感慨良多：

1. 人生短暂，我们有许多愿望想实现，怎么办？

2. 我们每天都在工作 / 学习，感到非常累，下班 / 放学后只想休息，不想再工作和自我提升，怎么办？

3. 许多事情不到最后的截止日期就不去完成，每次拖延到那个时刻都会感到焦虑又自责，怎么办？

朋友，与其感到焦虑和懊恼，不如翻开这本书，花几个小时把它读完。只要学会这些简单、高效的时间管理方法，通过每天、每周的时间管理实践，相信你也可以让自己的“24 小时”变成“48 小时”。

徐丹妮

2023 年 8 月

目录

Contents

第1章 学会入门时间管理法：从拖延到自律 / 1

第2章 自我提升时间：修炼你的核心竞争力 / 57

第
3
章

第
4
章

第
5
章

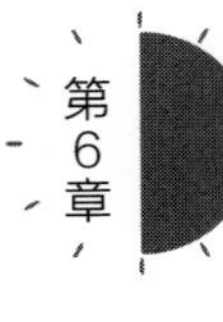
第
6
章

学会入门时间管理法：从拖延到自律

第1节 1小时快速掌握5种时间管理法

“时间花在哪儿，都是看得见的。”

“终身学习，知行合一。”

上面是我很喜欢的两句话，也是我的座右铭，我想在本书开篇就把它们送给各位读者。有的读者可能会好奇：时间，看不见、摸不着，为什么说它是“看得见”的呢?

其实这并不难理解。如果你愿意每天抽出累计 1 小时的时间进行科学锻炼，坚持 365 天不间断，一年之后你便会拥有一副健美的身材，甚至穿衣特别有型。你花费在锻炼上的每 1 分钟、每 1 小时都经过长期的积累，使你的身体发生了变化，并最终显示出看得见的结果，这个结果让你满意，也让你身边的朋友佩服。

如果你每天花 30 分钟的时间看书，坚持 100 天不间断，以每天阅读 50 页的速度计算，你就会读完 5000 页。如果按照一本书 150 ～ 200 页计算，那么在这 100 天的时间里，你可以阅读完 25 ～ 33 本书，甚至读得更多。

你看，时间花在哪儿，都是看得见的。

如果把时间精确到每一天，以年为单位来衡量，我们会发现长期在某个领域花费时间钻研，就能够产生复利效应，获得该领域的大量知识。如果我们长期在某个领域积累沉淀，便会在这个领域有一定深度的见解。

你把这些知识和见解通过“输入—输出”的方式，形成笔记、文章、音频、视频等，通过某些互联网传播渠道分享出去，你便会找到同类，甚至拥有一群和你理念相似的朋友，他们都会成为你前进道路上的盟友。

长期坚持下去，就是“终身学习，知行合一”。

我希望这两句话能够对你有所启发，帮助你为接下来学习时间管理的内容做准备。我会通过分享五种方法，让你在 1 小时之内学会简单高效的时间管理法，并且让你学完就能够实践起来。

1. 柳比歇夫法

柳比歇夫是一名苏联作家，他从 26 岁开始便记下自己每天的时间都花在了哪儿，结果：他在 28 岁确定了一生的目标——创立生物自然分类法，31 岁能准确感知时间，73 岁全年工作时长达 2006 小时，79 岁全年还为读者写了 283 封回信。

如此详细的数字，都来自他本人的记录。这些记录都非常有用，对他而言是参考，知道自己每天的时间都花在了哪里；对后人来说则是一种可以参考和借鉴的基础时间管理方法。

他在充实又忙碌的一生中，不仅热情、严谨地对待工作，也对自己的道德有严格要求。他并不是一位刻板的科研工作者，生活中也有自己的兴趣爱好。他不追求得到所有人的认可和掌声，但对自己热爱的事情能够长期坚持下去并尽量做好。他不追求成为权威，敢于提出与主流不同的观点，同时保持着批判性思维。

在《奇特的一生》[①]这本书中，作者格拉宁详细地阐述了柳比歇夫的时间管理方法——如何运用时间，使愿望一步一步实现，同时也能保证足够的睡眠时间。

柳比歇夫严格地记录自己用在学习、科研等方面的时间，随后他会通

① 格拉宁．奇特的一生：柳比歇夫坚持 56 年的“时间统计法”[M]．侯焕闳，唐其慈，译．北京：北京联合出版公司，2016.

过总结、反思，寻找并采用更合适的方法记录时间。

例如，每次散步的时候，他会捕捉昆虫、观察昆虫的习性；在一些废话连篇、对他而言没有太多意义的会议上，他会演算习题；出门在外旅行时，他会看小说、学习外语；乘电车的时候，他会站着看书，有位置的话他还可以坐着写字。

随着工作和学习的深入，他的知识面越来越宽。他在研究数学时发现，自己如果不懂历史、不懂文学，对数学的研究就会有所欠缺。他觉得自己需要进行综合学科的学习，这样才能成为一名更好的科研工作者。

渐渐地，他发现自己的时间越来越不够用了，对自己的要求也越来越高。后来他为了更好地利用时间，把工作时间分为毛时间和纯时间：毛时间就是花在这项工作上的时间；而纯时间，则是指把工作中的间隙或歇息时间也利用起来的时间。除了每天对时间耗费进行记录，他还做了规划，把一辈子分为许多个“五年计划”——他每过五年，就把时间支出在哪些事情上认真做分析，和过去的自己进行对比，在哪些方面做得好，在哪些方面做得不好，以此来不断改进自己的时间管理方法。用棋手的话来说，他就是在不断地“复盘”：回顾自己的过往，了解过去自己的时间分配是否科学。

柳比歇夫法，我用一句话简单概述为：严格记录自己每一天的时间耗费，通过分析自己的时间花费情况，重新分配时间，以达到更科学、更合理利用时间的目的。

当然，你完全没有必要按照他的原始方法做每一天的时间记录，并不是每一个人都适合这样长期的、看似枯燥的时间记录法。你可以学习和借鉴的是：通过记录自己一周 7 天的时间，每一天都花费了多少小时在工作、学习、锻炼等事情上，从而知道自己每天、每周的时间安排是否合理。如果不合理，你可以在某些事项上进行单独调整，从而达到利用时间的最高效果。

如何利用柳比歇夫法记录自己一周的时间呢？接下来我将分享自己的实践经验，希望能对你有一定的帮助。

（1）以周为单位，对每周 7 天的时间做一个详细的记录。

（2）每一天以时间轴为模板，记录自己从早到晚的时间开销。可以用晚上睡觉前的 5 ～ 10 分钟完成每天复盘，总结自己在哪些方面做得好，在哪些方面的时间利用可以再改进。

（3）每周结束之后，再做一个周复盘，看看自己本周的时间耗费是否合理。

周记录时间模板如图 1–1 所示，你可以参考或者结合个人实际另行设计。

周一 看书 2小时15分钟 工作 10小时43分钟 学习 1小时28分钟 健身 35分钟	周二
周三	周四
周五	周六、周日

图 1–1　以周为单位的时间记录模板

通过柳比歇夫法记录自己每周的时间耗费，坚持 2 ～ 3 周后，你便会养成最基础的时间管理习惯，也会明白对哪些时间不应该浪费，对哪些时间还可以更科学、合理地利用起来，从而达到时间运用最大化的效果。

2. 吞青蛙法则

想象一下：你每天早上起来，必须吞掉一只活的青蛙，你的内心会有什么样的感受?

焦虑、痛苦、不愿面对，你甚至都不敢想……没错，这些都是你在想到吞活青蛙这件事时的非常真实的感受，也是你每天面临最痛苦的工作任务、学习任务、事项时会产生的感受。

要吞掉的那只青蛙，可用来比喻你每天必须完成的那一个痛苦事项，你不愿意面对它，却又不得不面对它。“吞青蛙法则”是由《吃掉那只青蛙》[①]的作者博恩·崔西提出的一种时间管理法，它可以帮助你解决那些痛苦的事情。在这本书中，作者把每天要完成的最重要的任务比喻成大青蛙，只要你改变自己的思维方式，运用技巧把大青蛙吃掉，你就能自如地驾驭时间，掌控自己的生活。

吞青蛙法则包含两条：

第一条法则：如果你每天早上必须吞掉两只青蛙，可先吞掉更大、更丑的那一只。

这是什么意思呢?如果你每天早上醒来，同时面临两件棘手的、令你痛苦的事情，那么你就选择先处理难度更大、你更不愿意面对的那件事。

把更难、更让你痛苦的事情处理完，你就会长叹一口气，因为接下来的待办事项相对来说就容易多了。我有一位作家朋友，他每天早上起来面临着两个任务：至少更新 3000 字的文章、录制一期 5 分钟节目音频。于是他选择每天早上先去做录制音频的事项，完成之后再去单位上班，利用中午休息的时间书写 3000 字以上的文章，再发布到网站上。就这样通过不断地坚持和积累，他渐渐成为一位名作家。

第二条法则：如果你每天必须吞掉一只青蛙，那么你只是坐在那里盯着它看，终将无济于事。

这就好比：面对每天都必须完成的一件事情，如果我们一直拖延下

① 崔西．吃掉那只青蛙 [M]．王璐，译．北京：机械工业出版社，2017.

去，不愿意完成，那么这件事情就一直不会得到处理，甚至会带来更多不好的影响，产生负向的“多米诺骨牌效应”。拖延会导致事情积累得越来越多，我们会感到越来越焦虑。

我对这条法则感受颇深。早上起来每当我不想面对客户的一堆邮件和消息时，我总会告诉自己，想想吞青蛙第二条法则。只盯着这件事情不去处理是没有用的呀，不管是否情愿，都得把这件事情完成，我才不容易焦虑，才能集中精力去处理接下来的待办事项。如果我实在不想主动完成这件事，就会用吞青蛙法则加上自我惩罚的方式给我的同事发小金额红包，用外在的力量督促自己完成。时间久了，我肯定会觉得一直发红包不划算，所以即使内心再不情愿，我也会去完成这件事。自我惩罚的方式多种多样，重要的是要让自己养成主动处理困难问题的习惯，而不是任由困难问题放在那儿，自己不解决、一直拖延下去。

你也可以把吞青蛙法则更好地运用到日常生活中，帮助你面对那些很难处理的事情。

3.“四象限”法则

每天面对需要完成的大量任务，你是否有过类似的体验：当手头的待办事项变得越来越多时，感觉大脑有些混乱，不知道该从哪一件事情着手处理。随着事情堆积得越多，内心就会感到越焦虑。

其实你只要学会时间管理里的“四象限”法则，很快就能厘清手头的待办事项，从而更从容、更淡定面对它们。

根据待办事项的紧急、重要程度，我们可以把这些事情分为：重要、紧急的事，重要、不紧急的事，紧急、不重要的事，不紧急、不重要的事。如图 1–2 所示。

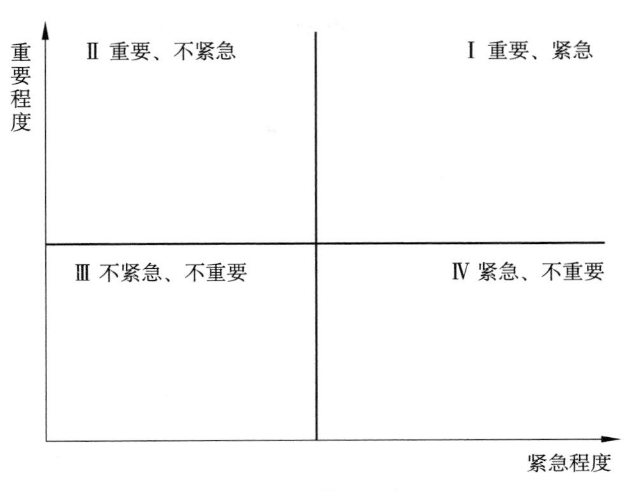

图 1-2　时间管理四象限图

（1）重要、紧急的事。一天中，哪几件事对于你来说是重要、紧急的，就可把它们放入此象限中。假如你是一名人力资源管理工作人员，每天需要处理的重要、紧急的事情有：给 10 位面试者打电话，通知他们来公司面试；筛选邮箱里的 50 份简历，从中选出 10 份候选人简历，给各个部门主管查看。那么你就可以把这些重要紧急的事情列入这个象限，每天优先完成这些工作上的事情，再处理其他事情。

假如你是一位学生，每天面对的重要、紧急的事情有：背完 50 个英语单词、写一篇 800 字的作文。那么你就把这些事情列入此象限，选择在自己状态最佳时完成这些任务。

（2）重要、不紧急的事。每天的待办事项里，有些比较重要，但它们不是当下必须完成的（不那么紧急），你就可以它们列入此象限中。假如你是一位销售人员，每天需要把销售业绩制作成表格汇总起来，这件事情重要，却不必立刻完成，可以在下班前花 5 ～ 10 分钟完成，那么这件事就可以列入此象限，提醒自己下班之前完成即可。

假如你是一名学生，每天的学习任务里重要、不紧急的事情有：与同学讨论一道数学题的解法，去询问语文老师一首古诗的寓意。那么这些事情就可以列在此象限中，将时间安排在放学后、下课后，因为它们虽然比较重要，但你不必放下学习任务，可以安排在空闲时间完成它们。

（3）紧急、不重要的事。一天中有时会有临时、突然安排的任务，它们或许需要你立马就处理、需要你在30分钟内处理完，但它们又不是很重要的事，你就可以把这些事列入此象限。比如：给老板复印一份资料，中午12点送到老板办公室；开会结束后的30分钟内，写一份简明的会议纪要提交给部门主管。这些事情都很紧急，但相对于每天最重要的那几项事情来说，显得不那么重要，你可以根据工作时间是否充裕来安排这些任务：如果时间充裕，就立刻去做；如果不充裕，可以把事情写在便利贴上，贴到办公桌显眼的位置，只要在截止日期前把它们都完成即可。注意：一定要给这些事情设立截止日期或截止时间，否则容易遗漏，以至影响工作。

对学生来说，紧急、不重要的事情可以安排在不需要大量专注学习的时间段里。比如老师要求你在今天放学之前交作文作业并送到老师办公室，语文课代表就可以利用中午休息的时间提前告诉同学们：作文须在5点之前交给你，5点之后就要自行去老师办公室提交。大部分同学能按时提交给你，你就可以整理出缺作业的同学名单附上作文本，交到老师办公室，把更多时间分配给那些重要、紧急的事情。

（4）不紧急、不重要的事。每天总会有那么几件小事不紧急也不重要，你可以将其列入此象限。例如：每天检查、回复邮箱里的邮件；回复客户的微信、短信等。对这些事情，你可以选择统一的时间段（如：下班前半小时）去处理，而不是客户来一条消息就立马回复。对这些不紧急也不重要的事情，你既可以利用碎片时间处理，也可以统一处理，总体原则就是：不要浪费大量的时间和精力在这些事情上，先专注做好手上那些最重要的事情。

假如你是学生，对于像给饭卡充值、买新的文具等事情，就可以列入此象限中：等你把学习上的重要任务都完成，再去做这些不紧急、不重要的事情。只要把它们写下来列入此象限，你就不会遗忘，也不会因为这些事情到放学前还没有做而感到焦虑。

建议大家把工作和生活的待办事项分开，列出两个图表进行事项安排。待熟练掌握此方法后，你就会明确筛出每天最重要、最应该花时间去完成的事情；拖延的习惯也会得到改变，你会发现自己的生活正在朝一个好的方向发展。

下面我以自己某天的待办事项为例，根据工作和生活分作两类，展示具体的时间安排，如图 1–3 所示。

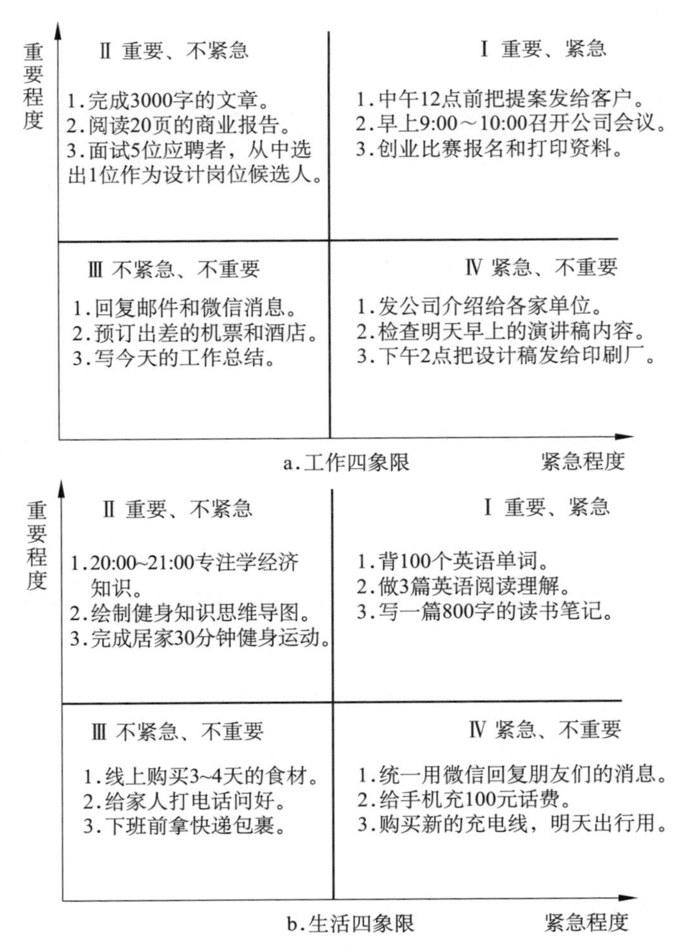

图 1–3　工作和生活四象限图

我希望这个简单好用又容易学的“四象限”法则，能帮助你合理安排每一天的时间，做好自己的时间管理。

4. GTD 法则

GTD 是 get things done 的缩写，意为“完成每一件事情”。GTD 法则是美国著名时间管理大师戴维·艾伦（David Allen）在 *Getting Things Done:The Art of Stress-Free Productivity*（《搞定Ⅰ：无压工作的艺术》[①]）中提出的一套非常行之有效的管理方法。

随着互联网和移动办公的普及，过去传统的工作模式渐渐发生改变，每天需要完成的工作内容也变得越来越多，再加上大量的工作需要通过邮件、短信、微信等形式输入，我们只是采用对待办事项完成即打钩、没完成即打叉的简单方法，已经无法更好地管理我们的时间，因此，GTD 法则应运而生。

GTD 法则的核心理念：你只有把心里所想都写下来，并且做好下一步的安排，你才能心无挂念、全力以赴地做好目前的工作，从而提高工作和学习效率。

如果你常常因一些事情没有得到解决而处在焦虑之中，那么你脑海里就会时不时想起这些事情，从而影响当下手头的工作，甚至会使你忘记做一些重要的事情。

通过 GTD 法则把所有的待办事项罗列出来再进行分类，确定下一步的处理方法，使它们都处在一个可控范围内，这样我们做事的思路才会更清晰。

作者同时提出了一个“2 分钟法则”：如果一件事情可以在 2 分钟内完成，那么你最好立马就去完成它，甚至可以暂停手中的另外一件事情，

① 艾伦．搞定Ⅰ：无压工作的艺术 [M]. 张静，译．北京：中信出版社，2016.

先把这件立马就可以完成的事情做完。

比如：你正在写工作日志，忽然接到一个通知，让你把一份材料送到隔壁同事的工位上。这件事情只需 30 秒就可以完成，你应该把手头的工作暂停，先把材料送过去，再继续做手上的工作。因为这件事很简单，也不会占用你太多的时间，若不立马去做，在忙于其他工作的情况下，你很可能会忘记送材料这件事。同事没收到这份材料，可能就会因此耽误工作。

那么，GTD 的基础概念和原则都有哪些呢？

（1）基础概念。包括材料和工作两个方面。

材料：指所有需要关注的事情，只是希望达成的结果以及如何完成，都还没有被确定。也就是说，这些属于你尚未确定结果且下一步须具体行动的事情。

工作：在中文书籍里，这个词被翻译为“工作”。在本书中，它指的是：那些已经被清楚定义目标，并且需要一步步完成的任务。作者在书中多次强调“工作”，其实并不单独指工作和事业，也可以指代生活中的一切事务。

（2）三个基本原则。作者认为，一个好的时间管理体系应该具备三个基本原则：

第一，所有需要处理的事情并不能只依靠大脑保存，而是需要一个外在的体系帮助保存。我们的大脑存在“长期记忆”和“短期记忆”，我们的大脑要记住那些真正需要长期记忆的信息——那些可以用笔和纸记录下来的短期信息，就用一个外在体系来完成。所以，无论是电子的还是纸质的时间管理表，都能够帮助我们把需要处理的事情依次记录下来。

第二，对于任何工作，我们都应明确需要完成哪些任务，从而达成最终目标。我们需要得到一些清晰的任务，大脑才能判断哪些任务可以在哪一个时间段完成。

第三，如果所有需要完成的任务都已经定义清楚了，那么还需要一个可以被定期回顾的提醒系统。简单来说，就是我们完成任务之后，要学会去查漏补缺和复盘，不断回顾和总结，只有这样，才能知道自己在哪些方面还可以再改进。

（3）从“横向”和“纵向”两个方向控制事物。“横向”控制指的是：把你的行动都管理起来，保证毫无遗漏地加以执行。这好像一个可以全方位扫描的雷达，它扫描的对象就是每一天里那些能够吸引你注意力的事务。“纵向”控制指的是：针对每个具体的主题或项目你所进行的思考。例如：在书店的时候，你和朋友聊起最近的书单，此时你内心深处的“监控雷达”就开始锁定这条信息——你要挑选哪些书籍、购买书籍的预算是多少、打算用多长时间把这些书看完、需要为读书做哪些准备等。

横向控制和纵向控制的目标是一致的：能帮助你分担精神上的压力，解除你的焦虑，从而帮助你把每一件事情都做好。通过对事情进行恰到好处的管理，合理分配时间，你可以更加自如地应对工作和生活，同时对这些项目或事项适当聚焦，让你彻底了解和掌控项目所需要准备的工作。

（4）GTD 法则的五个步骤。GTD 法则分为五个步骤：收集、处理、整理、回顾、行动。具体的处理方式可以用图 1–4 表示。

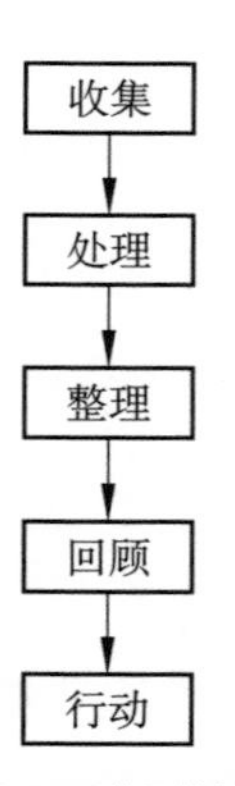

图 1–4　GTD 法则的五个步骤

①收集。了解自己完成某个待办事项，需要收集哪些信息，以及如何富有成效地完成这项任务。这一点非常重要。只有清楚自己的工作具体需

要什么信息，才能够恰当地推进事项进度。为了把你的思维从一堆乱七八糟的待办事项中解放出来，你必须清楚地意识到：需要把真正重要的事情抓住。它们是你当下必须处理的事情，而且在将来的某一个时间点，你还会去处理和回顾。

可以用到的收集工具包括：纸质笔记本、电子备忘录、录音设备、电子邮件等。

在收集信息的过程中，千万不要想着一次就能把信息收集完整，而要通过列大纲、画思维导图等形式帮助自己整理信息，等有新的后续信息加入时还要及时补充。

下面以我自己的写作过程举例说明一下。为了创作本书，我需要阅读大量各种类型的书籍，不仅限于时间管理类，还有心理类、经济管理类书籍。因为只有不断阅读，拓宽自己的知识面，才能摸索出更多具有参考价值和实用价值的方法，帮助大家做好时间管理。

于是，我在创作开始之前的几年里，大量阅读综合学科的书籍，通过写读书笔记、写书评等方式，将这些知识转化为自己的。在写书过程中，如果要引用某一个方法、观点，我就去查阅自己的读书笔记系统（电子、纸质版），立马就能找出这个观点出自哪一本书、作者是谁、是哪一个出版社出版的。

在创作开始的时候，我先列出写时间管理书籍需要的提纲，再列出需要的资料和案例，把思维导图画好之后，按照逻辑顺序进行创作。收集信息的工具也是文中列出的那些。

这些都是需要根据时间的先后顺序完成的任务，大家可以参考我的案例，对自己某一个待办事项进行详细的信息收集。

②处理。清空你的“工作篮”，让信息越来越少。例如，你的办公桌上有一些有待领导签字的文件，桌面上有 N 张便利贴，邮箱里有若干等待你回复的邮件等。建议你先分析哪些事是需要你做的，哪些事需要别人帮

助完成，从而进一步明确自己真正需要完成的待办事项。

③整理。建立你的 GTD 清单，在整理阶段要对处理的结果进行细化，对需要做的事项进行分类。此处会用到前面所提到的“2 分钟法则”，即对那些 2 分钟内不能完成的事情，都应该重新整理并写入 GTD 清单。

如何建立 GTD 清单呢？我是这样做的：建立一个如下所示的 GTD 工作清单（你可以根据自身情况做修改）。

9:00—12:00：在公司，对客户文创提案的第三版方案进行修改、回复电子邮件里的内容。需要准备：提案PPT、回复客户的邮件模板。

12:00—14:00：在健身房和餐饮店，完成“有氧 + 无氧”的健身训练、吃午饭、小憩 15 ～ 20 分钟。需要准备：健身衣服、纸巾、便携靠枕。

14:00—18:00：在公司会议室，与 A 公司洽谈合作、准备下周的选题策划会、做今天的工作总结。需要准备：会议纪要、合作方案、选题策划两个备选方案、工作总结文档。

18:00—22:00：在家，吃晚饭、阅读本周书单里的书籍、创作新文章、复习过去所学的外语知识。需要准备：学习用品、阅读的书籍、外语书籍和听力材料。

GTD 清单和待办事项清单的最大不同之处在于，它把每一个事项都做了进一步的细化。例如，根据地点（办公室、电脑旁、家里、购物中心等）分别记录只有在这些地方才可以执行的任务。这样做的好处是：当你到这些地方之后，能够一目了然地知道自己应该做哪些工作。

④回顾。一般以“周”为单位，对每周的任务进行回顾与检查，这样做可以帮助你进行清单更新，确保 GTD 系统的运作。在回顾的同时，你可以做下一周的 GTD 计划。

例如，在回顾自己本周工作的 GTD 清单时，你发现有少数几项工作并未完成，你就可以先分析是主观原因还是客观原因，再想解决问题的方案。同时，你可以把这些未完成的事情写在下一周工作的 GTD 计划里，这有助于这些事情的跟进和完成。

⑤行动。知道方法论，你就好去实践了。你可以按照每份 GTD 清单采取相应行动，在具体行动的过程中，你可能需要根据实际工作需要、你所拥有的时间和精力的多少、工作的重要紧急程度来选择先完成哪一个 GTD 清单。

GTD 法则，可以帮助你从混乱的诸多待办事项中解脱出来，整理好思路重新出发，把事情一件一件做好。这种时间管理方法，也可以运用到工作和学习中。

第2节 每天利用1小时的专注时间，让量变引起质变

一天对每个人都是24小时，可你为什么有时候会觉得时间过得很快，甚至忘记了时间的存在，有时候又会觉得时间过得很慢，感觉度日如年呢？

其实这与你正在做的某一件事有关。这件事若能让你感到快乐、愉悦，那么你就会觉得时间过得很快，甚至希望时间再多一些。比如：当你读到一本喜欢的书时，你很希望酣畅淋漓地一口气读完。

如果正在做的这件事让你感到痛苦、没有成就感，那么你或许会觉得时间过得很慢，甚至希望停下来放松一下。比如：如果让我去做数学题，无论何时我都会感到痛苦，甚至会逃避做数学题。

这是因为情绪能影响我们对时间做判断。

但我们要学会成为情绪和时间的主人，而不是任由时间摆布。有时候，我们应该硬着头皮做一些暂时让我们感觉痛苦的事情，坚持一段时间后就能获得更多成长。

如果你利用前面分享的“柳比歇夫法则”记录每天的时间开销，你就会发现自己在哪些事情上投入的时间较多，在哪些事情上投入的时间较少。更准确地说，你需要在那些能够长期获益的事情上投入更多的专注时间。

当你看书时，手机屏幕突然闪现几条消息，你想只看几分钟的消息，等会儿就继续看书。于是你把书本放下，开始看手机消息，可半个小时过去了，你忘记了自己还要看书这件事。

当你看到某位朋友晒出自己的健身照片时，对方通过长期坚持锻炼拥

有的身材让你羡慕不已。于是，你打开一个健身 App 准备运动，却又被朋友突然约请吃饭的消息打乱了计划，你准备出门赴约，却忘记了自己应该先完成健身这件事。

随着社会的不断发展，我们的时间被切割成一个又一个的“碎片”。谁拥有的专注时间越多，谁就会拥有更多时间投入某件长期获益的事情，获得自己想要的结果。

如何拥有专注时间呢？我有一些好方法与你分享。

1. 从每天专注 1 小时开始

为什么是 1 小时，而不是 30 分钟、2 小时，甚至更多呢？

因为如果专注时间太短，你不一定能快速进入“心流状态”。所谓“心流状态”，就是一种把个人精神力完全投入某种活动的感觉（关于“心流”的介绍详见第 2 章），但若专注时间过长，你中途可能容易走神甚至感到疲倦。每天专注 1 小时，你会获得一定的成就感，这等于不断为你想达成的目标做积累。在制定每天专注 1 小时的目标时，你可以在初期给自己定一个有点儿难度的目标。你得明白，做事贵在坚持，制定目标后，重要的是严格执行它，在这个过程中不能三天打鱼两天晒网。

每天专注 1 小时，可以从你喜欢、感兴趣的事情开始，通过专注时间产生正向反馈，让你坚持下去做好每一件事。你若喜欢运动，却又为下班后没有那么多时间运动而烦恼，不妨尝试把“每天专注运动 1 小时”当作你的初期目标。你若喜欢学外语，不妨利用每天下班后的 1 小时专注学习它。

在这段专注时间里，你要尽量排除外界干扰，以提高效率。你可以在学习、看书、专注工作时把电脑网络断开，将手机调至静音或震动状态，暂时切断自己与外界的联系以防干扰，待结束后再恢复。

我在写文章的初稿时会断开电脑网络，只专注于写作这件事。你也许会好奇地问："写作需要查阅资料，没有网络怎么办？"

我一般会先专注写作，待修改文章时再用网络查阅相关资料、书籍等。写初稿时一定要保持专注，修改二稿、三稿时再查阅也不迟。我认为，写作灵感转瞬即逝，外界的干扰会影响我写作的进度。想要捕捉灵感，唯有专注。

让我们一起努力，每天专注 1 小时。

刚开始时你可以用手机设置一个"1 小时专注闹钟"，让自己在这一个小时里专注完成既定目标，对其他事可暂缓或延后，尽量不要受外界干扰。

曾经，我每天都有许多工作等着完成，也为自己的工作时间和生活时间如何平衡而感到焦虑。我多次运用"1 小时专注闹钟"法完成写作、健身、阅读等目标，效果都很不错。

2."番茄时钟法"助你专注 1 小时

接下来与你分享"番茄时钟法"，它能助你快速进入专注状态，如图 1–5 所示。

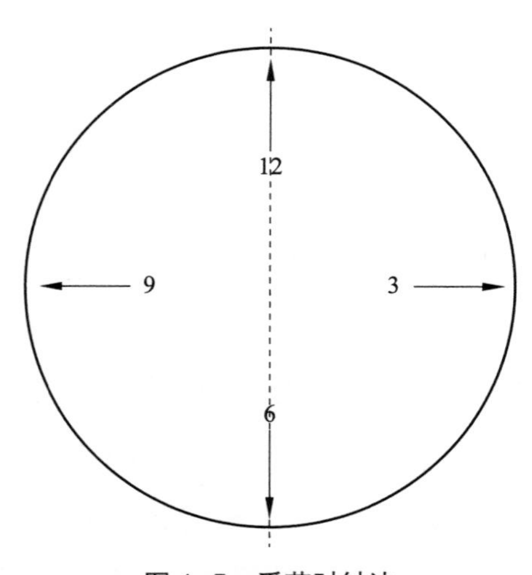

图 1–5 番茄时钟法

1 小时等于 60 分钟，如果把 1 小时视为一个番茄钟的时间，你可以用半个番茄钟的时间（30 分钟）专注 25 分钟，放松 5 分钟，对另外半个番茄钟的时间（30 分钟）再专注 25 分钟，放松 5 分钟，从而高效利用一个完整的番茄时钟。

你可以根据实际情况安排自己的番茄时钟。例如，你可以专注 50 分钟，放松 10 分钟；也可以专注 55 分钟，放松 5 分钟。此方法的最终目的是让你能够劳逸结合。

为什么要这样做呢？原来，我们的大脑有一个疲倦期，如果大脑长期处于高强度集中精力的状态，得不到放松，它就会渐渐感到疲倦。如果你一整天都待在图书馆，既不补充食物，也不做适当的休息，那么你会发现学习效率渐渐降低，最后甚至想趴在桌子上睡一会儿，不想学习。要想在专注时间内提升效率，你就要学会劳逸结合。

番茄时钟法适于每一个人，无论是学生还是职场人士，都可以根据自己的实际情况增加或者减少番茄时间段。

番茄时钟法还能够帮助你缓解焦虑和拖延。如果你在每次的番茄时间里都能完成当天的一些待办事项，那么当你把多个番茄时间里的任务都完成时，你就不会那么焦虑了。

有段时间我的工作特别忙，每周都是“连轴转”：去各家单位开会学习，给客户汇报提案，下班后健身，以及写文章更新至新媒体平台。事情太多让我感到十分焦虑，真希望自己能有多个分身，每个分身都能去做不同的事情。可当我运用了“番茄时钟法”后，这些焦虑就不存在了，我的待办事项都能依序完成。

比如，在工作“连轴转”时，我没有太多时间健身，但我又想通过健身保持一定的活力。于是我转移办公阵地：白天带上电脑在健身房办公，暂时把健身房当办公室。我利用番茄时钟法，工作 50 分钟后便起身锻炼 10 分钟，如此循环下去，利用一个上午（或者下午）的时间，就可以把一些工作完成，同时身体也得到了一定的锻炼。我的因为工作忙而没有时间锻炼的问题，就这样通过番茄时钟法解决了。白天，健身房的人较少，我即使工作，也不会受到太多干扰。我希望自己以后能够拥有大的办公室，可以把健身器械放在办公室里，实现工作和锻炼的劳逸结合。如果你心中有一个长期奋斗的目标，就能更好地做时间管理。

3. 制订 21 天和 100 天的专注 1 小时计划

当你学会了每天专注 1 小时以及利用番茄时钟法，帮助自己在专注的同时劳逸结合之后，你就可以制订一个更有挑战性的专注计划：分别用 21 天和 100 天的时间，每天专注 1 小时。

为什么是 21 天呢？这是因为曾有科研团队经过长期做实验得出一个结论：培养一个新的习惯，大约需要 21 天。

那是不是一定要等到第 21 天的时候才能养成一个习惯呢？并不是，你可能在第 19 天的时候就已经养成了，也可能需要在第 25 天才能养成。21 天是大部分人养成习惯的平均时间，你可以试着给自己制订一个“21 天每天专注 1 小时”的计划。

比如，你希望在 21 天的时间里每天专注 1 小时背单词，就可以把这个目标写在本子上并严格分配每天的时间。我提倡在上午的时间背单词，这是因为一天之计在于晨，早上起来之后人的头脑清醒，而背单词需要专注，会花费时间和精力，所以这个时段对我很合适。你可以采用“艾宾浩斯遗忘曲线法”辅助自己背单词，即把每天需要记住的新单词和复习的旧单词安排好，按着计划去执行，并保证每天的专注时间。你若能严格按照规定的时间专注做好每一件事，一般到第 21 天时，你就会感受到时间带来的复利效应——你的词汇量在不断增长。

待第 21 天完成既定目标后，你可以选择继续把这件事坚持下去，或者重新开始一个新的目标。

如果你要进行考证或新技能的学习，建议你制订一个“100 天每天专注 1 小时”的计划，即用 100 天的时间完成一个有挑战性的目标。考证、新技能的学习，需要你花费一定的时间和精力，且需要长期坚持。这类事情短期内可能并不容易看到效果，但长期坚持下去，就会产生“量变引起质变”的效果。

在这 100 天的时间里，你不用每天都在同一个时间段做这件事，你可以根据实际的专注时间灵活安排，确保每天都能专注 1 小时，尽量避免各种各样的事由暂停这个专注计划。

你可以这样安排：在第 1 ～ 20 天，每天上午拥有 1 小时的专注时间完成这个专注计划；在第 21 ～ 30 天，将这个时间段调整到晚上；在第 31 ～ 35 天，将这个时间段调整到中午……只要你坚持每天专注做好这件事即可。

我不太擅长运动，甚至有段时间一直都不愿意运动，即使知道运动好处多多，我也一直拖延。后来通过设定“100 天每天专注运动 1 小时”计划，做好时间管理，我居然完成了“每天运动”这件看似不可能完成的事情。我会根据自己每天工作的实际情况安排一个时间段进行运动。比如，上午去开会学习或见客户，下午在公司完成提案工作，晚饭后做运动；如果上午时间充裕，我会在完成一部分工作后用 20 分钟的时间做运动。

每天运动 1 小时，在 24 小时里都可以灵活安排。若是涉及学习的专注时间，建议你将其安排在效率较高的时间段。

有的读者可能会问：“我每天工作都很忙，抽不出 1 小时的专注时间怎么办？”

如果你无法拥有 1 个小时的专注时间，你至少可以抽出 30 分钟时间。有一句话让我印象深刻：“抽不出时间锻炼，迟早要抽时间去医院；抽不出时间谈恋爱，迟早要抽时间去相亲；抽不出时间学习看书，迟早要抽时间走更多弯路。”

你每天的工作再忙，30 分钟的时间总能挤出来。

畅销书作家李欣频曾经在自己的书里问自己：“如何抽空读书和观影？”她一直在坚持写作和旅行，每年都会制订一个新目标，让自己变得更优秀，终于成为一名畅销书作家。她如果不花时间专注于阅读、写作，就不会有名作问世。

忙碌是暂时的，人总会有休息的时候。你心中有一个长期目标，当你明白它对你有好处时，自然愿意抽时间完成它。

知识、技能的积累就像滚雪球一样，当你花时间和精力扑在某个领域，找到一个前进的方向，积累知识的复利效应就会显著提高。

愿你早日找到人生中的那个要滚的“雪球”，努力朝正确的方向前进，待到时机成熟时，就能把“小雪球”变成“大雪球”。

第 3 节　合理利用业余时间，不断自我提升

“时间就像海绵里的水，只要挤一挤还是有的。”

这句话我们从小就听说过。有些人总是说自己没时间，工作忙或学习忙，但时间是公平的，关键是如何利用业余时间潜心修炼内功，超越同龄人。

“工作后人与人之间的差距其实更多是在下班后拉开的。业余时间花在哪里，成果就会在哪里呈现。”

社会上的人群按职业生涯不同可划分为三类：学生、职场人士和退休老年人。下面针对学生和职场人士这两类人群，提供几点利用业余时间的技巧。

1. 学生群体的业余时间

相对于职场人士而言，学生的时间特点如下：

（1）作息规律，起床和睡觉时间基本固定。

（2）上课和下课时间固定，周末休息时间固定。

（3）有寒、暑假时间用来培养兴趣爱好。

（4）锻炼时间固定（有体育课）。

这些时间都相对固定，因此学生群体的业余时间就容易划分并进行详细规划。

2. 学生群体的业余时间规划方法

学生如何高效利用业余时间不断地自我提升呢？建议学生以“天”为单位，每天对业余时间进行规划。接下来我按四个板块讲解具体方法。

（1）起床后和睡觉前。学生起床要养成自律的习惯，闹钟响一遍就起来。这样每天可节省至少 10 分钟的赖床时间，把时间花在有意义的事情上。

学生起床后可花 1 分钟的时间，尝试每天上午对自己和家人说一句名人名言或背一首古诗词，这样不仅可以加深对知识的印象，还可以让自己的大脑迅速进入思考状态。大脑一旦从半睡眠状态进入思考状态，便开始认真工作，学生的学习效率便会渐渐提升。

如此长期坚持下去，就会实现“量变引起质变”。

睡觉前的时间安排。每天晚上花 5 ～ 10 分钟准备第二天早晨出门时穿的衣服，检查自己的书包是否收拾好，以避免第二天因出门慌张而遗漏物品。

睡觉之前花 5 分钟时间规划自己第二天的学习任务，比如上午该复习哪些知识点，下午该请教哪位老师。提前规划好第二天的学习任务，每天的目标就会变得更明确。

（2）上课前和下课后。无论是中、小学生还是大学生，每个学期都有自己的课程表，你可以在课程表的基础上规划自己的业余时间。

每天上课之前（到达教室之前），个人建议可以将业余时间分为“在家业余时间”和“在路上的业余时间”。

一天之计在于晨。早晨我们头脑清醒，适合用来思考和学习。在家起床后的业余时间，你可以一边听英语一边洗漱，让自己的耳朵熟悉所学的英语知识。如果在家吃早餐，你可以一边吃早餐一边联想前一天所学的内容。若你有需要复习的知识点，也可以利用这段时间简单回顾。

在路上的业余时间指你乘坐交通工具去学校的时间。如果家长开车送你去学校，车里相对而言比较安静，在路上你可以做英语听力练习，提前准备好相关的资料，让家长在车里播放即可。如果是乘坐公共交通工具，在不太嘈杂的情况下，你可以携带一副耳机，打开听力资料后静心听。如果环境嘈杂，可以放下耳机试着回想那些你不容易记住的单词。如果感觉困，你可以用这段时间小憩一会儿。

总之，只要对这段上课前的业余时间合理利用，常年日积月累，你就可以复习许多知识并让它们形成长期记忆。

课后的业余时间，个人建议用来查漏补缺。这里的业余时间，不是指课间休息时间，而是最后一节课下课后的休息时间。例如：中午下课午餐后会有一小段休息时间，如果有 30 分钟的休息时间，你可以安排 15 分钟时间复习上午所学内容，再用 15 分钟进行午休。这样劳逸结合，不仅能让你温故而知新，也可以使你疲倦的大脑和身体得到适当休息，下午有更多精力学习。

（3）寒、暑假。这个时间段很宝贵，可以安排自我提升的时间。

如何安排寒、暑假进行时间管理，实现自己的目标呢？

虽然不同的学校放假时间各不相同，但至少有 10 ～ 20 天。你可把寒、暑假时间分为三个时间段：学习时间、心流时间、实践时间。

第一个时间段：学习时间。顾名思义，这个时间段你可安排学习新知识和做作业，全神贯注地看书学习。年纪较小的学生，最好在家长的陪同下学习。家长可以在孩子做作业时在一旁看书，但尽量不要玩手机。年纪较大、能独立学习的学生，在这段时间可以暂时切断与外界的联系，手机可以放在书房外，或委托父母保管。学生要专注于学习，把学习任务完成，再去做其他事情。

寒假，你可以把学习时间安排在每天上午，当日作业若在上午只完成了一半，在下午要尽量完成，避免拖延到晚上。晚上学习效率相对较低，此时可以帮父母洗洗碗、与家人外出散步。

第二个时间段：心流时间。在这个时间段，你可以做自己喜欢的事情，完全沉浸在其中。如果你是家长，在时间、精力充足的情况下，可以陪孩子一起享受这段心流时间。比如1小时亲子共读一本书，享受高质量的亲子陪伴时间。你还可以选择1小时亲子锻炼，一起走路或跑步，让身心得到放松。你也可以把这段时间留给孩子自己安排。

如果你是学生，可考虑在寒假选择一种心流时间。若想在书法这个兴趣方面获得提升，你可安排每天30～40分钟练习书法的心流时间，待寒假结束后做一个练书法的前后对比，就会发现自己的进步情况。

我在学生时代将大部分心流时间都给了钢琴。只要每天完成作业后，我都会抽空练习钢琴，哪怕只有10分钟。随着练习次数的增加，我的钢琴水平渐渐提升，一年比一年好。当然，我在学生时代也有不足，比如数学学科，虽然我很努力地学习，却效果平平，成绩只能用来应付考试，并不能达到预期。

无论你对心流时间学习的期望值有多高，都不要因为最终结果与期望相差太大而感到气馁。毕竟你认真付出了，一分耕耘就会有一分收获，是值得的。

第三个时间段：实践时间。这段时间应做一些有趣、好玩的事情，从而使自己有新的收获和感悟。比如：你可以在家做一些有趣的科学实验，从动手实践中把过去所学的知识真正运用起来，体会“知行合一”的感觉。你还可以与朋友一起学习围棋，这样不仅能让身心得到放松，还学习了围棋的知识，同时培养了友情。

你甚至可以把实践时间用在更有意义的事情上。

比如，参加公益活动，体会做公益的快乐。

或是参加一次实习活动，了解公司或社会组织如何运作，不同的职能部门都有哪些工作，团队如何协作才能实现目标。这些宝贵的经历和体验都会为你的未来加分。

或是参观博物馆，学习新知识，甚至参与博物馆的志愿讲解服务……

总之，你可以把这段时间安排给平时学业繁忙而无法体验到的有趣事情，让你的寒假生活变得丰富起来。

（4）锻炼的业余时间。“身体是革命的本钱。”相信大家对这句话早已耳熟能详。学生每天都有许多作业，但锻炼时间又不能忽略，如何从忙碌的学习中抽出时间锻炼呢？

除了每周课程表中的体育课，你还可以利用以下业余时间锻炼。

①课间休息的 5 ～ 10 分钟。这个时间，不建议你做题或者复习，最好离开座位去做一些简单的放松运动。人的大脑如果一直处于高强度的学习状态，它就会感到疲倦，导致学习效率降低。如果你一直处在紧绷的学习状态，可能渐渐会感到“大脑不够用”，回想不起刚学过的知识，甚至昏昏沉沉想睡觉。此时大脑是在提醒你，应该放下手中书籍或试卷起来活动了。你可以和同学一起在教室外做一些简单活动，也可以起身在原地做一些放松肩颈的活动。

如果你感到十分困倦，却不想运动，可以趴在桌子上小憩一会儿，让大脑得到休息。

②晚饭后 1 小时的时间。吃完晚饭，不宜立刻锻炼，因为那会使我们的身体感到不适。此时你可以先做作业，60 分钟后再锻炼。也许有的学生会问：“那锻炼之后会不会影响做作业呢？”其实，只要把握好锻炼的时间长度和运动幅度，二者是互不影响的，锻炼还能让我们处于精神饱满的状态。

个人建议，这段时间可以学习 50 分钟后锻炼 5 ～ 10 分钟，再进行下一阶段的学习。锻炼的动作要幅度适中，可以原地做简单活动，也可以把体育课里学会的科学锻炼法加进来。在这个时间段要避免剧烈运动，因为过度运动会使大脑处于兴奋状态，以致影响我们下一个阶段的学习。

睡觉前 30 分钟不适合锻炼，因为锻炼易使大脑产生兴奋，会影响睡眠质量。

3. 职场人士的业余时间

作为一名职场人士，无论在哪一个行业，要想成为这个行业里 20% 的少数精英，你就要学会充分利用业余时间，不断进行自我提升。

职场人士的业余时间可分为上班前、下班后，周末，节假日。

学生步入职场后会减少许多专注学习的时间，加班时间、临时工作时间会增多。学会一些高效利用时间的方法，对职场人士的时间安排大有帮助。

4. 职场人士的业余时间规划方法

职场人士，建议以“周”为单位对业余时间进行规划。你要明确自己每周的业余时间有多少，这些时间可以用来做什么事、学什么知识。

为什么职场人士不宜以“天”为单位进行规划呢？

因为职场人士不确定自己一周内是否会有突然情况发生，例如你的本周计划中原本没有出差，但突然接到任务要出差三天，原先的计划就会被打乱，所以你要预留出业余时间，以适应突然的变化。

（1）明确本周大约有多少业余时间，再定本周计划。可用简单的办法计算时间，如果你每周的工作时间是 9:00—18:00（周末单休），那么工作外的时间就是业余时间。

按照每天早上 7 点起床，晚上 12 点之前睡觉，每天工作 8 小时（休息日另算），你每天的业余时间大约是 8 小时；若睡得再早一些，或算上每天加班的时间，你每天的业余时间是 4 ～ 8 小时。

每周工作日时间以 5 ～ 6 天计算，那么你每周的业余时间是 20 ～ 48 小时。

若本周工作日的业余时间最低值是 20 小时，你可以把一半时间用来自我提升，另外一半时间用来锻炼。

若本周工作日的业余时间较多，最高值为 48 小时，你可以把这些时间分为四个板块：心流时间、赚钱时间、实践时间、运动时间。

①心流时间。这段时间你要充分利用，它也是在职场上拉开人与人之间差距的时间。定一个小目标，比如用半年的心流时间考相关职业证书。如果考证需要每周花费 20 个小时的业余时间，那么你每天应该至少花 3 个小时在考证这件事上，才能够达成既定目标。

②赚钱时间。这里的赚钱时间不是指你每个月在本职工作上花费的时间，而是指你的副业或兼职所花费的时间。如果你想让副业收入多一些，就要从业余时间里支出一部分给副业。不过，你要权衡好利弊：如果花太多时间在副业上，是否会影响到自我提升的心流时间，长期下去是否会带来更多不利因素。你是希望先谋生让收入多一些，还是希望通过学习知识考取证书来提升自己呢？只有想清楚某段时间的分配，才能做出更适合自己的选择，更好地分配和管理时间。

③实践时间。相比学生而言，身处职场的你拥有更多实践时间，你可以把书本、课程里学习到的知识快速运用到实际工作，帮助你解决工作中的各种各样的难题。你可以自由安排自己的实践时间，若想学习较难的新领域的知识，那么你的实践时间或许要安排得多一些。

④运动时间。这部分时间必不可少。随着年龄的增长，身体的新陈代谢速度会渐渐减慢，如果不配合运动来调节，时间久了身体可能会出现一些小问题。如果你仔细观察就会发现：有的人在大学里曾经身材非常好，但是工作几年之后身材就走样，加上长期不锻炼，整个人的精神状态也会略显低迷。但也有的人能够长年保持好身材，其背后的秘密就是合理安排运动和饮食。我曾经是一个不爱运动的人，能坐车就不走路，能坐着就不站起来。但是面对电脑久坐后，颈椎渐渐开始不舒服，后来发展为颈椎病。经过一番痛苦的治疗，康复之后，我下决心每周都要运动。正是这段经历

让我觉醒：没有什么比身体健康更重要，唯有好好运动锻炼，才能保持身体健康，充满活力地工作和学习。

如何把这些时间分配到每周呢?

每个人可根据实际情况安排，如果上一周的心流时间和赚钱时间较多，那么本周可多安排一些运动时间。个人建议运动时间无论长短，每周尽量都安排到位且要严格执行，待养成习惯后你会感受到运动带来的快乐。

（2）上班前，下班后，积少成多也可做一些事情。每个人的工作时间都不相同，你可以结合自己的实际情况安排自己的时间。下面以大多数人的上、下班时间为例进行说明。

若每天早上 9 点准时上班，你可提前 5 ～ 10 分钟到办公室，利用这段时间梳理自己当天要完成的工作——可使用时间管理法里的“四象限法则”。

如果你愿意每天早起 30 分钟，恭喜你已经比大部分人多拥有了一段专注时间。你可以用它看书学习、看时事新闻，让自己保持终身学习的状态；也可进行瑜伽、健身操的训练，让自己活力满满。

如果每天下午 6 点下班（互联网行业除外），你还有一些工作需要加班到晚上 8 点才能休息，那么在这段时间，你可以先做一些自己热爱的小事，调整为积极状态，再从事心流时间或赚钱时间的事项。比如读一首诗、唱一首歌、和好友打一个电话……这些小事简单又轻松，且能使你拥有愉悦的心情。

工作一天后我们的大脑和身体会感到疲倦，此时用积极的方法调整好状态，对于做事会很有帮助。这段时间虽然很少，但每次多安排 10 分钟调整状态，你可以更好地做重要事情，并且不会一直处于疲倦的状态。

如果某一天下班后你的状态欠佳、做什么事都缺乏兴趣，那么就偶尔让自己放空一两个小时吧。此时你不妨放下手机、抛开一些负面情绪，尝试去听轻音乐、看喜欢的书，把状态调整好再出发。当然，你也不能一直以自己的状态不好为由，为自己的拖延找借口。

状态不好时要先调整，在利用业余时间的过程中，千万不要给自己太大的压力，要尽力而为。

（3）让周末时间，成为快乐的源泉。如果你周末要加班，就很容易感到疲倦，这个周末于你而言和工作日没有什么不一样。不妨换一个角度思考：工作永远做不完，既然周末要工作，不如换一个场景、换一种方式工作。

现在我正处于创业阶段，全年无休，连周末和节假日都没有，外出随时携带着电脑，可能下一秒接到客户的消息便需打开电脑工作。但这并不代表我一直处于没有休息的痛苦状态，我会利用这段时间重新安排其他事项。

周末工作，我会尝试换一个场景或环境，从办公室中出来，找一个自习室、咖啡馆或公共空间完成工作。同样是工作，由于换了场景，我就会有新鲜感，而不是一直处于熟悉的环境中。这一做法给了我一些新启发。我写文章的灵感很多时候是在公共空间里产生的。我听旁人在讨论一些话题，可能下一秒就捕捉到有关的选题可以写成文章；若是在生意不好的咖啡馆，通过观察，一些细节可能会引发我的思考：这家店生意不好是因为什么？随后我会有感而发写成关于创业的文章……如果我整天都坐在办公室工作，是无法创作出这样的文章的。

如果周末你在办公室完成工作才离开，那么可以换一种交通工具。比如平时你开车，那这次可换成骑自行车，放慢脚步，学会欣赏沿途的风景，换一种新方式回家，调整心情。

（4）节假日时间。我们不妨利用节假日重新整理思路。

如果节假日你想放松，安排好行程后，不妨带一本时间管理手册，记录每一个节日的时间安排及收获。记录一段时间后，你或许会发现原来自己的部分时间可以获得更好的安排。

通过记录时间你会发现，原本节假日乘坐高铁出行的3小时空闲时间，不玩手机而是用来看书，自己就能看完一本书。

我在写第一本书《学习就是要高效：时间管理达人如是说》时工作很忙，于是我在公交车、地铁、出租车上抓紧一切可利用的时间提炼各章节主题的内容，等回到家后再根据章节主题一个一个去创作内容。

如果业余时间你没有出行计划，那么可以在时间管理手册中写下“亲友关怀时间”计划——把你的时间分配一些给身边的朋友和家人。平时大家工作都很忙，不一定有时间联系，而此时大部分人都在休息，正好抽出时间联络感情。

我是在实际运用时间管理手册的过程中才深刻理解节假日的重要性的。我会安排一些时间给家人和朋友，同时也享受放松的时光。

无论怎样做时间管理，原则之一就是“劳逸结合，张弛有道”。不要让自己一直处于紧绷的状态，也不要让自己一直松懈，要合理利用时间，不浪费光阴。

第 4 节　碎片时间不浪费，工作学习更高效

在当下现代化分工非常明确的社会，我们的时间被碎片化，每天下班后的 30 分钟专注学习或阅读成了一件奢侈的事。许多事情想要做却没时间，我们渐渐变得焦虑。说实话，我也有过类似感受，也曾因工作过度忙碌没有时间进行自我提升而感到懊恼。所以我在不断学习如何利用碎片时间完成自己每天的工作任务和学习目标。

作为一名时间管理书籍的作者和创业者，我也一直在学习各类时间管理方法，也在思考在高强度的连轴转的工作中，如何合理利用碎片时间完成任务。接下来我将与大家分享一些时间管理经验。

1. 在飞机、高铁、动车上

如果你能够合理利用自己的碎片时间，就已经超越了 70% 的同龄人。要管理好自己的时间，只有合理分配工作或学习，才能更好地实现自己心中的目标。根据不同的场景，我设置了不同的时间管理方法。碎片时间可分为“短碎片时间”和“长碎片时间”。在高铁、动车上的时间属于“长碎片时间”，因为途中的时间至少有 2 小时，其间受外部干扰较多。比如：旁边座位上的人用手机看视频时，视频声音会影响你；中途吃饭及人员流动上、下车等，也会影响你。这段时间我会用来工作或阅读。

在这个时间段，考虑到周围环境的嘈杂，我会选择阅读一些简单易懂

的书。例如我每次出差都会在高铁上读一些畅销书，而不是读学术类书籍。学术类书籍较难，我会选择专注时间阅读。

阅读期间，我会在书中做笔记（如果是借来的书，我会在自己的笔记本上做读书摘要），阅读完后写下自己的思考。我会先把这些简单的灵感记录下来，待出差结束回家后，再挑选一段专注时间，把它们整理成读书笔记。

我习惯在出差期间随身携带几本纸质书和一个电子阅读器，以便随时切换纸质书和电子书的阅读，并整理笔记。因公出差时，我会随身携带电脑，以便随时工作。处理事情的优先顺序是按照时间管理方法里的“四象限法则”：紧急重要、紧急不重要、重要不紧急、不重要不紧急。根据事情的重要和紧急程度，分别把一些待办事项列入不同象限。如果同时面临工作任务和个人任务，我会优先选择处理工作任务，再处理个人事务。例如：我会先完成客户公司的活动方案，再进行我的公众号文章创作。

由于前期经过特别练习（大量出差路上的实践经验），我可以在相对嘈杂的环境里专注地完成手头工作，不会受到外界太多干扰。我建议大家刚开始利用碎片时间工作时可尝试采用我的方法，时间不要过长，感到累了或无法专注时就停下来，过几分钟再尝试继续，直到不能坚持为止。循序渐进，多尝试几次，效果便会越来越好。我就是在不断实践过程中渐渐培养了在嘈杂环境中工作的能力。若你不能在短期内做到在嘈杂环境里专注地工作和阅读，也不要浪费这段时间。你可以用这段时间看手机新闻、电子杂志，或者回复工作上的邮件、消息等。你若感到非常疲倦，小憩一会儿也是一个不错的选择。对于常年奔波在外的人来说，利用好这段时间确实能够节省一些时间。比如我经常出差，如果不在路途中工作，那么可能当天晚上就得熬夜工作，因为下车、下飞机后，还要与客户沟通交流，结束会见后已到晚上，本想休息，但考虑到工作还没有完成，只好硬着头皮熬夜工作。但如果我在路途中完成了大部分工作，晚上，就可以安心休息。许多创业高手也是合理利用碎片时间的专家，他们在出差路上会完成好几项工作。

这些碎片时间你用来做什么工作都可以，但尽量别浪费它。

2. 乘坐出租车时

出门在外的人离开飞机、高铁、动车之后，通常还有一段时间才能到达目的地。虽然时间长短不定，但依然属于碎片时间。从打车软件派单，到出租车师傅接单直至赶来一般会有一个预估时间，比如 20 分钟左右。我会利用这段时间打电话、查资料、回复工作方面的消息或邮件等，做一些相对简单的事情。比如我有一次出差，在号称“山路十八弯”的贵州盘山路上，用手机完成了一篇文章的初稿。当时山路盘旋，我坐在出租车上，看手机屏幕会感觉头晕，没办法写太多字。但为了保证公众号及时更新，我便用照片加简短文字的方式写了一篇文章，虽只有 1000 字，却能让大家知道我的近况。有时候我会用语音输入法，通过这种方式转化为文字，先保留初稿内容，待回到酒店、公共空间时，再抽 20 ～ 30 分钟时间将内容整理成一篇文章。

若是公路笔直畅达，我会利用这段碎片时间在出租车上完成回复消息、邮件或打电话的工作。比如我有一次出长差给家里打电话的时间少了，便利用打车 10 分钟这段短暂的空闲时间给家里发去问候。不能及时回复客户的消息时，我会用这段空闲时间和客户一一解释。我经常和朋友们开玩笑说，他们没收到我的回复是常态，因为我不是在路上，就是在转车。我的一位企业家朋友的行程安排比我满当，看了他的行程表，我自愧不如。对方凌晨 5 点起床，一天前往 3 座城市谈合作，回家时已是深夜 2 点。他全年无休，365 天随时处于待命状态，是因为“在其位，谋其职”。他之所以拿高薪，是因为把时间和精力都花在了工作上，此所谓“一分耕耘、一分收获”。其实有时候我也想偷懒，但想想身边的人都如此优秀，自己有什么理由不努力做好时间管理呢。我分享这个例子不是提倡大家熬夜，而是希望通过学习别人身上的优点，再结合自身情况制订出适合自己的高效利用时间的方案。

3. 等人的碎片化时间

我经常在等人的碎片化时间里做一些力所能及的事，比如做手账、读书、看新闻等。

在这一点上，我很欣赏巴菲特的合伙人——查理·芒格。他是一位时间管理达人，通过网上他的部分资料和他的《穷查理宝典》一书，你能学习到他的时间管理方法。他每次开会会至少提前10分钟到达会议室，用开会前的时间读材料、新闻等；他每天上班都提前20分钟左右到达办公室，泡上一杯咖啡后便开始读当天的财经新闻，这个习惯保持了很多年。

我们可以向查理·芒格学习如何合理利用碎片化时间。

下面我再分享几个身边朋友的案例。黎冠文老师是我的一位朋友，我在2016年认识了他，从那时起到现在，他一直坚持做时间管理。他在读大学时开始创业，常年给各大企业做手绘海报培训，还曾担任过阿里巴巴集团的讲师，是一位很优秀、懂得自我管理的人。出于工作原因，我们曾经在不同的城市碰面，每次见面他都不会迟到，无论刮风下雨还是堵车，他总会提前到达，这一点让我深感佩服。他会提前到达现场，说明他尊重每一次见面的人，也重视见面的成效。他会在提前到达的时间看书或者处理工作上的事。我还有一位朋友，是云南某高校的老师。他在出差期间会利用碎片化时间通过电脑完成一些工作、在出租车上查询信息等，也是一位时间管理高手。

下面分享一个反例，大家可以反思自己是否存在类似的情况，有则改之，无则加勉。2021 年 6 月，有位新认识的姑娘找我谈项目合作，她比我们约定的时间迟到了 40 分钟，事前她没有告诉我她为何迟到，在会谈结束后才解释自己迟到的原因，并且她认为迟到不是一个大问题。作为一名项目负责人，你连自己的时间都管理不好，又怎么能管理好你的团队？又如何让合作方相信你的工作能力呢？尊重别人的时间，才能获得更多的成功机会，许多时候细节决定成败。

在做时间管理的这些年里，我也在不断思考如何让更多的人学习时间管理方法，又如何帮助更多人成长。我不断学习和实践，在实践过程中总结经验。我希望读者朋友能把以上这些好方法分享给身边的朋友，让更多人受益。

谁能更好地利用碎片时间，谁就能不断提升自己。

自我提升的路上需要时间，也需要耐心，希望大家都能做好时间管理，不断提升自己，每一年都能达到一个新高度，拥有更广阔的视野。

第 5 节　制订工作和生活的年、月、周的时间管理计划

每到年底我们总会感慨时光飞逝，许多事情还没做，一年又过去了，期望在新的一年里美梦成真。新年伊始又会许下自己的心愿。

如何让每年许下的愿望最大程度地实现呢？又如何在年底时给自己交一份满意的答卷？你需要一份科学、可行的时间管理计划，帮助你实现愿望。

无论是制订哪种计划（年、月、周），建议你先准备一张白纸（尺寸不限），在一个安静的环境里开始撰写。暂时腾空大脑，放下焦虑。

1. 年度时间管理计划

首先在纸上列出你这一年的愿望，此时不要思考它们能否实现，只要把你能想到的都写出来即可；写完后按照想实现的先后顺序用数字对它们依次做标注；再根据当年的时间、精力对这份表单的愿望进行删减。我们每年的愿望很多，但真正能实现的每年或许只有三四个。有些愿望我们可以暂缓，放到第二年、第三年去实现，而有些事情无论如何当年都要拼尽全力实现。

你可按照工作和生活这两方面，对目标进行归类。

（1）生活中的目标。例如，你在纸上一共写了当年的 10 个心愿或目标，其中最想实现的有 3 个——考研、多读书、坚持锻炼身体，可把其他

的目标暂缓或删除。因为完成某些目标是有难度的，你需要花费大量的时间、精力，所以对于心愿清单里的“学习跳芭蕾和去两个地方旅行”可以暂缓，下一年再实现也不迟。有选择地放弃，才能更好地做时间管理。

（2）工作上的目标。例如，完成 100 个客户的客户关系管理，月工资上涨 2000 元，公司年营业额达到 100 万元，等等。这些都是你工作上努力的方向，对其明确后你才能更好地取长补短，知道自己该如何找同事、盟友一起实现目标。

让目标可量化、可执行。在制订年度目标时，把目标写下来可以让目标变得更清晰，有助于更好地实现。例如，“今年要多读书”这个目标可以变为“今年阅读 50 本书（甚至更多）”，你知道自己一年能够读多少本书，便会选择合适的方法合理分配阅读时间。你也可以挑选合适的书籍列成书单，分批次每月阅读几本。

你把工作目标和生活目标写下来后，可以贴在家里或办公室显眼的位置，时刻提醒自己不要忘记。

接下来你要做年度计划拆解，把小目标分配到每一个月中。

2. 月度时间管理计划

平时工作和学习任务会占据我们一天之中的 8 ～ 10 小时，再加上吃饭睡觉的时间，留给我们实现年度计划目标的时间少之又少。制订一个科学的月度时间管理计划，能帮你更好地实现年度计划。

想要实现年度目标，首先得明白每个月自己在这方面大约要花费多少时间，学会放弃一些不必要的活动，把时间留给大目标。

下面以考研这个大目标举例说明。如果你想考国内的研究生，那么每年 12 月考试，10 月开始报名，你是否可以把这些时间点先写在对应月份的日历里呢？翻看日历时，你要提醒自己把握这些重大的时间点。你是否每个月都需要学习和备考呢？如果考国外的研究生，你需要提前查阅不同国家的留学政策和备考时间。

考国内的研究生，你需要根据自己的优势和劣势制订考研目标的月度时间管理计划。

1 月：背考研英语单词第一遍；了解目标学校和专业基本情况。

2 月：背考研英语单词第二遍；看数学知识点或相关专业考试知识点；购买历年考试真题。

3 月、4 月、5 月……

依次类推，把考研目标拆解为每个月的月度目标。

每个月你都要分配时间做这些事，而不是只把它们挂在嘴边。当你把大目标拆解成月度目标时，压力感会减小，也不会因为准备时间不足而感到慌张。

时间 = 选择。

每个月果断放弃一些不必要的时间支出，把节省下来的时间留给大目标，做到心中有方向，便不容易迷失。忙于工作的你，在面临“朋友、客户约你出去吃饭”和“在家准备考研学习”这两件事时，要仔细斟酌选择哪一件，放弃哪一件。你若觉得本月自己对某个考研科目的知识积累还不足，就要暂时放弃一些外出活动时间，一心准备考试。

人不能太贪心，有舍才有得：想什么事都做好，往往什么事都做不好。

3. 周时间管理计划

你已经知道把大目标拆分成小目标分配到每个月中，也知道每个月该花多少时间在这些小目标中，接下来你要把每个月的目标再分解得详细一些。

你要计算出一个目标在每周中至少需要花费多少时间才能实现。比如1月和2月要背两遍考研单词，那么你就可以把它安排到每一周的时间管理计划中。一本考研单词书很厚，你需要掌握至少3000个新词，甚至更多。以3000词为例，在一个月（以30天来计算）的时间里，平均每天至少背100个单词，至少需要两个小时的时间背单词，才能把100个单词记住。以一个月的时间计算，你需要花至少60个小时在背单词这件事上，才能实现基本的目标。如果你还想二次复习，那么需要在此基础上增加更多时间。通过详细拆分的方式，你每天的工作和学习之余的时间花费变得明确起来，能让你清楚每天要积累多少词汇。

把完成大目标的时间细分到每一周、每一天中，你会明白自己要做哪些准备，以便在年底时把积累词汇量的目标完成。只有很明确地知道自己每一天的时间该如何分配，你才能更好地做时间取舍。

你可以参考这个案例，给自己制订每一年工作和生活的大目标，每一个目标都要合理安排时间，精确到月度时间、周时间。在明白时间有限且宝贵后，你才能做好每一个决策。

每一年，我都用这个方法做自己的年、月、周时间管理计划，它能使我更好地平衡工作和生活。当某一天面临多种选择时，我会优先选择完成工作目标，随后是生活目标，最后才会做其他事。时间有限，要合理支出。

比如我在写这本书时会把每天写作的时间预留出来，规定自己只有把这个写作目标达成后才可出门。预期写作目标是全书一共写20万字，用8个月的时间完成，其中最后一个月修改内容，也就是说，留给写作的时间只有7个月，每个月至少需要写2.8万字。以每个月30天来计算，平均每天至少得写900～1000个字，约50分钟的时间。在写作过程中不会每天都有灵感，为了实现这个年度大目标，无论工作有多忙，我每天都会花至少30～60分钟用来写作。

通过计算每天需要在大目标上花费的时间，并详细规划到每月、每周、每天，我从一开始想到写 20 万字就感到困难，后来明确自己每天写 900 ～ 1000 字即可实现目标，且有时间修改完善，我的状态便由压力大变为目标明确，且干劲十足。

你不妨开始动手制订一个时间管理计划，只要严格按计划执行，事情就会一件一件变得容易实现，且井然有序。

让我们都成为自己时间的主人，合理安排时间。

第 6 节　通过时间管理平衡工作和生活

自从投身创业以来，我的生活变得更忙碌：不仅要完成原有的工作，还需要分配时间见不同的客户，思考公司未来的发展，做公司管理，带新人……

我的一天 24 小时被切割成一个又一个的“碎片”，正常下班后的时间也要继续工作。工作和生活早已没有界限，我一直在努力平衡工作与生活的关系。

许多读者感慨创业不易，一些朋友也会在网络平台给我发来关心的话语，希望我多休息。其实，我会保证正常睡眠时间，此外将更多时间花在工作中。也有读者好奇，我是如何做时间管理的。秘密就在下文中。

1. 充分利用工作之外的时间

大多数公司要求员工 9:00 上班（部分是 8:30）、18:00 下班，许多公司的员工会加班到晚上甚至深夜。工作再忙也要抽空做时间管理，只有这样才能有盈余的时间实现长期目标。

我一直倡导高效工作的理念，在有限时间内专注完成手头工作，下班后才有更多时间陪家人和进行自我提升。如果团队需要在很短时间内完成一个项目，那么大家一起加班，高效完成工作后便可恢复正常工作时间。针对具体的项目，我对员工的时间也会做具体调整，尽量保证每个人劳逸结合。有些公司要求员工即使下班后也要在公司加班，直到老板或领导回去了，员工才能回去。对此我不敢苟同。我更提倡高效工作的理念，通过时间管理“四象限法则”分配每天的工作，员工只要每天按时按量完成工作，就可以回去好好陪家人，即使加班也可高效工作。

（1）上班前我的时间安排。7:00 起床洗漱，其间打开手机 App 听一些商业知识或做一些外语听力练习。如果不见客户，在去公司前我会自己做早餐，烤面包，搭配一杯饮品，开启每天的生活。这段时间我不查看手机消息，而是依次回复消息。这样做不会担心错过消息，若是工作上有急事，对方会打电话给我而不是发消息。在此之后，我就会开启工作模式。

（2）下班后我的时间安排。若是正常下班且晚上无其他事情，我通常会在晚上 8:00 前把琐碎事情处理完。晚上 8:00 ～ 10:00 属于我的“专注时间”。我不能保证每天都有 2 小时，但至少能保证每周都有一段专注时间给自己。每月在专注时间段我都会看书、学习、写作、弹钢琴。我很享受这短暂的、属于我的时光，没有烦琐的工作和巨大的压力，什么都不用想，可以做自己想做的事。工作本来就很辛苦，我需要自我调节，让生活变得有声有色。

你如果是老板或领导，肯定需要比员工付出更多时间和精力。我的习惯是：需要用电脑完成的工作，每天尽量在公司完成，不把工作带回家。回家后的时间，我尽量留给学习，如果晚上需要和朋友吃饭，也会留出时间。

2. 工作时间段内保持高效

（1）早晨到公司后，我会用 5 分钟时间梳理当天的工作。每周都有定期的会议和工作汇报，使大家都清楚各自的工作内容、公司最近有哪些事需要准备。

（2）从重要紧急的事情开始做。我自己心里很清楚哪些事情需要在步入办公室后完成，哪些事情可以放在下班之前完成。完成每项工作后我会给这项工作记录时长，了解同一类型的工作大概会消耗我多少时间，以便安排未来的工作。

（3）留时间给临时工作。每天下班前的 30 分钟，我会留给临时工作。对那些几分钟就可以搞定的事情，在这个时间段去处理；也正是由于有这段时间来做临时工作，我可以专注做好其他重要的事。

（4）今日事今日毕。我不喜欢做事拖延的人，对公司的员工也是如此，如果在规定时间内不能完成工作，也许是工作效率或工作方法出了问题，要学会从中反思和改进。在一个高效工作的团队里，所有人都会根据项目进度推进工作，想偷懒和拖延的时候，其他人的高效行动也会影响到你。

（5）关于项目时间的合理安排。每周我都会有一些“例行工作”，这些工作只要按照要求在规定时间内做完就好。新项目入驻，我会做好每个人的“项目甘特图”，包括：每个人参与项目的哪一部分、在什么时间段参与、结果怎样。我在管理方面不断改进，努力让大家高效工作，明确目标和责任。管理 10 个人的公司和管理 50、100、1000 个人的公司相比，管理方法自然不同，应该把理论与实际相结合，不断优化和调整。做自由职业的时候，我只需要管理好自己的时间；创业开公司后，我要管理好整个公司的时间，还要确保每个项目在各个时间段的任务安排的合理性。所有的经历都有助于你成长，你能管理的人越来越多，你才能使员工为公司创造越来越多的价值，你的时间也才会越来越值钱。

3. 碎片时间的利用

在每天的工作中，有各种各样的碎片化时间，我把它们分为几个时间段。

（1）乘坐交通工具的时间。每天我在去公司的路上花费的时间是 30 分钟，如果去见客户则路上预留的时间至少是 1 小时。这段时间里，如果我乘坐地铁，就会打开手机里的阅读 App，阅读感兴趣的电子书。我通常会看简单易懂的书或手机里的新闻。如果开车，我就戴着耳机听歌或听外语听力。

（2）午休时间。12:00 ～ 14:00 为休息时间，可以用这段时间吃饭及趴桌子上小憩。一般我会在 13:00 前吃完午饭并处理邮件和手机的未读消息。我的习惯是对紧急、简单的邮件在当天处理完，对不紧急且冗长的邮件在空闲时回复。若是中午没有特别紧急的事，我也会和大家一样趴在桌子上小憩；若有紧急的事情，我会先处理，暂时放弃午休时间。在小憩的时间段，我会思考工作、学习、生活方面的事，有时也会记录转瞬即逝的灵感。工作比较忙，时间被切割成碎片，这种情况更要充分利用可以休息的时间，以补充睡眠。

（3）临时消息处理时间。我在办公桌上准备了一本“便利贴”，对接到的临时消息或电话，我会把内容记录下来，以便后续处理。若是有紧急不重要的事，几分钟就可以搞定，我会放下手上的工作，处理完之后继续工作。若是有了不紧急、不重要的事，我会把手头的工作完成之后再去处理。我在工作的时候会把手机调成震动或静音状态，有重要的来电才起身外出接电话，以免影响他人。我会在办公室放几包挂耳咖啡，在感到特别困时冲泡咖啡饮用，以使自己能精神饱满地在工作时间内完成任务。

（4）健身时间。我曾经加入过一个“塑身 100 天”的健身计划，在 100 天里每天都坚持健身。这个课程提倡用碎片时间进行高效的心肺训练。我选择在 20:00 ～ 21:00 健身，坚持一个月后，我明显感到自己手臂、腿部的肌肉渐渐显现，再后来，腹部的肌肉也渐渐显现。许多人认为“健身 = 减肥”，他们很疑惑：我不胖，为什么要健身呢？其实我刚开始健身时只是想保持身体健康，后来渐渐发现自己不仅身体状况变好了，整个人也比以前看起来更精神了。

4. 周末的时间安排

周末，我一般也是在工作中，只是把办公场地换成了某间咖啡馆。

有读者在网上留言："丹妮，你太拼了。"我认为这不是"拼"，而是我对自己的人生所进行的自我探索。大家觉得我"拼"，是因为看到我的休息时间变得越来越少，工作占据了我的大部分时间。但作为一名创业者，全年 365 天无休息很正常，我觉得自己不够"拼"，是因为我明白自己与优秀管理者的差距还很大，和许多同龄创业者相比，我的公司运营得还不够好。这不是谦虚，我非常清楚公司要想继续活下去、走得更远，员工和创始人需要一起持续学习。

周末如果不工作，我便会认为自己是"世界上最幸福的人"——终于有时间可以静下来了，此时我哪儿都不想去，只想在家里看书、弹钢琴，放松一下。

也许有人会不理解，我为什么要牺牲自己的休息时间呢？在我看来，既然选择成为一名创业者，那么就得接受工作和生活不可分割的这种状态，不妨换个角度思考，接纳每天都要工作这个事实，并调节自己的状态。

我很少逛街，一些生活用品——只要不是急需的，我都会在网上提前加入购物车，在适当时机选择全部购买。工作之余，我最常待的地方是书店、图书馆和超市，有空的时候也会做饭。逛街是一件令人轻松的事，但如果因此花过多的时间和精力，我的学习时间可能会减少。我和好友见面的时间一般为每次 3 ～ 4 小时，大家约好吃饭的时间、地点，分享完彼此最近的工作生活情况，又各自离开。大家的工作都很忙，且有许多事情需要处理。做好时间管理能使我们在忙碌的工作之余定期抽空出来见面。忙碌的时候就专注于当下，大家都有空的时候再见面，分享彼此的收获并相约共同成长。我想这也是好友之间最好的状态——虽然平时大家各自忙碌，但你需要我时我一定在。

无论是自由职业还是创业，我随身携带电脑和几本笔记本已经成为常态。我在公司放一台笔记本电脑，家里放两台笔记本电脑，每周三个笔记本电脑的工作内容都会相互备份，硬盘里再备份一份（一共四份），以防重要内容丢失或损坏。

我很感谢这几年里领导、贵人的提携，感谢合作伙伴和各家单位的支持。因为与大家携手共进，一起努力工作、加速成长，使我有机会成为一名教育博主。在大家的鼎力支持下，我才有机会与读者分享时间管理知识、出版书籍、举办签售会。若不是选择了创业，把大部分时间投入其中，我也不会感受到掘取第一桶金有多么不容易。知道自己的劳动力能创造更多价值，知道自己能够带领一群人创造更多的价值，是一件很幸福的事。

许多读者觉得我是一位励志青年，却不知每一段励志故事背后都有一次又一次痛苦的蜕变。虽然我在创业过程中经历过许多糟心事，但无论结果如何，我都不会后悔自己的选择。大家可能只看到了我对外展示的创业过程中获得的一些荣誉和成就，但很少听我提到第一次创业失败的事。当时因为合伙人没选对，我花了一年的时间和精力与她们纠缠，有机会也许能与大家分享这段痛苦经历。我不后悔，正是因为有了这段经历，让我更加明白时间的宝贵，更愿意把时间花在值得的人和事情上。

从 2010 年读大学到现在，我通过长期坚持做时间管理已经实现了一些有难度的愿望——利用业余时间学习多国外语、写书、创业、当培训老师……我希望未来能继续提升自己，使自己变得越来越优秀。能够按自己的意愿过一生，是一件充满挑战而又幸福的事。

愿我们都能够管理好自己的时间，把工作和生活尽量平衡好，遵从自己的意愿过一生。

第 7 节　时间管理复盘三步法，快速实现自我迭代

在做时间管理的过程中，有人可能会问："我按照这些方法做时间管理了，如何检验自己的成果？又如何发现自己做时间管理的不足之处呢？我如果可以……"

我和大家一样，刚开始做时间管理时也充满期待和好奇，想快速检验自己的时间管理成果。如果只是做计划，却不严格执行、不复盘，我们是无法知道自己哪些地方做得好，哪些地方需要改进的。复盘有助于我们更好地实现自我迭代。因此，复盘也是时间管理中的一个重要环节。

如何做时间管理的复盘呢？

下面与大家分享一下三步法。

1."看"计划

怎么"看"计划呢？每个月的时间管理计划里，都会涉及工作、学习、生活等不同内容，每个方面都有比较重要的事。我们不能只做时间管理的计划，还要学会复盘，审视计划里的所有事情自己完成了多少，哪些事情因为自身原因而被耽误，哪些事情还可以增加时间，以便做得更好……

（1）以周为单位，查看本周和上周的计划。想知道本周时间管理进展如何，检查你的待办事项就一目了然。你已经清楚列出工作和生活的年、月、周计划，在完成的事情旁边打钩，在没有完成的事情旁边打叉，很容

易得出计划的完成率。比如，本周你完成了80%的计划，上周完成了90%的计划，本周可以反思一下为什么完成率降低了。

查看上周的时间管理计划里哪些事做得好，哪些事还需要完善或改进。这样做是为了方便你查漏补缺，回顾自己上周的整体情况。

比如，上周工作里还有部分遗漏事项，你把这些遗漏的事项写到本周或者下周的工作计划里，能确保这些事不被遗忘。

（2）以月为单位，查看本月和上月的计划。每一个月结束的时候，不妨花30分钟回顾你的时间管理计划，检查是否有还没完成的待办事项。你可以翻看自己本月、上月的时间管理本，查看每一天的时间表里的任务安排是否妥当，哪些事情是你一直写在本子里却一直没有行动的。

谁都难免会遗漏一些事情，复盘能让我们及时查漏补缺。因为每天工作和学习需要完成的事情很多，总会有一两件事在忙中遗漏，如果不做复盘，你就不容易发现那些还没完成的事项，可能会耽误下周甚至下月的工作。我曾经有一个月因为工作太忙，导致遗漏了一件“重要但不紧急”的事，最终的结果是我损失了2000元，这让我心里特别难受。吸取经验教训后，我每周、每月都会做复盘，查看自己的时间管理手册里是否有还未完成的事项。

2.“做”总结

在完成第一步“看”计划的基础上，我们要学会“做”总结。要学会从不同角度看问题，深度剖析问题后做总结。

你可以从工作、学习、生活、健康四个方面分别做深度总结；如果你有其他划分方案，也可以写进去。

每个月结束后我都会从这四个方面出发做深度总结，并顺手写在时间管理手册里。

（1）工作方面。总结自己本月工作取得的进展，以及做得不够好的、还可以继续改进的地方。例如，在某个月里，我虽然取得了工作上的新进展，获得了一些新的合作机会，但对客户关怀做得不够好。所以，在下个月的工作中，我要分配更多时间用在客户关系管理方面，以维护老客户。大家可以根据自身的工作情况做月度工作总结。

（2）学习方面。总结本月学习的过程中有哪些收获、哪些困难，以及下个月如何能做得更好。我有段时间出差频繁，每周都穿梭在不同的城市，导致专注学习的时间减少了。因为学习时间不足，我感到焦虑，通过复盘，明白自己在那个月里因为出差，导致在学习方面花费的时间少了，这是客观原因；主观原因是出差导致疲倦，找借口拖延学习。所以在后面几个月的时间里我会多安排一些时间学习，少安排一些时间外出。我如果不做总结，就不知道自己的哪些时间安排得不合理，很可能下个月我出差频率增加，导致学习时间越来越少，整个人就会焦虑，陷入恶性循环。

（3）生活方面。对本月做了哪些有意义的事情、学了哪些新技能、是否和不同领域的朋友见面分享收获等，都可以进行总结。

我曾经不懂得把一部分时间分给生活，一心只顾着工作，久而久之才发现自己长期没有和朋友们见面，和他们的关系变得疏远起来。如果不是一位朋友发消息给我，提醒我已经好久没见面，我还没有意识到自己正在失去友情。工作再忙，我们也要适当安排时间留给生活、朋友和家人。哪怕和朋友见面分享最近的收获，或者用几个小时锻炼身体，或者学习一个容易上手的新技能，都能让我们从忙碌的工作中获得幸福感。做时间管理就是为了更好地工作和生活，而不是一直“沉迷”于工作，导致自己没时间做其他有意义的事。

（4）健康方面。只有肯花时间好好吃饭，好好锻炼身体，才能有更多的精力实现心愿。

对于健康，我深有感触。刚毕业工作那几年，为了节省时间，我经常吃外卖，时间久了肠胃渐渐有不舒适的感觉。外卖不及自己做的饭菜可口、有营养。由于工作久坐，长期不运动，我的颈椎和肩膀渐渐感到不适。这些都是身体给我发出的求救信号，希望我能够改变生活方式。之后我开始反思和复盘，认识到在未来的日子里应该多花些时间好好吃饭、好好锻炼身体。当我行动起来改变后，我的身体渐渐发出了积极信号，不舒适的感觉没有了。

我们都应该关注健康，再忙也要抽空锻炼。平时尽量花时间做饭，哪怕每天用 10 分钟煮一碗清汤蔬菜面，也胜过吃外卖。如果不能每天做饭，那至少点外卖时选择健康、有营养的食物。

每个月在这四个方面进行复盘，你就会清楚自己每月的时间都花在哪儿了，并根据实际情况灵活调整计划。

3. “补”漏洞

完成前面两个步骤，我们对每周、每月的时间安排就已经有了清晰的认识，之后，要学会“补”漏洞——对于某些不合理的时间安排进行调整。

如果你希望自己下个月的运动时间多一些，首先要明白时间漏洞在哪儿。

在“补”漏洞的过程里，不要想着可以把不合理的时间都重新安排好，因为在下个月的时间表里，依旧会有很多待办事项，所以结合下个月的具体时间表对计划进行调整会更好。

查看下个月的时间表，寻找哪些时间段相对空闲，对这些时间段“见缝插针”，把任务分配进去。比如，下个月的时间表里，你知道自己大学毕业面临找工作，在找工作的过程中会有一些时间奔波在路上。你就可以利用这段奔波在路上的碎片时间弥补落下的学习内容。在面试的路上时间里，你可以听书；面试时提前 30 分钟到达指定地点，你不会感到慌张，同时还有时间为面试做准备。

你还可以发挥自己的优势，充分利用其他时间查漏补缺。

这些时间管理入门方法，都是我从上大学到现在一直在用的好方法，希望能对你们有所启发和帮助。

在后面的章节中，我会分享更多关于时间管理的方法、技巧、小窍门等，全方位帮助你管理自己的时间。这些方法简明实用，无论是学生还是职场人士，都能快速学会。

“授人以鱼，不如授人以渔。”希望大家能挑选一些适合自己的方法实践起来，终身学习，知行合一。

让我们一起做好每天的时间管理，让自己成为时间的主人。

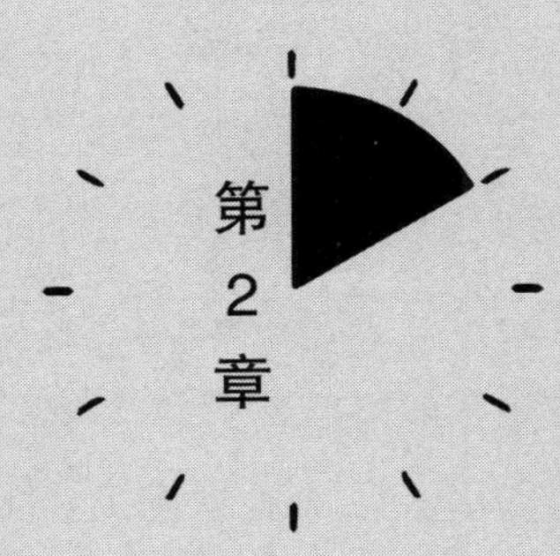

自我提升时间：修炼你的核心竞争力

第1节　要想修炼核心竞争力，就从进入心流状态开始

创业以来，我每天都会问自己两个问题：“你的核心竞争力是什么？公司的核心竞争力是什么？”这两个问题包含着一个人和一家公司能长期发展的重要原因。

在这个竞争激烈的时代，我们应该不断地对自己发问：“如何修炼核心竞争力，才能从众多公司、人群中脱颖而出？”

修炼核心竞争力要求我们不断地花时间全方位地自我提升，这就是本章所提倡的理念之一——你每天都要安排一段“自我提升时间”。

一个人只有沉得住气、专心学习、在某个领域不断积累，当机会真正降临时才能把握住。你如果能快速进入心流状态，就能更好地学习和实践，提升自己的核心竞争力。

如果你和我一样也是爱阅读的人，那么你或许有过类似的感受：看到一本自己特别喜欢的书时会突然入迷，渐渐忘记时间的存在，等回过神来，发现两三个小时已经过去了，但你觉得仿佛才过去几分钟。

又或者，你在沉迷自己感兴趣的事情中时，发现当天自己的状态特别好，比如弹钢琴时的忘我状态或写作时一气呵成的感觉。

如果你有类似的感受，恭喜你，你已经体会到了什么是“心流状态”，这是一种令人喜悦、可使人精神高度集中的感觉。这就是心流（flow）模式的体验之一。在短时间内，你会达到一种精神高度集中的状态，此时无论是学习还是工作，你的效率都特别高，记忆力也特别好。

但这样的状态对于大众来说并不经常有。比如当你在工作的时候，打开电脑文档，想要写1000字工作总结却感到焦头烂额，两个小时很快过去了，不断空击鼠标的你依旧没有什么新思路。

如何快速进入“心流”模式，提升自己的学习和工作效率呢？下面，结合我自己的经验以及《心流：最优体验心理学》[①]这本好书中的方法与大家分享。

1. 什么是心流状态？

如果你想进一步了解心流，可以尝试读一下芝加哥大学心理学教授米哈里·契克森米哈赖所著的《心流：最优体验心理学》（简称“《心流》”）一书，他是心流概念的提出者。此书也给了我很大启发，帮助我长期践行“心流状态”，通过实践，我的工作和学习效率确实有很大提升。

那么，“心流”这个概念究竟是怎么产生的呢？

最开始，米哈里·契克森米哈赖提出一个概念——“熵”。“熵”原本是一个热力学概念，用来度量一个体系内的无序程度，也就是混乱程度。根据热力学第二定律，在一个封闭孤立的系统里，一切自发的物理过程都是熵增的过程，也就是从有序走向无序的过程。

当然也有一个反面的案例，那就是生命现象。它能将太阳能转化成生物能，并从无序中发展出有序。薛定谔以物理学家的眼光发现了大自然中的这个反例，称之为“负熵”。负熵就是从无序走向有序的趋势。

在《心流》这本书里，作者基于这个理念创造了“精神熵”一词，它表示精神体系内的结构受到资讯的威胁而产生的混乱程度。他认为“精神熵”是一种常态，一切本就无序，而这种常态的反面则被他称为“最优体验”的状态，是人最接近幸福的时刻。

① 契克森米哈赖．心流：最优体验心理学 [M]. 张定绮，译．北京：中信出版社，2017.

为了研究人们的“最优体验”有没有相应的规律，他曾经设计了一场实验，邀请各社会阶层以及学历、收入都不一样的男女老少参与实验。他要求每人身上都佩戴一个电子呼叫器。实验共用了一个星期的时间，安排呼叫器每天不定时呼叫这些不同的人 8 次。只要呼叫器一响，无论何时，被测试者都要尽量客观地记录下当时正在做的事情，并评价和记录自己当时的心理状态。通过实验，他陆续收集了共计超过 10 万份样本。

在所有的实验样本中，很多人在自身“最优状态”之下，对于当时的状态都有一种类似的感觉：“一股福流（flow）带领着我，使我无比喜悦和开心。”“心流”一词便由此而来。

作者将“心流”定义为一种把个人精神力完全投入某种活动的感觉。简单说，心流是人们全身心投入某件事的一种心理状态，每个人都可以体会到。

爱跳舞的人沉浸在舞蹈中，爱阅读的人沉迷于书本，爱跑步的人专注于跑步这件事……每个人找到自己的“心流”状态后，都会沉迷其中，忘记时间的存在。

2. 心流状态有哪些特点？

米哈里在书中是这样描述心流状态的：“自己完全在为这件事情本身努力，就连自身也都因此显得很遥远。时光飞逝，你觉得自己的每一个动作、想法都如行云流水一般发生、发展。你觉得自己全神贯注，所有的能力被发挥到极致。”

心流状态又有哪些特点呢？

（1）觉得喜悦。能够快速从现实 / 嘈杂环境中脱离出来，从而进入开心愉悦的状态。比如，有人之所以能在嘈杂的环境中看书，是因为他通过长期的刻意练习，让自己能够快速适应此环境并进入心流状态。

（2）全心沉迷。进入全神贯注的状态，你只沉迷于目前正在做的那件事，脑海里并没有其他杂念。我在弹钢琴和写作的时候也有“全心全意”沉迷其中的感觉，忘记了周围是什么，忘记了自己在哪里，脑海里只有正在写作的内容或美妙动听的音乐。

（3）逻辑清晰。在这个状态下，你暂时不会感到疲倦，心里清楚接下来应该做什么，也明白如何更好地完成这件事。

（4）知行合一。你能够把自己曾经获得的知识或技能充分运用到目前正在做的这件事中。

（5）心无杂念。进入这种状态后，你不会胡思乱想，也不会没有信心，而是信心满满在做这件事，甚至会进入一种“忘我”的状态。中国古代的诗人喜欢饮酒作诗，他们在灵光乍现时会忘记周围的一切，只沉迷于自己的创作，此时他们就是进入了心流状态。

（6）光阴似箭。你处于心流状态时对时间的敏锐度会降低，你不会刻意停止手中的这件事，除非突然被打断。

（7）内在动力。也可以理解为“不忘初心”，你做这件事并不是带着功利心，而是你真正喜欢，并且愿意付出时间和精力在这件事上。你选择一项兴趣爱好，开始是因为热爱，到后面能长期坚持下去靠的是内在的驱动力。当你的热爱渐渐变为工作时，也许你会产生倦怠心理，甚至找不到最初那份简单的热爱。所以当你产生倦怠心理时，不妨回过头看看当初的状态。不忘初心，方得始终。

如果你正在认真看这些文字，并曾经体会、感受过以上部分特征，那么恭喜你，你正在逐渐进入心流状态。

3. 如何为进入心流状态提供有利环境？

我们都渴望能够快速进入心流状态，但在刚开始时尝试过几次后并没有成功，可能就会感到气馁，甚至放弃了。你是否想过，没有进入心流状态的原因可能是我们没有为它提供一个有利的环境呢？

我通过长期实践并结合《心流》一书的方法总结出了 3 个要点，希望能为你进入心流状态创造好的环境，助你提升效率，做好时间管理。

（1）创造一个专注的环境。如果你要开始学习、阅读的话，最好把书桌的桌面先收拾干净，不要留太多杂物在桌面上，只摆放少数几样学习用品和书籍，这样能为你即将开始的学习创造一个专注的环境。我曾经把桌面摆放得满满当当，以为这样会方便我随时拿起一本书来阅读，但随着书桌上的书籍和物品堆积得越来越多，我每次坐在书桌前看书时都觉得效率很低，甚至很难进入心流状态。

后来我把书桌收拾了一下，使其呈现出干净整洁的模样，等我再回到书桌前学习时奇迹发生了——我竟然渐渐进入心流状态。乱七八糟的桌面很难使你进入心流状态，当你在空无一物、干净整洁的桌子上办公或者学习时，你会发现自己的效率提升许多，而且很容易就进入心流状态。

我曾咨询身边的朋友是否有过类似的体验，他们大都是一样的答复："干净整洁的办公和学习环境，确实能够提升效率，而且心情也变得愉悦了起来。"

（2）在有限的单位时间内，只做一件事，并把这件事做好。这个方法听起来简单，但实际操作并不容易。比如，你原本打算今天晚上花 2 个小时完成一篇 3000 字的文章，但中途手机跳转出一条打折促销的消息——"心动不如行动"，你便放下手中的事情去看手机。又或者在写作的过程中，你想去查阅一些资料作为补充内容，在查阅的时候却发现很多有趣内容扑面而来，你忙于去阅读新鲜内容，等你缓过神来时早已过去 2 小时，结果写作目标还没达成。

所以，不是心流难产生，而是外在干扰信息太多。

你需要做的是在这有限的 2 小时内，只专注于写作这件事情，尽量不要被无效信息打扰。你可以选择在这段时间内将手机调为静音状态，主动忽略这些干扰信息，中途不去查阅资料，等完成写作之后，再查阅相关资料作为补充内容放入文章。

（3）放松心情，放下焦虑。为了更好地进入心流状态，你需要学会“做减法”，让自己的心情变得愉悦起来，暂时放下那些让你焦虑的事情。

有科学研究显示，人如果处于焦虑、紧张的状态，大脑就很难集中精力去做好一件事，你的身体甚至会出现不同程度的反应。有的人在做某件事时，尝试几次后还没有进入心流状态，往往会懊恼和焦虑，这样下去只会陷入恶性循环。你不妨试试暂时忘记心流这件事，把手头这件事做好即可。比如，你在背英语单词的时候，有几个词一直记不住，请你不要懊恼，而是选择暂时跳过这几个词，继续背接下来的若干单词。背诵结束后，你再把这几个总也记不住的词摘抄下来，等状态好的时候再多复习几次，其效果反而会更好。

（4）设定一个清晰的目标。你如果有目标感，那么在做事情的时候就能更好地整理思路，也清楚自己需要花多少时间和精力来完成它。

“我今年想学钢琴。”

“我今年想每周花 3 ～ 4 个小时学钢琴，从零基础开始，用一年的时间把《我和我的祖国》《梁山伯与祝英台》《梦中的婚礼》这 3 首钢琴曲学会。”

以上两个目标，哪一个更容易实现呢？我想是后者。你每次学琴的时候，都很清楚自己学习的最终目标是什么。你不会因练琴枯燥而放弃这个目标，因为你知道这些有点儿痛苦的过程都是一种历练，能够帮助你更好地完成目标。

所以无论你在做什么事情，要想更快速进入心流状态，不妨尝试设定一个清晰的目标。

4. 如何渐渐进入心流状态？

想要进入心流状态，不妨从这几点简单方式入手：

（1）做事前设立明确的目标。仔细想想，你的目标是什么？比如：想要看完一本服装设计书籍，想要学习一门新的外语。

比如，有段时间我在学习“服装设计”的知识，便买了一些电子书和纸质书，我每天都会在下班后的业余时间看书学习并认真记录笔记。但是书里的专业知识都很枯燥，涉及打版、绘图、比例计算等，并不是时装杂志那样色彩鲜艳的图。

如何静下心来，进入“心流”状态呢？我在纸上列出了学习服装设计的几个目标，分别是：提升审美，懂得鉴别好和不好的衣服，能够制作几件自己喜欢的衣服。

我把这些目标写下来并仔细分析之后，痛苦的感觉减少了许多。因为我知道自己不需要学习到专业人士的程度，而是把自己应该掌握的内容学会即可（服装设计专业的大学生要用 4 年的时间完成学习和成品制作）。

我带着自己的问题和目标看书学习，不断寻找答案。当我找到自己需要的答案时，我就会感到很开心。

（2）把目标分解成单个小任务。这样做的好处是，不至于在拿到很厚的一本书时感到难以开始阅读，同时也知道自己每天应该学习什么。

比如我学习服装设计的时候，设定了一个“21 天审美提升”计划。每天下班回家之后，我就开始看时装杂志，然后准备自己的速写本，练习服装设计的绘画和拼贴。

我每天的目标都非常明确，不断输入时尚知识并把学会的画或者拼贴出来。之后，我把自己的“作业”分享到社交平台，看网友的点赞数量，如果某天点赞的人数多，则证明那天的作业被大众喜欢和接受。

通过以上方法的实践，我每天都有动力去学习和分享，也很容易进入心流状态。

（3）先行动起来，渐渐进入状态。当你开始做一件事情时，无论是工作还是学习，想要快速进入“心流”状态，那就立刻去做那件事情。

如果你一直停留在“想”的阶段而不去行动，那么事情只会停滞不前。比如，星期四下午，你想写一篇关于美食分享的文章，但只是在脑海里想想而已。时间很快过去几个小时，你忙于做其他的事情，把写文章这件事渐渐给忘记了。第二天，你又只是想想这件事，没有行动起来，久而久之，你就会把这件事忘记了。

我有了学服装设计的这个想法后就马上行动起来：上网查询新手入门需要购买哪些书，并制订每天的学习计划。你不一定设定大目标，可以从简单的事项做起，关键是提高执行力，务必行动起来，只有这样才能检验效果。

（4）带着目标寻找反馈。你的反馈机制决定了你的成效。如果没有设立反馈机制，就无法检验成果的好坏。心流的状态是使人很舒服，但你究竟学到了多少知识，还得靠检验。

比如，你学习一门外语时，每天认真背单词，但没有测试过自己掌握的词汇量到底是多少。通过设定每周固定测试的反馈机制，就可以检验自己掌握的词汇量究竟有多少。

带上你的目标开始行动。比如制订一个“100天坚持健身”计划，每天结束之后进入自己的反馈机制，反思设定的目标是否都按计划完成，100天后见分晓。

在很多时候，你不一定会得到好的反馈，但也别放弃。有时候较差的反馈，也是激励我们前进的一种方式。例如前面分享的背单词，某一次的测试反馈很差，可能令你感到气馁，但换位思考，说明你还有很大的提升空间，把这些单词背会后进步就会更快。

当然，我们并不是每一天都能进入心流状态。想要经常进入心流状态，需要刻意练习。

我曾在《盗火：硅谷、海豹突击队和疯狂科学家如何变革我们的工作和生活》[①]这本书里看到过一个案例，让我印象深刻。美国的海豹突击队队员通过长期的心流训练，达到了共同的“心流”状态。一声令下，大家迅速集合进入工作状态，不需要言语交流，彼此就能够领会指令。这些队员都非常厉害，通过长期的心流训练，可以在几周内在心流状态下快速学会一门新外语，并且说得就像本地人一样。这是普通人无法做到的。他们也是经过日积月累的训练，才渐渐找到适合自己的心流训练方法的。

有一千个读者就有一千个哈姆雷特。每个人对心流的理解和体验可能会有不同差异，但进入心流状态后那种愉悦的心情都是相同的。

让我们一起潜心修炼，更快进入心流状态，做好自己的时间管理。

① 科特勒，威尔 . 盗火：硅谷、海豹突击队和疯狂科学家如何变革我们的工作和生活[M]. 张慧玉，徐开，陈英祁，译 . 北京：中信出版社，2018.

第 2 节　利用 10 000 小时定律，安排自我提升时间

从小到大，我们身边都会有一个“别人家的孩子”，在他身上你会看到许多优点，比如各个学科成绩都很好、在比赛中总能获得第一名……

也许你也想成为优秀的人，却不知怎么开始。其实，了解 10 000 小时定律，可以帮助你更好地自我提升，把心中一个又一个目标有序实现。

1. 什么是 10 000 小时定律？

10 000 小时定律是作家马尔科姆·格拉德威尔在《异类：不一样的成功启示录》一书中提出的。

“人们眼中的天才之所以卓越非凡，并非天资超人一等，而是付出了持续不断的努力。10 000 小时的锤炼是任何人从平凡变成世界级大师的必要条件。”他将此称为“10 000 小时定律”，即要成为某个领域的专家，需要 10 000 小时的专注学习。由此可推算出，如果每天工作 8 个小时，一周工作 5 天，那么成为一个领域的专家至少需要 5 年。

（1）10 000 小时是如何诞生的？格拉德威尔一直致力于心理学实验、社会学研究，他将古典音乐家、冰球运动员的统计调查改造成流畅、好懂的文字。在调查的基础上，他总结出了“10 000 小时定律”。他的研究显示，在任何领域取得成功的关键跟天分无关，只与练习时间长短相关——至少需要练习 10 000 小时，例如 10 年内，每周练习 20 小时，大概每天 3

小时。每天 3 小时的练习只是个平均数，在实际练习过程中，每天花费的时间可能不同。20 世纪 90 年代初，瑞典心理学家安德斯·埃里克森在柏林音乐学院也做过类似调查：学小提琴的人大约从 5 岁开始练习，起初每个人都是每周练习两三个小时，但从 8 岁起，那些最优秀学生的练习时间最长，9 岁时每周 6 小时，12 岁时每周 8 小时，14 岁时每周 16 小时，直到 20 岁时每周 30 多个小时，共 10 000 小时。

（2）为什么是 10 000 个小时呢？“10 000 小时定律”的关键在于 10 000 小时是底线，且没有例外。没有人仅用 3000 小时就能达到世界级水准；7500 小时也不行。10 000 小时等于在 10 年内每天花 3 小时，无论你是谁。10 000 小时的练习，是走向成功的必经之路。

比尔·盖茨在 13 岁时有机会接触到世界上最早的一批电脑终端机，开始学习计算机编程，7 年后他创建微软公司。至此，他已经连续练习了 7 年的程序设计，超过了 10 000 小时。

莫扎特在 6 岁生日前，音乐家父亲已经指导他练习了 3500 个小时。他在 21 岁写出脍炙人口的《第九钢琴协奏曲》，可想而知他已经练习了多少小时。鲍比·菲舍尔 17 岁时就在象棋领域奇迹般地奠定了自己的地位，而他投入了 10 年时间的艰苦训练。

科学家发现，在大量的调查研究中，无论是在对作曲家、篮球运动员、小说家、钢琴家还是象棋选手，“10 000”这个数字多次出现。

这是“10 000 小时定律”被提出的事实论据。

2. 10 000 小时定律的优秀代表人物

下面与你分享三位“10 000 小时定律”的代表人物。

第一位是 110 米栏运动员刘翔。我们只看见他在赛场上风驰电掣，一骑绝尘，可是为了争取赛场上的 10 多秒的辉煌，他从 7 岁开始，苦练了

19年，在练习比赛这件事上花费的时间，早已超过10 000小时。无数汗水、挫折和失败，才换来了“阳光总在风雨后”的优异成绩。

第二个是青岛港吊装师傅许振超，他能把吊装技术练得像绣花一样精细，丝毫不差，屡屡在吊装技术比赛中技压群雄，还多次打破世界港口吊装纪录。这“一技之长”他至少练了30年，苦心孤诣，练习不辍，足足达到好几个10 000小时。

第三位优秀代表人物是卢曼——一位德国社会学家，他在30年的学术生涯中创作了58本著作，发表了上百篇高质量论文。大家都很好奇，这样高产的学者、作家，是如何做到的呢?

卢曼说，他的秘密都藏在一个小卡片盒子里，那里有他一辈子用来自我提升的时间秘密。

他其实已经把秘密写在《卡片笔记写作法：如何实现从阅读到写作》① 一书中与大家分享了，他用一生的时间把卡片笔记写作法运用到极致，这为他做学术、科研奠定了良好的基础。

每当完成一篇论文、一本书的时候，他都会去回顾那个卡片盒，里面藏着每一次他花费的自我提升时间——看书、做笔记、写读书想法等。在做卡片笔记这件事上，他花费的时间早已超过10 000小时。如果你也想向卢曼学习，不妨和我一起把他的好方法“偷走”——让自己能够学以致用。

（1）自我提升时间。自我提升的关键在于平时的积累。许多人在写作的时候会有这样的烦恼：题目看上去很简单，提起笔来却不知道从何处下手。灵感来的时候还可以抓住并充分发挥，可是在没有灵感的时候还要写作就是一件痛苦的事情。

卢曼分享了他的方法：不能只依靠灵感，平时阅读要注意素材的积累，只有利用好这些时间，才能实现知识复利。

---

① 阿伦斯．卡片笔记写作法：如何实现从阅读到写作 [M]. 陈琳，译．北京：人民邮电出版社，2021.

卢曼会准备自己的“卡片盒子”，在阅读书籍、文献资料时，每当他觉得读到的内容对自己有帮助时，就会立刻将其记录在小卡片上。记录结束后，当天他会选定专注时间把收集到的文献笔记做分类整理，放入不同的卡片盒子。

比如，他将社会学笔记分类为 A，将心理学笔记分类为 B。如果不同学科之间有重叠、交叉的内容，他会写上备注关联以及做编号，例如 A12，B12，以便后续查找。看起来平时做详细的分类笔记比较麻烦，但是在关键时候却能够帮大忙。每次写学术文章时，他都能从分类笔记中及时找到他需要的内容，而不必花费大量时间收集素材。

他数十年如一日坚持做卡片笔记，这保证了他在写各种论文时能够得心应手——他想要的素材平时都已经积累好了，写作时只需要查找和提取即可。这个方法令我很受启发，后来我也运用他的方法解决了写论文时素材收集和选题困难的问题。

我用纸质笔记和电子笔记作为“卡片笔记盒”，也像卢曼一样把不同的文献进行整理和归档。每当看完一篇文献资料的时候，我就会摘抄一些对我有用的内容放到“摘抄笔记盒子”里。每当有读后感的时候，我就会把电子版的读后感写出来，然后放到“读后感笔记盒子”里。此法实践日久，我感觉自己写论文确实没有刚开始时那么难了。

卢曼的那个年代还没有互联网，无论是知识的收集还是做笔记都需要依靠纸和笔来完成，他一生收集了许许多多的卡片盒，他的助理对此深有感触。在一次采访中，他的助理说：跟随卢曼做科研是一件幸福的事情，不仅能学到卢曼严谨的工作态度，而且卢曼不会让他做太多的资料收集工作，因为卢曼已经有自己的知识体系（都藏在卡片盒子里），助理只需要帮他改正错别字就可以了。

（2）利用 10 000 小时定律，保持输入和输出。用好 10 000 小时定律，不断进行自我提升，定期保持输入和输出，养成好习惯。

首先，你要大量阅读（花时间输入）。大量阅读不仅包括阅读本身，更重要的是读完后你要把自己的收获和想法用自己的语言记录下来。你可以参考卢曼的方法坚持每天阅读，哪怕每天只有 15 分钟，渐渐养成阅读习惯后你就会有新突破。你读过的书越多，你的知识体系就越完善，你能产生的灵感和洞见就越多。这就是古人所说的“知行合一”。

其次，你要做读书笔记（花时间输出）。古人云：“学而不思则罔，思而不学则殆。”如果你只是阅读书籍，不写读书笔记，过段时间你就会把书籍里的许多内容遗忘。唯有持续“输入”和“输出”，你的知识体系才能够稳固，这正如我们每天都要吃饭一样，只有不断摄入营养，才能充满能量地工作和学习。你的大脑也需要不断摄入知识和巩固知识，才能够越来越灵活。如何做读书笔记呢？卢曼会从他平时阅读的文献笔记中找到一些知识点，用自己的语言对其有针对性地进行阐述，或者写出自己的一些思考。做完读书笔记之后，他会把它们用编号分类管理，以方便知识的二次使用和加工。

最后，你要不断修改（花时间调整）。好的输出内容不是一次就完成的，而是经过了无数次的修改，直到令人满意为止。学生写论文，老师都会要求学生先阅读文献，再做调研和分析数据，待老师看过论文之后还会提出一些修改意见。我们需要经历多次修改，才能最终呈现出一篇合格的论文。写作也需要不断修改，才能形成让自己满意的文字。

只有不断地花时间“输入—输出—调整”，才能实现更好的自我提升。卢曼给我们做了一个很好的示范。

（3）分享你的洞见。无论是学习还是工作，你积累一段时间后就会有自己的一些想法，你要学会把这些想法变成你的洞见。

想法和洞见有什么区别呢？想法可以说转瞬即逝，也可能以条款的形式零星出现；而洞见，是指你把这些想法梳理后得出的一些有条理的文字或可以用带有逻辑性的语言表达的内容。

卢曼的方法可以帮助我们整理自己的想法，并渐渐形成洞见。当你的洞见积累到一定程度的时候，它们就可以变成一篇高质量的论文，甚至以后结集出版……

卢曼就是用这样的方法，数十年如一日（花费的时间早已超过 10 000 小时）地坚持阅读、写作、分享洞见，渐渐在学术界有所积累，最终形成自己的学术成果。

我们不必像卢曼那样伟大，只要像他那样把自我提升时间安排好，专注于自己专业领域的知识积累，把自己工作的专业能力再进行提升，那么我们就会渐渐形成自己的洞见和核心竞争力。当你能够持续地“输入和输出”时，就已经超越了大部分同龄人。

3. 10 000 小时定律适用范围

所有的事情并不都适合 10 000 小时定律，如果我们只是想简单地了解某个学科、领域的知识，就只需要对它有个大概的概念即可。

什么样的事情适合 10 000 小时定律呢？答案是：那些你真正想持之以恒做的事、对你的成长一直能带来正向反馈的事。如何理解这个定律呢？并不是说我们只要花费 10 000 小时就可以了，而是要理解它背后的意义：只有长期做好一件事，在某个领域不断深耕，才能获得一定的成绩、成就。

比如学法语达到 B2 的水平并通过考试，那么你基本上可以和法国人实现无障碍沟通；如果学法语达到 C1 以上的水平，那么基本上就是法国本地人的水平。此时，运用 10 000 小时定律学外语就非常适合。你如果只是想了解会计学的入门知识，以后并不想从事和会计学相关的工作或者研究，那么你只需要花费几天的时间去了解即可。

那么花费 10 000 小时是否真的可以让你成为这个领域的“专家或 20% 的少数人”？并不是非得 10 000 小时——有的人花费不足 10 000 小时就能

达到很好的水平，有的人则需要更多时间（超过 10 000 小时）才行。关键在于为了实现某个长期目标，你是否愿意每天花费足够的时间做这件事，无论刮风下雨，无论外界如何变化。

如果你只是一味空想，并不付出时间去实践，那么即使你“想”了 10 000 个小时，也不会成为该领域优秀的人。

4. 如何运用 10 000 小时定律，进行自我提升

你要想明白，今年甚至未来三五年的时间里，自己想在哪一个领域积累，达到什么样的水平。比如今年你想通过自我提升把英语四级证书拿下，那么明年的自我提升目标就可以是英语六级，学习的目标不仅是考试，而且是以后长期运用英语口语进行交流。那么你就可以运用 10 000 小时定律，每天花足够长的时间去学习。

欲戴皇冠，必承其重。你的实力要配得上自己的野心。

很多专家学者在自己的研究领域不断付出时间和精力，甚至一生只研究一个问题，他们愿意把大部分时间花在一件事上，并且做好，终于成为大众眼里的优秀的人。

天赋是否重要呢？个人认为，天赋的重要性占比很小，我们更需要毅力、执行力。一个人即使在某个领域很有天赋，但如果不经过长期刻意练习，是无法获得很高的评价和很好的造诣的。韩愈在《师说》里说：“闻道有先后，术业有专攻。”

我觉得，运用 10 000 小时定律并没有太多的技巧，就是：坚持、坚持、再坚持，不要轻易放弃。

如果做什么事情都半途而废，那么即使花费再多的时间，也不容易把事情做好。

如果你心中有一个长期的自我提升的目标，不妨现在就把它和 10 000

小时定律一起写在本子里，告诉自己从现在开始，为这个目标默默耕耘，直到它实现为止。

功夫不负有心人，愿你运用好自我提升的时间，实现心愿。

第3节 刻意练习：让自我提升成为习惯

通过了解10 000小时定律，我们可以明确自己在哪几个方向进行自我提升，以及如何安排时间。我在本小节会分享一个方法——刻意练习法，它可以搭配10 000小时定律一起使用，能够有效地帮助我们安排好自我提升时间。

1. 什么是刻意练习法？

著名心理学家安德斯·艾利克森在“专业特长科学”领域潜心几十年，研究了不同行业或领域中的专家级人物：国际象棋大师、顶尖小提琴家、运动明星、记忆高手、拼字冠军、杰出医生等。他发现，无论在什么行业或领域，都有一种最有效的提高技能方法，他将这种通用方法命名为“刻意练习”，并写成了一本书——《刻意练习：如何从新手到大师》①。

对于任何一个在本行业或本领域希望提升自己的人，刻意练习都是黄金法则，是迄今为止公认的最强大的学习方法。

刻意练习，简单归纳为一句话就是：一种有目的的、专注的且需要反馈的长期突破练习。

莫扎特从小学习音乐，幼时即展现出无与伦比的天赋。他5岁开始作

① 艾利克森，普尔 . 刻意练习：如何从新手到大师 [M]. 王正林，译 . 北京：机械工业出版社，2016.

曲，6 岁举办第一场个人音乐会，8 岁创作第一部交响乐，10 岁创作第一部歌剧。在仅仅 35 年的短暂一生中，他共创作了 19 部歌剧、103 部小步舞曲、55 部交响乐和 39 部协奏曲。[①]

看似是天赋的背后，其实与他长期在钢琴练习上花费时间、精力有关，如果他不进行长期的刻意练习，那么他弹钢琴的技巧也不会如此娴熟，更谈不上创作歌曲。

对于刻意练习钢琴这件事，我深有体会。以前我也学过钢琴，参加过钢琴考试，在初二的时候通过了业余钢琴等级考试 10 级，我知道这其中的不易。我在学钢琴、练钢琴这件事上花费的时间也超过了 10 000 小时，通过不断刻意练习才稍微取得一点成绩。

2. 有目的地刻意练习的四个特点

要想学会刻意练习，需要了解这四个特点。

（1）刻意练习具有一个明确的目标。一个明确的、清晰的目标，能够帮助你更好地实现它，也有助于你日后把目标详细拆解。

（2）刻意练习需要专注时间。想要取得的进步多一些，在刻意练习的时候，须专心致志。一心二用虽然看似在“节省时间”，但不专心带来的后果可能适得其反，即没有进步甚至犯错。你越专注于刻意练习，就越能感受到手头正在做的那件事给你带来的正向反馈。

（3）刻意练习有一个反馈机制。无论你想刻意练习什么事情，都需要有一个反馈机制来督促、告诉你什么地方做得好，什么地方还可以再改进。这个机制可以由你自己设定，也可以由外界设定。例如：你在参加钢琴等级考试的时候，每一个级别都会有不同难度备选的曲子库任意挑选。通过设定难易程度，评委在听你演奏曲子的时候就设定了一个反馈机制来考查

① 所罗门 . 莫扎特传 [M]. 韩应潮，译 . 浙江大学出版社，2020.

你的演奏水平。如果没有这个反馈机制，你就不知道自己练得好不好，哪里还需要改进。

（4）刻意练习需要走出舒适区。刻意练习某项技能到了一定程度就会达到熟练的程度，此时你就处在舒适区里；要想达到更高的境界，你需要走出原本的舒适区。如果你一直停留在原地，不走出原先的舒适区，那么很难再上升到一个更好的境界。若想成为某个领域、某个行业的 20% 的少数人或专家，你要在刻意练习的过程中不断走出原先的舒适区。

3. 刻意练习 +10 000 小时定律能带来什么改变？

我们要想在某个领域有好的发展，离不开在这个领域的积累沉淀。刻意练习搭配 10 000 小时定律使用，会产生哪些积极影响呢？

（1）每一天的目标会更清晰。你一开始可能无从下手，但在找到合适的方法论之后，结合自己最初定的大目标而努力奋斗，那么之后的目标就会变得越来越清晰，做事渐渐不拖延，变得更高效。

之前你每天需要设置好几个闹钟才能睡醒，后来闹钟响一次你就会起床，这是因为你心中对自己今天有哪些事情要完成十分明确，并且清楚完成后会对自己有多少帮助。当你的目标变得清晰可见时，每天花时间在这个目标上的结果也变得清晰可见，就会形成一个良好的循环。

（2）花费 10 000 小时是基础步骤，找对方向刻意练习是进阶步骤。如果自我提升的方向没找对，那么即使花再多的时间，最终也不一定能够达到你的预期。记住，选择和努力同样重要。

你选择学习小提琴进行自我提升，制订了累计超过 10 000 小时的详细计划，通过不断地刻意练习达到一年比一年好的水平，这就是一个越来越好的发展方向。

（3）复盘总结。你在每次进行自我提升复盘时，都要从以下两个维度出发进行总结和反思。自己虽然花费了时间，但是不是刻意练习时的方法还可以再完善一些？在刻意练习的时候你已经找对方法，但最近由于自我提升时间少了，以致落下了练习时间，后面该如何去弥补？

生活中，许多人不懂得做总结和反思，相反他们会把没有成功、没做好的原因归结于外界和别人，他们认为结果不好都是外界干扰和别人影响造成的，根本不会从自己身上找原因。我们能够不断总结和反思，就是在为下一个阶段的成长做铺垫，不断改进，以便在下一阶段的自我提升时间里做得更好。

自我提升，一定要从自身出发。

4. 刻意练习 +10 000 小时定律运用举例

在自我提升的时间里，我不敢和许多优秀的前辈相提并论，但至少在同龄人里我还是有一些心得可以分享的，希望能对你有所帮助。

对我来说，真正运用“刻意练习 +10 000 小时定律”的时间进行自我提升，排第一的技能是“写作”。

从初一开始至今，我每天都坚持写日记，家里的日记本堆起来已经有两米高了。我一直在刻意练习写作这项技能，加上大量阅读，才能不断保持“输入和输出”。关于我为什么坚持写作，你可以在我的第一本书《学习就是要高效：时间管理达人如是说》里找到答案。

我运用“刻意练习 +10 000 小时定律”写作的方法如下。

（1）每天写作一小时。从初中开始，我保持着每天写作一小时的刻意练习写日记的习惯，从他律渐渐到自律，养成了一个终身受用的好习惯。

在这一个小时的写作时间里，我从最开始在本子上用钢笔写，到如今面对电脑敲打键盘，虽然写作方式改变了，但一直花时间（早已超过 10 000 小时）在写作这件事上没变。在学生时代同我一起写日记的同学，到如今只有少数几个还在坚持；而同期一起在互联网上写作的同龄人，如今也只剩下少数人在坚持着内容的更新，他们早已成为某个领域的少数人，甚至是意见领袖。

你看，时间终究会给出答案。无论是写作还是其他事情，唯有长期坚持，才能真正站稳脚跟，乃至有更好的发展。

也有人问我："如今互联网上视频成堆，看文章、看书的人不一定多，你为什么还要坚持写作呢？"对我而言，写作早已成为生活的一部分，也是我的一个情怀，若不是真正热爱写作这件事，前进路上遇见的许多困难早已逼我选择放弃。

另外，读者的支持和鼓励给了我一直写下去的动力。我看到自己写出来的文字能够对更多人产生积极影响，这让我内心驱动力十足，所以即使困难重重也愿意坚持写下去。

（2）每周保持一定的阅读量。身边的一些优秀前辈每周都有读书的习惯，哪怕创业或工作再忙，他们每周也会略读或精读。

"见贤思齐"，我不断努力向他们看齐。

读书在短期内对人可能看不出什么影响，但长期坚持下去，一定会对人产生大的影响。有一句话说得好："你如今的气质里，藏着你走过的路、读过的书、见过的人。"所有的积累都不会白费，它们会使你发生改变。你也会因过去的所见所闻而产生一些阅历，你的阅历丰富以后，便会通过一言一语展示出来，这也是"刻意练习 +10 000 小时定律"发生作用的结果。

我每周都会阅读一定数目的书籍并保持阅读时长。长期不读书，我就会写不出东西来，因为没有新知识的输入；长期不写作，前期累积的阅读精华也会缺乏合适的输出渠道。如果读书和写作这两件事长期没做，我便会感到非常焦虑，所以，对我来说，读书和写作也是缓解焦虑的方法之一。

写作需要素材积累，平时我会阅读不同类型的书籍，涉猎范围较广。看完书后，我会对书籍进行归类，如果某一本书我觉得好，那么我会做读书笔记或者写书评，在内化知识的同时也将其分享给更多人。

（3）每月积累好词金句。积累好词金句这个方法不仅可以用在读书方面，还可以运用到工作中。通过阅读书籍、杂志、报纸等，我会收获一些好词金句，如果不及时把它们归类记录下来，久而久之这些精华就会被大脑遗忘。

我把这些好的内容写在“好词金句摘抄本”里，同时也把电子版存档，以方便我在写作的时候及时找到并引用它们。若没有这些铺垫，我在写作过程中则需花费大量时间去查阅适合的句子。

（4）每月写书评、读书笔记。知识输入是基础，通过写书评、读书笔记的方式把这些知识输出，同时转化为自己的精神财富，才能将其真正形成长期记忆储存在大脑中。

写读书笔记和书评会产生“利他效应”，能帮助更多读者了解一本书的内容，甚至会影响和改变他们的生活。曾有读者发消息给我说：“喜欢看你在豆瓣上写的书评。”这让我感到很开心，因为我在自己的能力范围内为社会做出了一定贡献。我把书评定期发布在互联网平台上，陆续收到一些读者给我的私信反馈，其中一位学生读者说：“谢谢丹妮老师的好书推荐，帮助我更好地了解一本书讲了什么，同时也看到丹妮老师一直在坚持阅读和写书评，给了我很大的鼓励，我也想坚持阅读和写作，不断进行自我提升。”

读者给我的反馈，让我知道自己写作的内容确实对人有帮助，这也给了我坚持写下去的动力。

（5）每年定期与前辈、朋友分享写作和读书感悟。我以前是个很内向的人，不擅长人际沟通。所以我更愿意花时间写作，以表达自己内心的想法。工作之后，我需要在不同场合与不同的人打交道，时间久了性格也变得开朗起来。一次我在无意中和前辈分享读雷·达利欧的《原则》一书的感悟，给这位前辈留下了深刻印象。此后的几次交谈中，前辈都会询问我读过哪些书，有哪些心得，渐渐地，我与这位前辈成了良师益友。

从那以后，我会定期与身边的前辈、朋友分享写作和读书感悟，他们也会提出一些意见帮助我成长。这是我在自我提升时间里的一个很好的实践过程，让我有机会表达自己的所见所闻，也能够得到前辈的指导。

在这个过程中，我一直在提醒自己要戒骄戒躁，要有一颗归零的心，不断修炼自己的核心竞争力，只有这样，未来的路才能走稳、走好。

（6）举办读书会。成长路上有书相伴，你收获的将不仅是知识，还有一些额外的惊喜。

从 2021 年开始，我陆续在线上、线下举办过一些读书会，分享自己的读书感悟。在这个过程中，我有幸结识了一些良师益友，他们在我前进的道路上都产生了积极影响，有的贵人还提携我走了一段路，这些都是我的福气。

通过举办读书会分享读书感悟，也是一个不断复盘的过程。每次分享一本书，我都会重新阅读它，并得到一些新的收获和感悟；在制作分享 PPT 的过程中，我对一本书的理解和认识获得了提升。我会把其中真正值得反复阅读的书挑选出来，制作为年度书单与读者分享。

通过“刻意练习 +10 000 小时定律”，我在写作这件自我提升的事情上不断精进，在写作方面逐渐形成自己的风格。

随着年龄的增长，我渐渐明白做成一件事，需要提前准备，同时也要有机遇，从而更深刻理解自我提升的重要性，所以愿意花更多时间不断自我精进。

我希望每一位读者都能利用“刻意练习 +10 000 小时定律”助力自己不断修炼核心竞争力。

第 4 节　知识整合：把所学知识为己所用

在成长的过程中，无论是从书本里得来的知识还是社会环境教会我们的道理，我相信大家早已积累了很多。但你是否有这样的感觉：对这些学来的知识或明白的道理，真正能运用好的人并不多。

比如以前上学的时候，在数学课上要学习复杂的函数计算法，但在日常生活中，我们经常使用的是“加减乘除法”。每次语文课写作文时老师让我们至少写 800 字，但工作以后，我们可能只在写年终总结时才会超过 800 字。我们曾经学过那么多复杂的知识，在实际生活中能运用的却很少。

我在这里无意宣扬“读书无用论”，相反，学生时代学习的那些综合学科知识，可以培养我们的思维和学习能力。一旦你掌握了这种思维，获得了这种学习能力，就可以不断学习新知识，甚至自学一门外语。这是学校重点培养的能力，也是一种能让我们受益终身的能力。

虽然你所学过的复杂函数在现实生活中运用得不多，但其背后解题的逻辑思维能帮助你处理一些生活中的复杂问题。当你面临一个复杂问题需要处理时，你会运用这套逻辑弄明白这个问题的含义并列出几个步骤，让处理事情变得有条理和讲逻辑。

虽然每次写作要求至少写 800 字，你也许会为了凑字数而感到焦头烂额，但长期的写作训练让你的写作有逻辑。比如第一段该如何开头，中间该引用哪些好词金句和案例来支持自己的观点，最后文章该如何收尾……这套写作逻辑在做工作总结时可以用到。

你看，这些知识都不是独立存在的，看似当下学习它们没有太多用处，但在将来某一天它们肯定会帮到你，甚至会帮你一个大忙。学习时间管理的知识和方法也是如此，看似当下对自己没有太多帮助或者不能立竿见影，但长期坚持下去，你一定能看到自己的改变。

如何把所学知识不断整合，最终为自己所用?

我以学习时间管理知识为例讲解一下。当你打开这本书，可用一个上午或下午的时间阅读完，但如果你把书读完后没有付出实际行动，更没有做出改变，那么这些知识就不属于你，它们还是躺在书本里。

要想把书中的时间管理方法运用起来，最好的方法就是立刻行动起来，可按照以下三步法执行。

第一步，读起来。在阅读这本书的过程中，你可以手拿两支不同颜色的笔，在书中画线和做笔记。当你阅读到一些让你有启发的句子和段落时，可以把它们单独标注出来，并在旁边写上简单感悟。当你找到书中不同的时间管理方法时，也可用不同颜色的笔把它们分别圈出来……可用你喜欢的符号、能理解的语言把这些内容依次标注出来。

第二步，学起来。你可以在结束阅读本书后把书中做标注的内容单独放到一个文档里，或者把它们制作成一篇读书笔记、书评，一幅思维导图。把这些知识以一定的形式、有逻辑地转化为自己的知识，它们就能在你的大脑里形成长期记忆。

如果你省略了以上两个步骤，书中的知识就不易成为你自己的知识体系的一部分。即使你拥有良好的记忆力，在阅读完后能快速记住书中的大部分内容，但随着时间流逝，这些知识也会被你渐渐遗忘。完成这两个步骤可帮助你建立知识体系，形成长期记忆。

第三步，行动起来。你从书本中学习到一些时间管理方法，也完成了笔记整理的过程后，可把这些知识真正运用到工作和学习中。你可以准备一本时间管理本（自己绘制或购买），把每一天工作和学习的待办事项依次写在本子里，并运用时间管理方法先做重要紧急的事情，若有需要专注地完成的事情，务必提前留出时间。只要每天坚持做时间管理，你的效率会渐渐得到提升。

知识的整合过程可能会让你觉得痛苦，甚至需要花一周甚至更长时间才能完成，但请你相信：磨刀不误砍柴工。把最困难的步骤先完成，再把知识消化吸收形成自己的，最后行动起来，每天执行时间管理表里的待办事项，渐渐就会收获属于自己的方法论。

通过这三步知识整合，你就能使所学知识形成长期记忆，以便更好地使用它们。

你对自己的要求若更严格，还可以按照学科、知识领域来分类，准备不同的电子文档和纸质笔记本，用同样方法整理这些知识为己所用。

知道许多道理但不去实践，就不会明白这些道理是否真正有用。不妨从现在开始，拿起你手中的笔进行勾画，并做笔记。记住，实践出真理。

第 5 节　运用 SWOT 分析法合理分配时间，提升竞争力

要想不断修炼自己的核心竞争力，以使自己从人群中脱颖而出，就不仅要做好时间管理，还要明白自己的优势在哪里，哪些方面是劣势。通过运用 SWOT 分析法，你可以更好地了解自己。

SWOT 分析法不仅可以用到公司的实际管理中，还可以用到日常生活中。我读大学时的专业是人力资源管理，曾多次在学习和生活中使用 SWOT 分析法。

1. SWOT 分析法

SWOT 分析法是基于内外部竞争环境和竞争条件下的态势分析，是把与研究对象密切相关的主要内部优势、劣势和外部的机会和威胁等，通过调查列举出来，并依照矩阵形式排列，然后用系统分析的思想，把各种因素相互匹配起来加以分析，从中得出一系列相应的结论，结论通常带有一定的决策性。

运用这种方法可对研究对象所处的情景进行全面、系统、准确的研究，根据研究结果制定相应的战略、计划以及对策等。

如图 2-1 所示，S（strengths）是优势、W（weaknesses）是劣势、O

（opportunities）是机会、T（threats）是威胁。[①]

W 劣势（weaknesses）	S 优势（strengths）
O 机会（opportunities）	T 威胁（threats）

图 2–1　SWOT 分析图

SWOT 分析法可运用到生活、工作、学习等场景中，它能帮助你厘清思路，更好地安排自我提升时间。

2. SWOT 分析法使用举例

你可以先在一张白纸上画出 SWOT 表格，分别在优势、劣势、机会、威胁四个栏目里写下你目前的情况，分析自己需要在哪些方面进行提升。

比如，你有一个未来两年内可以升职的机会，但竞争对手也很优秀，你想把握住这个机会，就需要安排好时间不断学习。可用 SWOT 分析法整理自己目前的情况。

优势：英语好，工作能力获得领导认可，懂职场礼仪。

劣势：人际交往能力欠缺，管理经验欠缺。

① 百度百科：SWOT 分析模型。

机会：未来两年内有可能在集团升任部门经理岗位。

威胁：升职面临其他员工的同质化竞争。

把这些要点依次罗列，你在脑海里对自己和竞争对手的情况就会有一个初步的认识，这些内容如果一直停留在脑海里不写出来，你很可能会一直处于迷茫和焦虑的状态。

接下来你要把时间和精力合理分配，查漏补缺。

你可以针对自己的SWOT表格在保持优势的基础上弥补劣势。你的劣势很可能是竞争对手的优势，根据短板理论，短板越短，竞争对手越容易超过你，因此你需要弥补自己的劣势。在这个过程中你也要保持优势，不能只补劣势却把自己的优势渐渐落下。

确定自己补“劣势和威胁”的目标：如果两年后想胜任部门经理的岗位，就需要提升自我人际交往能力、管理能力。这些能力可以从书本和实践中得来。

如果从书本中得来，可以着手准备买管理学、人际关系方面的书阅读，提早向这个目标努力。

把理论知识学会后，还要安排实践时间才能做到真正的知行合一。即使知道许多管理学的原理，但如果不亲自去实践，那么永远都不清楚哪些方法适合管理自己，哪些方法适合管理团队。

实践时间以“周”为单位。先从管理好自己每周的工作任务开始，把自己管理好后再尝试模拟团队管理。你可以邀请同事一起加入，把书中学到的方法进行实践，在实践中不断调整，最终找到适合管理团队的方法。

你要把时间都合理利用起来，为升职这个大目标不断付出努力，花时间自我提升，不断修炼自己的核心竞争力。一直坚持下去，等机遇真正到来时，能够把握住它的概率就会比较大。机会一直都是给有准备的人。

每个人的工作岗位、工作内容都不一样，希望大家都能够结合自身工作岗位做好 SWOT 分析，在机遇到来前做好准备。

如果你是一位正在读高一的学生，那么为了迎接三年后的高考，你需要掌握各门学科的知识，才能在考试中取得理想成绩。你可以通过 SWOT 分析弥补自己的短板学科。下面以一个学期为单位举例说明。

优势：英语、数学、化学基础好，这几个学科的成绩在班里名列前茅。

劣势：物理、生物不太好，成绩排名班级中下水平。

机会：把综合成绩提升之后，本学期有可能进入年级前 50 名。

威胁：英语写字不好看，即使作文写得好，也可能失掉印象分。

注意，你的 SWOT 表格里的“威胁”并不是指同班同学或同龄人的成绩，而是指现在的你和未来的你之间的差距。不要和别人对比，要和过去的自己对比，只要每一次都有进步就是好事。把劣势和威胁都渐渐补上，你的综合学科成绩总体就会上升，在面临高考时就会比过去的自己更自信。

如何花时间弥补劣势和威胁呢?

每一个学期你都可以用“天”或“周”为单位，弥补学科知识。

你可以“天”为单位，根据某个学科的难易程度安排时间学习。比如你的物理成绩不太好，是因为基础知识不牢固，还是因为没有解题思路?若基础知识不牢固，你每天可至少花费 10 分钟的时间复习基础知识，直到牢牢掌握为止；若面对难度大的题目没有解题思路，你可尝试每天花几分钟时间请教老师或者同学。不要因为害怕、害羞就不去请教，自己闷头研究许久也解不出来，会导致时间和精力都浪费了。

以“周”为单位，可在以“天”为单位的基础上，穿插其他弱势学科知识安排时间，同时也要安排时间对自己的优势学科进行巩固。比如周一安排 30 分钟给劣势的物理学科，周二安排 35 分钟给劣势的生物学科，周三安排 10 分钟给优势的英语学科……时间长短取决于你对不同学科知识的掌握程度，可以灵活安排，直到你把它们牢牢掌握住为止。

其实这个方法不仅适用于初中生、高中生，大学生也适用，只要替换相应的学科内容即可。方法论是相通的，掌握其中一种便可终身受用。

我的一位朋友——北京大学的孙凌，一直在用此方法保持自己的核心竞争力。她以 685 分的高分，摘走了 2006 年陕西省年文科高考状元的桂冠。

以下内容来自记者对她的采访：

“这么好的成绩，有啥窍门啊？”昨日下午，记者半开玩笑地问。这位 17 岁的姑娘很认真地回答，最大的窍门就是用心做每一件事。学校功课比较紧张，回家就好好放松。从星期一到星期五，每天晚上 7:00 ～ 7:30 都会看《新闻联播》。“肥皂剧也喜欢看，不过只看一个小时，让奶奶监督我。”“我基本上不熬夜，最晚学到晚上 12:30。高考前一个月，晚上 11:00 就睡了。”“文科最重要的是基础扎实，临考突击作用不大。”

孙凌的成功靠的不是窍门，而是勤奋。有毅力、自制力强、擅长沟通是班主任刘佩玲对孙凌的最深印象。她说：“孙凌非常有毅力。高中三年，她每天早上都第一个到教室。”

目标明确，善于利用时间是她的一个特点。“学习计划制订得非常详细，具体到每门课每天的任务和目标。上学的路上都在背单词。”“中午放学，其他同学还在聊天的时候，她已经飞速收拾好东西，很快吃完饭又投入学习。”

遇到困难，孙凌会选择沟通。有段时间，因为文综成绩不好，她也很苦闷。但她主动和父母、老师讨论，向别人取经，找出以往好的资料研摩背诵。结果，高考中文综也考出了好成绩。

从上面节选的采访稿中，我们可以看到孙凌使用 SWOT 分析法，明确自己的目标，知道自己的优势学科是什么，同时也会花时间和精力弥补劣势学科，长期坚持，终于取得优异成绩。

我曾多次与她见面交流，听她分享学习方法和时间管理方法。我希望借此真实案例，结合 SWOT 分析法给大家带来一些启发。

3. SWOT 分析法可以叠加其他时间管理法吗？

SWOT 分析法可以搭配“番茄工作法”一起使用，但每次使用不要叠加太多时间管理法，以免陷入混乱。其实学习时间管理法的最终目的是帮助你更合理地安排待办事项，平衡工作和生活。做时间管理的要点不在于累计叠加了多少方法，也不在于方法的难易，而在于根据不同的事情用不同的时间管理法完成自己的待办事项。

做时间管理要避免本末倒置，避免花大量的时间做计划却只花一小部分时间执行。在掌握方法的同时保持不断实践，你就会明白哪几种方法适合当下的你。

在运用 SWOT 分析法的过程中，不要担心自己能否掌握这个方法，应尽量遵循“知道方法论就去执行”的原则，不要等万事俱备了才开始。只有通过不断实践，才能知道自己到底掌握了多少方法。

第 6 节 “学霸”的自我提升之路

我们在成长过程中总会遇见一些“学霸”，他们综合学科成绩好、多才多艺、大学考上名校，毕业后一路顺风顺水。这一切与自我提升密不可分。天才是用 99% 的努力和 1% 的天赋共同成就的。

接下来分享两位“学霸”的真实故事，希望能对你有所启发。

1. 夏槿老师的故事

我和夏槿老师于 2017 年相识，我们都是多国语言爱好者。我一直很佩服她，她从小到大学习成绩优异。优异到什么程度呢？每次考试几乎都是年级第一。

她在南开大学读日语专业，大学四年她的专业课成绩一直稳居第一。大三时以 393 分（满分 400）通过日语一级考试（现 N1），毕业论文荣获南开大学优秀论文。因成绩优异，她被南开大学直接保送本校研究生，毕业论文获“卡西欧杯”中国日本学研究优秀硕士论文二等奖。

硕士在读研究生期间，她入选国家建设高水平大学公派研究生项目，赴日攻读博士学位。她用了三年时间取得日本文学博士学位，之后回南开大学任教。

第一次认识她是在 2017 年。那时我俩都在某个平台写作，分享学习外语的方法。没想到我俩聊得很投缘，且许多兴趣爱好都相似，于是我心里萌生出一个想法：有机会要和她见一面。而她也有同样的想法。

某次我到天津出差，结束工作后特意去拜访了夏槿老师。

我们聊学日语的方法，聊彼此学多国语言的感受。

我们聊旅行。她与我分享日本留学的感悟，分享到世界各地旅行的所见所闻。

我们分享书单，她推荐我阅读《罗马人的故事》这套书，可了解罗马历史，我立刻下单购买。

夏槿老师是我的良师益友，对于我日语学习中的一些困惑她都会认真解答，并帮我纠错，我时常感慨有这样一位朋友真好。

我对她分享给我的一个案例印象深刻：一位女企业家找她学日语，虽然是零基础，但工作再忙，每周都会按时上课，并且认真完成科博会作业。这位女企业家不仅日语学得很好，生意也做得好。唯有坚持学习，才能够拥有更好的人生，这是我从夏槿老师和她的学生身上学到的道理。

她还经常担任日语翻译，出版过自己写的日语书。她曾学习德语、法语、蒙语、韩语，考了韩语 TOPIK 考试 5 级（高级）证书。后来她又自学铅笔画并售卖作品，许多人都羡慕她多才多艺，她总是谦虚地说自己只是运气好罢了。

其实“运气好”都是努力换来的。夏槿老师的努力程度已经超越太多人，别人只看到她的光环，却看不到她背后学日语的那股认真劲儿。她拥有每周读书的好习惯，也有自己的一套学习方法。她写每一篇论文时都态度端正，会查阅大量的文献作为参考，结合自己的案例不断修改。

她每天都会进行时间管理，把一些待办事项提前写在备忘录里。每年她都会制订一些有挑战性的目标，例如学习一门新外语、学习铅笔画等，然后将这些任务分配到不同的自我提升时间段里。若有些事情没有完成，她会分析是主观原因还是客观原因导致的，下一步如何改进会更好。

她每天都会安排固定时间段用于专注背单词和复习过去所学的单词。

她曾经用过“21 天专注做一件事”的时间管理方法，每天在网上更新一篇文章，以督促自己工作再忙也要坚持写作。

她对细节的要求也很严格。

有一次，我在朋友圈发了一条日语消息，夏槿老师看到我的错误后立刻私信我。她总是很认真，和她见面的时候也会仔细询问我喜欢吃什么口味的菜，并提前预订方便见面的地点，还会把详细地址发给我，告诉我怎么走。夏槿老师把“细节”做得足够到位。

优秀的人都注重细节，细节往往决定成败。

我一直都记得她和我说过的一句话：“你的人生厚度取决于你读过的书、走过的路、遇见的人。”是呀，她就是一个不断在挑战自己、丰富自己人生厚度的人。

她说：所有的选择，都是最好的，没有对错之分。

十多年前小语种专业刚刚兴起，许多人觉得小语种专业不好就业，可她偏偏选择日语。她并没有因为专业不被大众认可而感到气馁，而是坚信“所有的选择都是最好的”。她认真学习日语，不仅把老师讲的知识吸收消化，还利用课外时间学习关于日本文化的知识。她就这样一步一步地努力，达到了年级第一，被南开大学保送研究生。

读研期间，她继续保持认真学习的态度，毕业论文获“卡西欧杯”中国日本学研究优秀硕士论文二等奖，这一点也成为她日后去日本读博的加分项。功夫不负有心人，努力学习终有回报。

如今的夏槿老师又开始学习一门外语——意大利语，我对她的时间管理能力和学习能力深表佩服。

让我们一起向她学习，利用好自我提升时间，使自己在每一年都有成长和进步。

2. 孙凌的故事

孙凌也是我的好朋友，她于 2006 年被北京大学录取，后来又收到国内外多家名校的研究生录取通知书。她从小一路绿灯，会多国语言，现在她正在学希伯来语（世界上最难的语言之一）。她在香港读研期间也做过许多有意思的项目和活动。她在微软实习过，自己创过业，也当过义工，救助流浪人员……

她不偏科，文科、理科成绩都很好，她会合理安排每一门学科的学习时间。她虽然学文科，但理科成绩也非常棒，当年她的高考数学成绩是 146 分（满分 150 分），英语更是在高二的时候第一次裸考雅思就考了 8 分（满分 9 分）。如果你曾经参加过雅思考试，就会明白想要考到 8 分是一件多么不容易的事。

她是如何安排自我提升时间的呢？

她既不熬夜，也从来不参加任何补习班。按照她的原话就是：“我从小是被放养长大的。”家长从来不强迫她学什么，哪怕偶尔考试成绩不太好，也不会责备她。她的学习方法之一是每周都花时间提前“预习”没学过的知识，安排时间“复习”课后的知识。许多人都明白这个道理，可真正能做到的却没几个。她对预习也有方法，她会提前把课本里的重点知识勾画出来，对不懂的地方用另外一种颜色的笔标注出来，留待课后问老师。

她的英语学得好，更多靠的是勤奋加上好的学习方法。

她勤奋到什么地步呢？在去学校的路上她都在背单词！她说，一直都会给自己定学习目标，每天在上学的路上就把单词背了（碎片化时间），如今也在保持英语的刻意练习（10 000 小时定律）。她特别勤奋，所以才能做到高二就考了雅思 8 分。不做低质量的重复，而是做高质量的复习。她对背过的单词会根据“艾宾浩斯遗忘曲线”进行复习，让单词形成长期记忆印刻在脑海里。

作为好朋友，我们经常见面的地方是咖啡馆和图书馆。我们一起看书，一起分享彼此的学习心得。

在此我将她的优秀成果分享给大家。

（1）关于学习。她从小就是一位自主学习能力特别强的人，当她发现自己对英语感兴趣时，就主动投入更多时间去学习英语。

她在高中时就把英语学到了优秀的地步，可以担任同声传译。但她并没有偏科，而会把各门学科知识都认真学好。她的体育成绩也不错。

她一直提倡该学的时候就认真学，该玩的时候就好好玩。这也是她现在教育孩子的理念。她从来不会强迫孩子去上各种各样的兴趣班，而是让孩子自己选择感兴趣的知识学习。

从小到大，家长都很尊重她的个人意愿：小到今天晚上想吃什么，大到高考选什么专业、毕业后的结婚生子，都是她自己决定的。所以她很感激自己能生活在这样的家庭环境中，这使她渐渐成为独一无二的自己。她的学习建议是：找到正确的方法＋努力＝高效学习。

她说学习是一件非常需要方法的事情，并不是所谓的“看上去很努力”。方法找对了，再做好时间管理，一步一步实践，就会有收获。

（2）关于名校。她在北大读书期间有人问她：“你是当年的省文科状元，可以说是众多学生中的佼佼者。在北大有许多和你一样优秀的人，你会感到压力大吗？”

北大和清华从来都是中国顶尖人才的聚集地。但她很真诚地说：“我从不觉得自己压力大，因为我和这些优秀的人聚在一起，才能够看到更广阔的世界。”眼界和格局不一样，看问题的角度也会不一样。

名校给她带来了什么呢？除了更好的平台、更丰富的学习资源，就是有机会不断拓宽她的眼界和格局。她说无论毕业多少年，都会怀念那个在北大校园里的自己：可以因为一个学术问题和教授讨论很久；可以和一群志同道合的同学参加国际辩论比赛；可以去美国名校进行交流学习……

她在北大和香港读书期间，早已形成了一套完整的“自我学习体系”，能用专业的眼光看待和分析一件事，这也是无论她到哪儿都有许多公司争相抢着录用她的原因。她一直在努力——把生活“折腾”成自己喜欢的模样。

读书真的需要适合的方法。

（3）关于职业选择。她可以轻松选择高薪工作，但她并没有去过所谓的“精英生活”，她明白挣再多的钱也买不到真正的快乐。工作好不等于挣钱多。在经历过一些事情后，她辞去了许多人羡慕的高薪工作，选择创业，做自己喜欢做的事情。

她制订的人生目标虽然有很多，但她会分阶段去实现，而不是把所有的事情都集中在某个时间段去完成。

比如刚毕业的时候，她没太多职场经验，所以找一份好的工作、跟一个好的团队一起成长，就是最重要的。她在积累了一定经验之后，才自己创业，当然业余时间她也学习了不少商业知识。

对某个领域的专注研究很重要，特别是你要从事的那个行业。为什么一个有 10 年工作经验的人却竞争不过一个只有 2 年工作经验的新人？这在很大程度上是因为前者不够“专注”，他在这个领域没有花时间认真研究和发展。工作能力的强弱与年龄无关，与是否用心进行自我提升有关。

当我和她聊到中国教育时，她总能用许多专业的研究报告给我分析；当我和她聊英语在线教育这块市场时，她和我分享了身边朋友公司的案例，并且用真实数据告诉我背后的逻辑。

你在做选择感到迷茫时，不妨参考她的意见和方法。不要总问别人该怎么选择，要学会用专业的数据和深度分析帮助自己做选择。

她目前正在学希伯来语，一边工作一边带娃，还能抽空学习高难度的知识，这样的人生让我敬佩不已。

这个世界上，真的有人为了追求梦想而从未停下脚步，当然他们也付出了更多的时间和精力。他们是我们人生中的一束光，照亮我们前进的道路，给我们勇气。愿我们都能按照自己的节奏成长，做好时间管理，用心提升自我，使自己成为理想的模样。

第 7 节　制定“评价反馈机制”，查漏补缺

我们在淘宝、京东等网络平台购物时，都会关注“评价”一栏。

如果看到一个商品差评太多，你会考虑换另外一家店铺购买；如果商品全是好评，你也会担心这些好评是刷出来的。某商品好评居多，偶尔有几条中评、差评，你反而会认为这个商品的评价比较真实，因为有好有坏，让你看到了中肯的评价。评论系统能够帮助你快速判断这个商品是否值得购买。

制定自我提升时间的“评价反馈机制”也是出于此目的：通过这个机制，形成一个第三方视角，帮助你判断在根据时间管理方法完成待办事项时，哪些事情做得好，哪些事情做得不足。

在进行自我评价时，你往往会高估自己的最终结果，因为你觉得自己在实践过程中已经很努力了。所以需要一个第三方视角（机制）来评判，以确保相对公平，帮助你更全面地知道自己的时间管理效果如何。

如何制定这个“评价反馈机制”呢？

1. 自我评价

你可以以“周”和“月”为单位，分别从不同的维度进行自我评价。这个评价可以写成一篇文章、制作成一份 Excel 表格、绘制成一张思维导图，以你喜欢的、习惯的方式进行。

你可以从以下这几个维度设计评价的内容：

（1）事情完成度（0～100分）。

（2）事情满意度（0～10分）。

（3）本周、本月值得铭记的事情（列出1、2、3等事项）。

（4）哪几件事情需要再完善（列出1、2、3等事项）。

（5）本周、本月累计花费的自我提升时间是多少（具体到分钟）。

比如：本周如果列出的10项自我提升的事情里完成了9项，事情完成度是90%。满意度可以根据自己的实际情况打分，如果事情完成了，但你觉得不太满意，打为5分，你就要思考为什么不满意。

对本周、本月值得铭记的事情，不一定写令你开心的事情，也可以写一些值得你反思的事情。从这些事情中，你有所收获，也能得到警示和提醒。我自己会在评价系统里写反思，比如有一次拜访客户因准备工作不足，导致客户满意度低，于是我通过反思，明白是哪里出了问题及后续改进的方法。

你可以把每周、每月累计花费自我提升的时间用工具制作成柱状图、圆饼图，从而帮助自己分析时间都花在了哪儿。

电子版的记录可按月份保存，以便在年末进行年度评价。

完成以上步骤后，一个可视化、数据化的自我评价系统就诞生了。如果你想把内容进行细化，可自行增加一些考核事项。

2. 他人评价

他人评价是指在他人的帮助下，我们能够从一些可量化的数据、反馈里，更全面评估自己做时间管理的质量——知道好与不好的地方。

在学生时代，我们经常会听到不同学科的老师对班级里学习成绩优秀的几位同学有正向反馈。但在每一位同学的评价手册里，老师都会写上不同的评价，比如有的同学虽然学习成绩好，但不爱体育锻炼，未来要加强锻炼。

工作后，我们也会从老板、同事之间得到一些关于自己的评价。老板可能觉得我们工作非常努力和用心，但需要全面考虑问题。同事也会觉得我们的工作能力不错，但可能需要花时间学习职场规则。

从学生时代到工作，他人“评价反馈机制”一直伴随着我们。通过参考这些评价，我们可以做到有则改之，无则加勉。

时间管理的他人评价的作用也是如此，通过听取他人、第三方的评价，我们能从多个角度分析自己的时间管理情况。

作为职场人士，你可以“月”为参考单位，制作一份打分表给身边几位朋友、同事，让他们对你的时间管理进行打分，看看大家的打分与你自己评估的分数是否一致。

打分表的维度和分值可以参考以下内容，也可以自己设定。

（1）对你每月工作的完成程度（1 ～ 10 分）。

（2）对你工作的满意程度（1 ～ 10 分）。

（3）请同事、朋友把你在时间管理方面做得好的 1 ～ 3 件事写出来。

（4）让他们分别写出你在某项具体工作上，对时间管理做得还不够好的地方和可以改进的地方。

作为学生，你可以把打分表里的“工作”替换为“学习”，请老师、父母、同学对你打分，分析你的优点和缺点。

3. 综合评价

综合评价是指利用自我评价和他人评价，做一个全面的、综合的判断，从科学的角度看待自己的时间管理成效。

比如，你虽然对大部分待办事项都完成得挺好，已经把自我提升时间安排得井井有条，但是在开会、与朋友见面时，总是会迟到。如果只从自己的评价出发，可能就会对自己评价过高；但是从他人的评价出发，你就会明白自己在守时方面确实还需要不断改进。从综合评价出发，你能明白自己大部分情况下都挺好的，只需要在少数情况下改变即可。

如果你对自己的时间管理评价很高，但是他人对你的时间管理评价打分都比较低，你就要考虑自己的时间管理是否出了问题。在他人评价里，几位同事都觉得你工作拖沓、做事不分主次，甚至老板也这样认为，那你的确需要认真反思和改正。我们做时间管理要避免自我感觉良好，学会倾听意见，只有这样才能让我们变得更优秀。

比如网店客服邀请你对某款商品进行评价，也是利用了综合评价原理——邀请足够多的用户对商品进行客观评价，才能证明该商品在消费者眼里是不是一个好产品。

你不妨多尝试几次邀请他人评价和综合评价，这样能更好地看到你每月在时间管理方面取得的进步，看到自己努力的结果，同时也能查漏补缺，身边的人也能发现你的进步。

第 8 节　自我提升时间案例：一年读 90 本书

这是我的亲身实践。

我也没想过自己可以在一年时间里读完 90 本书。

一直以来，我没有强制要求过自己一年必须读完多少本书。

2021 年，我给自己设定了一个目标：一年读 90 本书。当时身边的朋友听到这个数字后都对我进行了劝退，觉得我的工作本来就很忙了，哪能抽出时间阅读那么多书呢。

我一年读 90 本书的阅读量与许多优秀的人相比简直微不足道，但与过去的我相比确实有进步，我也体验到书中的快乐。

从一开始心里没底、不知能否完成该目标，到 2021 年 12 月底达成目标，整个过程令我感慨万千。我想与各位读者分享读书的好方法，与大家一起多读书，读好书。

1. 找对方法很重要

一年读 90 本书，平均每个月就是 7.5 本书；如果想提前完成目标，或者说不想等到最后的截止日期，我每个月至少得读 10 本书。

如果我按照原计划每月读 10 本书，那么我在 2021 年 10 月之前可以读完；如果没有按计划完成，但是只要利用一切碎片时间抓紧阅读，到年底时也不会有太大的压力。

所以我最终定的目标是：每个月读 10 本书，也可以改为平均每月读 7.5 本。

这样计算下来，我平均 3 ～ 4 天需要读完一本书。平时因工作忙不一定有那么多的专注时间阅读时，怎么办？

仔细思考后，我决定利用早晚的时间阅读，搭配时间管理方法里的“番茄工作法、四象限法则、GTD 法则”使用。

（1）番茄工作法的使用：每天上午 9:00 上班前，给自己预留 30 分钟进行阅读；晚上 12:00 睡觉前，再预留 30 分钟阅读。每天刚好是一个番茄钟的时间。

（2）四象限法则的使用：如果某一周下班后、周末的空余时间相对较多，我会多留些时间阅读，完成四象限法则里读书这件重要且紧急的事。同时，我也会减少不必要的外出、社交活动，把时间留给阅读。因为周末休息时间有限，如果我在其他不重要不紧急的事情上花费过多时间，那么对阅读这件重要紧急的事情所能支配的时间就会变少。

（3）GTD 法则的使用：提醒自己每个月要读 10 本书，想偷懒的时候就会在心里默念这个目标，无论如何都要花时间阅读。想到自己的榜样也在努力读书，就提醒自己抓紧一切可利用的时间阅读，无论是碎片化时间还是专注时间。

每个人每天都是 24 小时，如何分配时间决定了你将成为什么样的人，会有哪些收获。

把大部分业余时间、碎片时间用来阅读后，我在 2021 年的社交活动减少了许多，好在身边的朋友们也理解和支持我，大家虽然线下见面少了，但可以线上沟通，等我结束“闭关修炼”后，大家看到一个全新的我也是一件令人开心的事。

用这些时间管理法进行规划后，我发现一年读 90 本书的目标不再遥不可及，而是精确地分配到每一天、每一个早上上班前和晚上睡觉前的 30

分钟里。

我用一年的亲身实践证明，该方法确实能培养每天的阅读习惯。无论是大人还是小孩，都可以根据自己的实际情况使用这些方法，合理安排自我提升时间，逐渐培养自己的核心竞争力。

2. 执行力

2021 年有段时间我出差较多，早出晚归，每周都在不同的城市工作。但为了保持阅读习惯，出差期间我会携带 kindle 和一些纸质书，每天利用碎片时间翻阅它们。

无论是电子书还是纸质书，最重要的是开始“阅读”这件事情，不能把出差繁忙作为借口，中断每周的阅读计划。无论是工作还是学习，只要有想法且符合正确的方向，确定目标后的执行力如何决定了你的大部分结果，否则，你有再好的想法，不行动起来一切都是空想。

无论走到哪里，我心里每天都牵挂着我的“读 90 本书”的目标（刻意练习法），毕竟是自己的心愿，无论如何都要努力实现。

为了实现这个目标，我不仅利用专注时间阅读，还利用一切碎片时间阅读。无论是 5 分钟、10 分钟，还是 1 小时，也无论是在乘坐交通工具还是在咖啡馆等人，只要有空闲我便会打开书阅读。

当坚持到最后的时候，我发现：只要找到科学的方法加上做好时间管理，我可以一年读 90 本书。

其实，2021 年我读了不止 90 本书（把一些文献和论文计算在内）。最大的感慨是，读书真的能够产生像滚雪球一样的复利效应。我读过的书越多，我的知识储备量就越大，我的知识体系就变得更全面。

同时，我的“阅读速度”也变快了，“阅读质量”变得更高，在两个维度都朝好的方向延伸。每当有朋友让我推荐不同领域的书时，我都能脱口而出，并用自己的语言总结出这本书讲了什么、对我有什么启发和帮助。

读完书，我会通过写书评输出，在实践中搭建自己的“输入和输出”体系。

这些都是我人生中宝贵的精神财富。

3. 从他律到自律

我为什么突然给自己定了一个“一年读 90 本书”的大目标呢？

2020 年年末，我在微信朋友圈发了一条动态消息：“大家在此动态下点赞多少个，我今年就读多少本书，截图为证。”5 分钟内，有许多人给我的这条动态点赞，直到第 89 个人点赞时，我突然变得惶恐起来：我今年真的能读完这么多本书吗？于是，当第 90 个人点赞后我告诉大家“到此为止”（见图 2–2）。

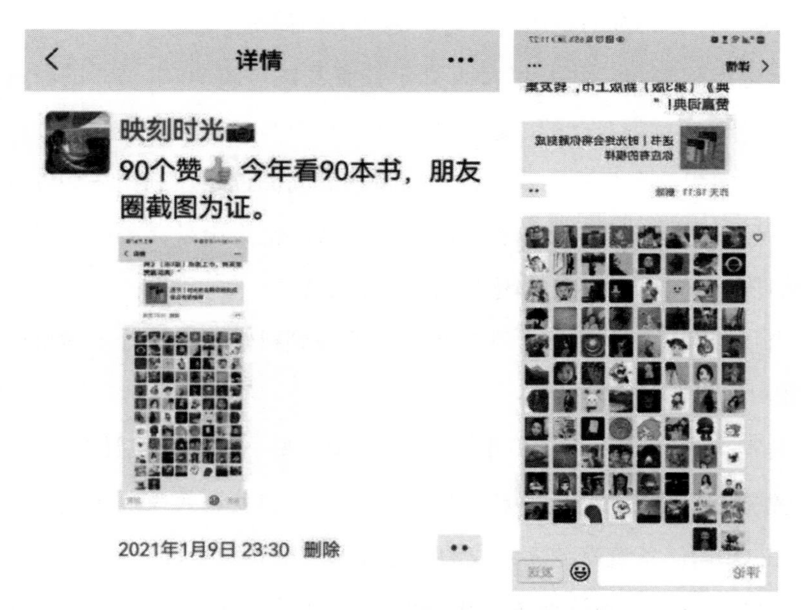

图 2–2　90 个人为我点赞的截图

自己定目标发朋友圈并截图为证，等于给自己下了一个“军令状”，朋友圈那么多人盯着我，如果年末没实现这个目标，我会感到非常惭愧。

言出必行，说出口的话要努力兑现。

2021 年第一天，我起床后的第一件事就是“拿起一本书阅读”。读完一本后，我会拍照下来并写一篇简单的读后感发到我的社交媒体动态上，读者会给我一些留言反馈。

读到特别喜欢的书，我会写读书笔记和书评。

读书笔记是写给自己看的，书评是写给读者看的。两者对我的阅读和学习都有帮助，但两者之间大部分内容有差异。

对于读书笔记，我习惯用自己的方法来记录，即怎么方便怎么写，只要自己看得懂就行。但书评不能这样写，书评需要介绍：这本书的大致内容；为什么推荐或喜欢这本书；读者能有哪些收获和共鸣。

从开始利用朋友圈监督我阅读，不断提醒自己完成该目标，到后来变成自律，每天我都抓住一切可利用的时间进行阅读，无论时间长短。

4. 变成读书博主和书评人

写书评成为习惯后不仅让我变成了一位读书博主和书评人，也让我收到一笔稿费。写作和读书这两件事成为我愉快的副业。

身边的朋友、读者看到我的读书动态后给我点赞，若是对我的书单感兴趣，就会购买相应的纸质书或电子书阅读。有一位读者对我说：“当我不知道看什么书的时候，翻看丹妮姐的朋友圈或者微博动态，总能找到自己喜欢的书。”

我很喜欢读书和写作的“输入和输出”过程，这不仅能帮我厘清思路，还能帮助更多读者一起坚持读书。

终身学习，知行合一。

在大量阅读各类书籍的过程中，我感受到了知识的“复利效应”——通过阅读获得的知识就像滚雪球一样朝着一个方向越滚越大，那些一路上积累的“小雪球”合起来，渐渐变成了一个“大雪球”。它们使我能更好地写作、与朋友交流、做读书会……这让我感到十分庆幸，也让我更想继续遨游在知识的海洋里。

我愿与各位读者一起做好时间管理，多读书，厚积而薄发。

附：2021 年我的大部分阅读书目（按阅读时间倒序排列，仅供读者参考）

《口才三绝：会赞美　会幽默　会拒绝》

《为人三会：会说话　会办事　会做人》

《修心三不：不生气　不计较　不抱怨》

《生有热烈，藏与俗常》

《茶花女》

《会速算的人，人生都不会太差》

《蛤蟆先生去看心理医生》

《小王子》（英文版）

《练习一个人：当我开始爱自己》

《高效能人士的七个习惯》

《人生效率手册》

《做事的逻辑：如何持续做正确的事》

《底层逻辑：半秒钟看透问题本质》

《万事有心，人间有味》

《梁实秋散文集》

《岁月疾驰，漫步归家》

《世界喧嚣，我很好》

《价值共生：数字化时代的组织管理》

《浮生六记》

《乡土中国》

《黑骏马》（英文版）

《小山词》

《飞花令里读诗词》

《学会吃饭：为什么吃，比吃什么、怎么吃更重要》

《饮食术：风靡日本的科学饮食教科书》

《手机摄影技法大全》

《高效能人生，平衡的法则》

《影子少女》

《特色小镇实战案例解析》

《云南省乡村振兴战略规划（2018—2022 年）及解读》

《深度记忆：如何有效记忆你想记住的一切》

《直播电商实战一本通》

《高效学习 7 堂课》

《如何打造一个盈利的农庄》

《乡村振兴与地方创生》

《中国非遗及其产业发展年度研究报告》

《视觉笔记 7 堂课》

《说服力，工作型 PPT 该这样做》

《了不起的小狐狸：用力生活，用力爱》

《给孩子们的十二生肖》

《我在考古现场——丝绸之路考古十讲》

《孩子们的诗 2》

《老后破产：名为“长寿”的噩梦》

《聪明人的一张纸工作整理术》

《零基础学艾灸》

《茶，汤和好天气》

《原点》

《活着就是冲天一喊》

《考试脑科学：脑科学中的高效记忆法》

《认真做事，这个世界终将会狠狠奖励你》

《带一本书去巴黎》

《今天也要用心生活》

《短视频实战一本通》

《营销革命》

《增长黑客：如何低成本实现爆发式成长》

《自私的基因》

《五种时间：重建人生秩序》

《柴可夫斯基传》

《又是愉快的一天》

《穿T恤听古典音乐：巨匠时代》

《恶之花 Les Fleurs Du Mal》

《心存旷野，手握玫瑰》

《这就是中国》

《滇越铁路——跨越百年的小火车》

《花的姿态：画笔下的繁花盛宴》

《志摩的诗》

《岛屿来信（新版）》

《过好一个你说了不算的人生》

《高效15法则：谷歌、苹果都在用的深度工作法》

《洛神赋画册》

《创业 36 条军规》

《学习高手》

《香格里拉之争——花落中甸》

《夜航西飞》

《前世今生 2》

《前世今生》

《我是个妈妈，我需要铂金包》

《做自己的先知》

《亲密关系：通往灵魂的桥梁》

《给忙碌者的天体物理学》

《相对论究竟是什么》

《走夜路的人》

《博弈论究竟是什么》

《学习究竟是什么》

《特斯拉自传》

《如何阅读一本书》

《奢侈品策略：世界顶级服装品牌的 26 种设计策略》

工作时间：高效时间管理工具

第 1 节　断舍离：时间管理也需要放弃

第 2 节　便利贴、小卡片：移动的时间管理工具

第 3 节　时间轴管理法：明确每个小时的工作任务

第 4 节　切香肠法：把任务进行分解

第 5 节　“啊哈时刻表”：记录你的每一个工作创意、想法

第 6 节　效率翻倍：5 个方法，拒绝做事拖延

第 7 节　时间管理本：帮你合理安排时间并及时复盘

第 8 节　甘特图：学会团队时间管理，协同完成工作

第 1 节　断舍离：时间管理也需要放弃

如果你在工作强度大的行业上班，那么每天的工作任务有可能大到令你喘不过气来，不得不加班完成。你每天都想通过时间管理合理分配工作任务，但实际上毫无头绪，每天结束工作后只想赶紧睡觉。你要想改变这种状态，可从工作时间的“断舍离”开始：把一些事从工作时间里删除，确保该时间段只专注完成几件事；选择放弃一些对自己的工作没有帮助的事情。

1. 断

断，即切断外界的干扰。工作时间内，只打开和工作相关的信息网页、文档，关闭网页版微信。在信息爆炸的时代，这个方法能帮助我们过滤一些可能会影响工作的信息。

有段时间，我每天早上 9:00 开始工作的时候，第一件事就是打开电子邮箱查看邮件。但随着时间的推移，我发现这件事影响了我正常的工作。每天早上查看邮箱、回复邮件，至少会花费我 30 分钟的时间，而我在工作时间内又需要大量的专注时间用于写作，无形中我的专注时间就被回复邮件这件事占据了。

于是，我开始尝试改变自己的工作时间：每天早上 9:00 完成的第一件事，不再是打开邮箱，而是打开文档写作（开会时间除外），花一两个小时把写作这项工作完成后再做其他事情。在写作的这段时间，我把微信网页版也关闭了，把手机调成震动模式，只专注写作，外界的信息都不会对我产生干扰。而对于回复邮件和微信消息，我选择在碎片时间里完成。通过重新安排完成工作任务的时间并隔绝外界干扰，我实现了高效利用工作时间的目标。

我一直认为自己还算自律，但有时也会被电脑网页弹出的消息干扰，浪费时间浏览弹出广告中的网页，过后又感到后悔。如果实在想看这些信息怎么办呢？可设定一个“及时停止”的 5 ～ 10 分钟的闹钟，告诉自己，闹钟一响就停止浏览目前弹窗的消息，无论你看到哪里了，都应立刻关闭网页，重新回归工作。

也可以采用心理暗示法。每次当我想继续浏览广告网页时我会告诉自己：我如果每天都把部分时间浪费在无效浏览中，那么时间久了，我的工作就不容易获得新成就。权衡利弊后我决定关闭这些网页，继续专注于当下的工作。

不要认为这个小小的改变微不足道，它能让你及时止损，不浪费更多时间。在这个网络化时代，我们很容易受到外界信息的干扰，手机上每天弹出的上百条信息、网页里满屏的新闻、各种短视频平台的推送，这些内容吸引我们随手点击阅读，如果每天花费半小时甚至更多时间，就会导致工作效率降低。

我以前在需要查阅文献的时候，总是一边写一边查阅，这样做会使我的思路随时被打断，因为总有一些新的文献资料需要花费大量时间去阅读并理解。后来，我改变了顺序：我把写内容的时间安排在前面，把每一篇内容的框架结构都搭建好，查文献和修改的时间放在后面。这样做后，效率得到大幅度提升。写作时只专注于创作，不要想其他和创作无关的事。

如何界定自己专注工作的时间呢？万一太过于专注而导致一个上午只做完一项工作任务该怎么办？其他待办事项如何处理？

我在手机里设定了一个专注闹钟：每天专注写作这项工作 1 小时，时间到了闹钟会响起，提醒我该做下一项工作了。若是当天的后续工作任务不多，预估自己当天能完成，我就继续专注写作 1 小时，最多累计 2 小时，我就会换下一项工作。若是当天的工作任务较多，我就立刻停止写作，开始下一个时间段的工作任务。这样做能让我在专心工作的同时又不会因为太专注而忘记后续的待办事项，也便于我因长期做某项工作而导致灵感不足，换一项新任务也是换一种思路工作。如果从早到晚都在写作，大脑也会感到疲倦，甚至后来发展到整个人盯着屏幕发呆，不知道该写什么。通过写作这件事，我明白了适当切换工作的重要性。

2. 舍

所谓“舍”，就是舍去不适合当天、近期完成的工作任务。我们有时感到工作任务太多，是因为没有分清楚哪些工作是当天、近期内必须完成的，哪些是只要长期做好就可以的。加上由于前期拖延而落下的部分工作任务，工作上的事情越来越多，便导致所有的事情在短期内全部累积到一起，让我们不知该从何处着手处理。

你可以采用前面章节学过的“四象限法则”，把每天的工作任务分配好后，舍去几项不是当天必须完成的任务，留出更多时间完成那些有难度、耗时长的任务。对我而言，每天的工作中可舍去的几项任务是：回复邮件、整理办公桌、做文件的备份。若当天的工作较难处理，可以先把有难度的工作完成；对暂时不完成的部分简单任务，可根据实际情况把它们往后延几天，选择在碎片时间完成。

从现在开始，对每天、每周的工作事项进行一个简单的取舍吧。

刚开始，“舍”可能让你感到不适应。你可以采用微小习惯法，即每天只舍去一个不用完成的小任务。我们在面对巨大改变的时候，往往会出于对结果未知的恐惧，不想面对。但是当我们只需做微小改变时，内心就不会感到恐惧，也愿意试图改变。所以，我们在做时间管理时，面对“舍”，不妨从这个方法开始，坚持7天、21天、100天，相信每个阶段都会有新的收获。

3. 离

所谓“离”，就是远离安排满满当当的工作时间，每周留出少量时间应对那些突发工作。有一次，我把本周的工作任务安排得满满当当的，以为这样的安排能让我变得高效，但是由于事先没有留出处理突发事情的时间，一些突然到来的工作让我手忙脚乱，导致工作效率大幅度降低，状态也不太好。

后来我复盘时发现，自己错在把时间安排得太满了，导致没有时间，应对突发事情或工作计划被打乱时就不知该如何是好。从那以后，我每周都会留出至少3～4个小时的时间，以应对可能突发的工作。

有读者或许会问：“万一留出来的时间没有突发工作，岂不浪费了？”当然不会，即使没有突发工作，这部分时间我可以用来学习知识或做一些查漏补缺的工作。工作时间不能安排得太满，要预留出一些给突发情况，工作量太大会让自己感到疲倦，导致难以长期坚持做时间管理。

在工作时间管理方面，如果你一开始就把“断舍离”这个方法弄明白并成功实践了，就会少走许多弯路，从而把时间留给真正重要的事情。

第 2 节　便利贴、小卡片：移动的时间管理工具

便利贴能发挥一些临时性的功用——随手记录一些零碎信息，如一个手机号码、一串简单字符等；又或者用它记录一些单词。其实它的作用不仅限于此，还有很多功能等待我们去开发。

接下来我与大家分享我一直在用的“便利贴、小卡片时间管理法”。

开始前，你需要准备以下物品：

（1）彩色便利贴 1 本，尺寸不限制，如果是不同颜色的叠加在一起更好。

（2）黑色笔 1 支或彩色笔若干支。

（3）尺子 1 把，带刻度的更好。

（4）笔记本 1 本，至少有 2 页内页没有使用过。

（5）小卡片 10 张左右，尺寸不限制。

做好准备工作后，进入下一阶段的学习。

1. 普通版“便利贴、小卡片时间管理法”

把当天工作中的一些临时、琐碎的待办事项按照顺序写在便利贴或小卡片上，如：老板临时安排你做一个客户回访，截止时间是下班前；同事求你去餐厅时为她带回一杯咖啡，顺便买几支笔；客户临时发来消息，需要一份公司案例简介……这些内容，你都可以写在便利贴或卡片上（见

图 3–1），随后贴在办公桌前或任意显眼的位置，提醒自己不要忘记。

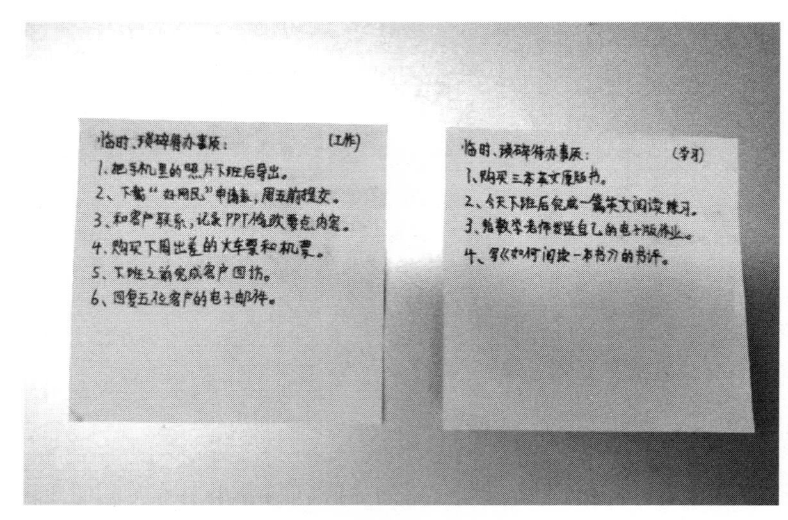

图 3–1　普通版便利贴法

为什么要这么做呢？

依据第 1 章的时间管理法，每天固定的工作待办事项，你可能早已安排好并写在本子上。当天的待办事项，你的本子可能已经写满，导致不太方便增加临时的工作内容。而采用便利贴法可以把这些新的临时内容梳理好后，贴在本子当日那一页，以提醒我们要在下班前把这些临时的工作完成。

便利贴容易撕下来且可多次使用的特点，让写在上面的待办事项随时"可移动"。即使你被临时安排外出工作，也可以把某张便利贴撕下随身携带，以提醒自己外出时不要忘记未完成的工作事项。

我平时会在包里放一本彩色便利贴和几支不同颜色的笔，遇到一些临时工作需要记录时便可写在便利贴上。哪怕我没在办公室，也能把便利贴的内容贴到手机背面，提醒自己在已完成的事项后打钩，在没完成的事项后打叉。有一次外出办事时，我突然接到一个电话，要求我在下班前把公司资料发送到某机构邮箱里。我把这件事先写在便利贴上，在午休的时候，打开电脑完成了此事。在外办事时，人们很容易遗忘一些临时的工作，而一些事情若是耽误了，可能会错过一个好机会。我曾经因遗忘了截止日期，错过了一个投稿的好机会，导致我后来花五倍的时间和精力去弥补。从那以后我就不断提醒自己，对临时的事情一定要迅速记录下来并在截止日期前完成。

2. 进阶版“便利贴、小卡片时间管理法”

进阶版“便利贴、小卡片时间管理法”还需使用小本子、尺子。

用笔和尺子在本子上按照上午、中午、下午、晚上四个时间段，画出一个坐标轴，可以参考如图 3–2 所示的排版方法。

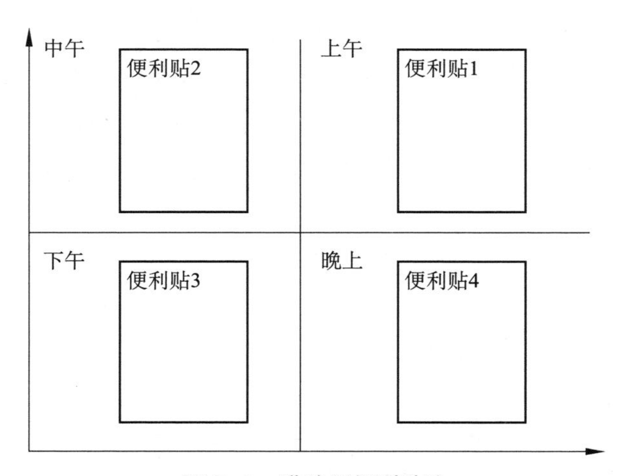

图 3–2　进阶版便利贴法

在本子里把排版步骤完成后，可用不同颜色的便利贴完成临时工作的安排。例如：黄色便利贴，贴在上午时间段；蓝色便利贴，放在中午时间段；绿色便利贴，放在下午时间段；粉色便利贴，放在晚上时间段。

如果在一天的时间里突然接到一些临时工作任务，那么可在不同时间段写上不同的临时事项，以帮助自己区分这些任务是什么时候布置的、什么时候是任务的截止时间。

为什么要用颜色区分呢？因为我们的大脑对不同的颜色、图案天生有喜爱偏好。若长期使用同一种颜色的便利贴和笔，大脑就会产生疲倦感。

这就是我们的交通指示牌要使用色彩鲜艳的荧光色的原因——即使遇见晚上和下雨天，只要车灯的光反射到指示牌上，就能看清楚标识，提醒自己需要注意安全。同样道理，我们的大脑在长时间工作后容易感到疲倦，你可以用彩色的便利贴和笔，帮助大脑从众多工作任务中识别某些重要信息，提醒自己不要忘记它们。

由于便利贴、小卡片方便携带，你可以随时随地检查自己的临时工作是否全部完成。如果使用小卡片，需用透明胶带或胶水把它粘贴在本子里。小卡片的优点是你可以把它当作一个书签夹在本子里。

你还可以把同事之间共同协作的工作写在几张便利贴上，在约定时间拿给同事或贴在对方的办公桌前，提醒他们在截止时间前共同完成并提交工作。这样做的好处是你不必与同事个别交流，也不用担心对方外出时不方便沟通，对方只要看见便利贴上的内容和截止时间，就会明白如何安排时间与你一起完成这项工作。

3. 创意版“便利贴、小卡片时间管理法”

学会前面两种方法后，你不妨试试创意版的便利贴时间管理法。

（1）在办公桌上贴便利贴、小卡片。以“周”为单位，在你的办公桌前准备 5 ～ 7 张便利贴、小卡片，写上“星期一”到“星期五”后依次贴到桌面上。每天的临时工作都可写在上面，随时提醒自己查看它们。

一周结束后，这些便利贴、小卡片先别忙着丢掉，你可以把它们收藏在一个小盒子里，或贴在一本空白本子里。小卡片方便收藏在盒子里，便利贴方便贴在空白本子里。你可以根据对应的时间顺序给它们编号，或按照周顺序用订书机把它们装订起来。一个月、半年结束后再回顾时，你的心中会充满成就感——原来不知不觉中，自己已经完成那么多的工作了。

（2）便利贴、小卡片 + 四象限法则。你可以把时间管理里的四象限法则和便利贴、小卡片搭配使用，形成一个新的矩阵，如图 3-3 所示。

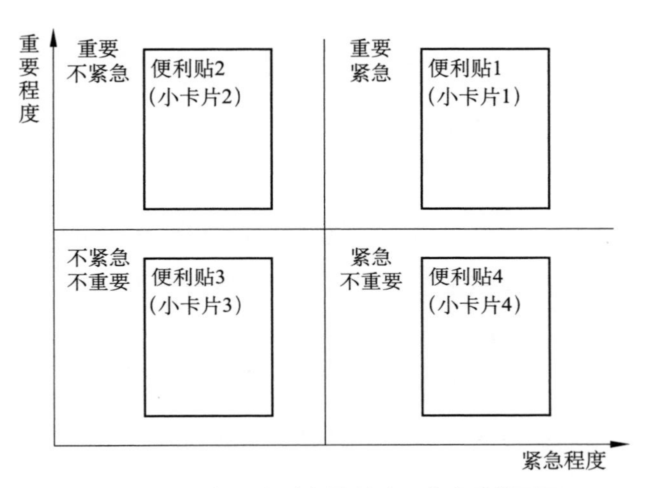

图 3-3　四象限法则和便利贴、小卡片搭配图

以“天”或“周”为单位，把它们贴在显眼的位置，可方便你处理待办事项。

如果使用小卡片，可直接在该卡片上绘制四象限，也可用四张卡片分别作为四个象限的板块，拼接在一起后放在显眼位置。

你还可以用一些特殊符号加深视觉印象，提醒自己这些任务的轻重缓急程度。

总之，以上几个简单又高效的时间管理法，对你处理工作的待办事项大有帮助，也能提升你的工作效率。大家不妨从现在开始行动，拿起身边的笔和便利贴一步一步实践起来吧。

第3节 时间轴管理法：明确每个小时的工作任务

你是否有这样的感觉：每当忙碌时，一天的工作时间转瞬即逝；空闲时，则会觉得时间过得很慢。我们对时间的感知会因参照物不同而不同。忙的时候，你可能会忽略时间，参照物就只能以吃饭时间的闹钟或下班时间的闹钟为主。当时间稍微多一些时，你可以看手表、手机的时间，你看得越频繁，越会觉得时间过得很慢。例如，几分钟看一次手机，陆续看了多次后发现，时间才过去半小时；或你早晨坐在办公桌前工作，之后一直没看时间，直到同事提醒你该吃午饭了，你会感慨时间过得很快，仿佛刚吃完早点，结果转眼就到吃午饭的时间了。

如果你尝试用时间轴的方法做时间管理，就会惊喜地发现原来每天竟然可以多出几个小时。为什么呢？因为你已经把工作时间安排得满满当当的，清楚自己在什么时候该做什么事情，比起没有规划时间的状态，你的工作效率会大幅度提升。你明白把某项工作完成后可以有大量时间做其他事，甚至完成所有的工作后即可下班回家。为了早一些回家，你也会主动提升工作效率。

时间轴管理法不仅可以用在工作上，还可以用在日常生活中。你可以在一本空白本子上自行绘制时间轴，也可以购买一本成品的时间轴本子。两者我都使用过，但更喜欢自己绘制的本子。下面分享一个我的时间轴表格，在此基础上你可以创新绘制自己的表格。

1. 普通版时间轴管理法

普通版时间轴管理法，如图 3–4 所示。

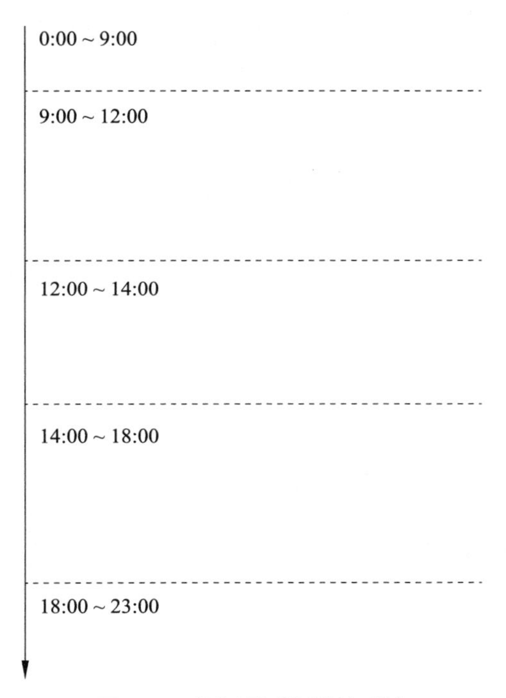

图 3–4　普通版时间轴管理法

需准备的工具：白纸 1 张（或空白笔记本 1 本）、尺子 1 把、黑色笔 1 支、彩色笔 2 ～ 3 支。

以你每天起床的时间为起始时间，开始睡觉的时间为截止时间，做一个完整的时间轴记录。例如，每天 7:00 起床，23:00 睡觉，在不同的时间段，把不同的待办事项分别写入对应象限中。

这样做有什么好处呢？

你不仅可以明白每天的时间都花在了哪儿，还清楚一项具体工作任务大概需要花费几个小时。下次再做类似的工作时，你能更好地预估时间，实现时间利用最大化，避免浪费更多时间，以达到效率的提升。

比如，我第一次做客户回访工作时，花费了 1 小时与客户面谈，来回路上花费 1 小时（在时间轴上的 14:00—18:00 写出此项任务）。待下次去做其他客户回访时，我心里便清楚完成这项工作至少需要 2 小时，可以把当天的剩余时间分配给其他工作。

2. 进阶版时间轴管理法

你还可以尝试使用进阶版的时间轴管理法，让你的时间轴内容变得更丰富，如图 3–5 所示。

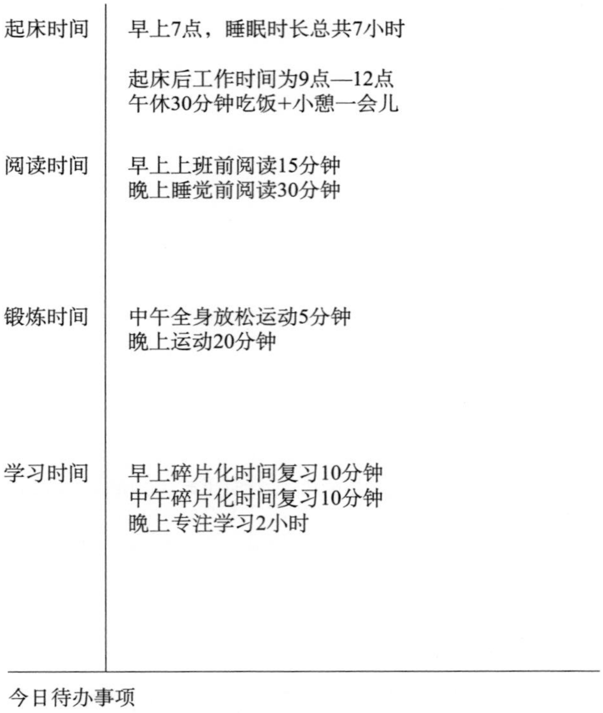

起床时间

早上7点，睡眠时长总共7小时

起床后工作时间为9点—12点
午休30分钟吃饭+小憩一会儿

阅读时间

早上上班前阅读15分钟
晚上睡觉前阅读30分钟

锻炼时间

中午全身放松运动5分钟
晚上运动20分钟

学习时间

早上碎片化时间复习10分钟
中午碎片化时间复习10分钟
晚上专注学习2小时

今日待办事项

图 3–5 进阶版时间轴管理法

需准备的工具：白纸 1 张（或空白笔记本 1 本）、尺子 1 把、黑色笔 1 支、彩色笔 2 ～ 3 支。

你可以参考我的版面绘制，也可以自由发挥。

你可以增加一些新的内容：

（1）每天起床时间、睡觉时间。

（2）每天阅读时间、锻炼时间。

（3）待办事项。

（4）备忘录。

（5）当日总结。

……

把新内容添加到时间轴表格后，你就可以进行全面的时间管理和复盘。该进阶方法特别适合职场人士，职场人士的工作和生活没有明显的界线，下班后可能依旧要回家加班，不如利用一整天的时间，把工作和生活规划好。

例如，我会把锻炼时间安排在中午休息时间段或下班前。

晚上睡觉前，我在时间轴上划分出 30 分钟左右的时间，一般 22:00—23:00 我会睡前阅读，然后洗漱睡觉。第二天 7:30—8:30 我会在时间轴里留 30 分钟时间用于晨读，之后开始新一天的工作。

我会在待办事项里写上当天某些临时的工作任务，以便自己随时检查工作进度条。

每日总结板块，我会用三句话总结当天的工作，用一句话总结当天的状态。

3. 圆饼形时间轴管理法

圆饼形时间轴管理法，在视觉上好像一个时钟。它在不断提醒你：时间转瞬即逝，要合理安排每个小时的工作任务。

你需要自己绘制圆饼形时间轴管理表格。绘制好模版后，可复印多份，以便后续使用。

我的圆饼形时间轴管理表格，如图 3–6 和图 3–7 所示。

以 12 小时为一个圆饼时间轴，每天的时间分为两个圆饼时间轴，在两个圆饼时间轴里对时间进行详细规划。下面的例子是我某一天的时间安排。

（1）第一个圆饼：0:00—12:00。

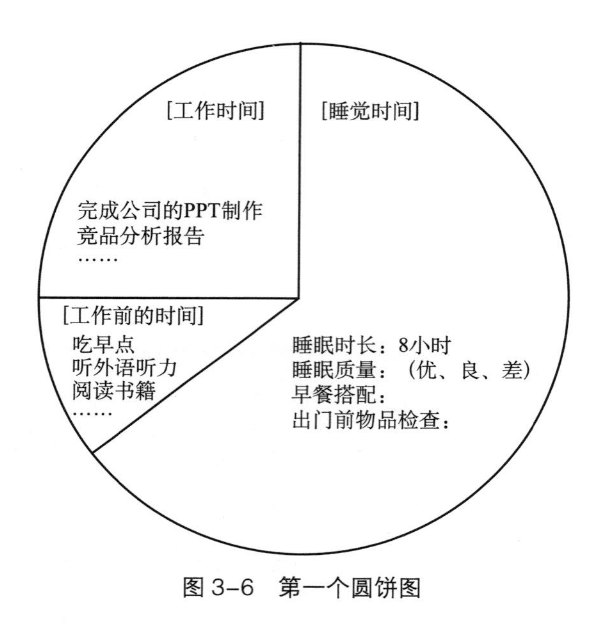

图 3–6 第一个圆饼图

11:00—7:00：睡觉时间。睡眠时间充足，才能精力充沛地工作和学习。

7:00—9:00：工作前的时间。洗漱、吃早点、阅读书籍、练听力……

9:00—12:00：上午工作时间。9:00—10:00 公司会议，10:00—11:00 去客户公司谈业务，11:00—12:00 写竞品分析报告。

（2）第二个圆饼：12:00 ～ 24:00。

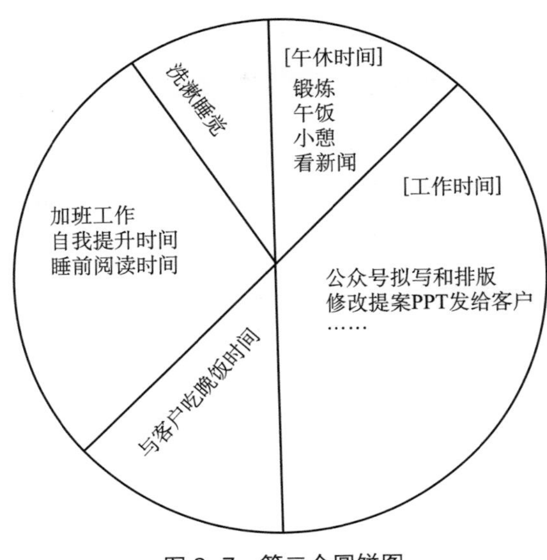

图 3–7　第二个圆饼图

12:00—14:00：午休时间。12:00—12:30，去健身房锻炼；12:30—13:00，吃午饭；13:00 ～ 14:00，小憩 30 分钟后阅读新闻或书籍。

14:00—18:00：下午工作时间。14:00—16:00，完成公众号内容的拟写和排版；16:00—17:00，修改提案 PPT 发给客户；17:00—18:00，写第二天活动的发言稿，检查当日未完成的工作事项。

18:00—20:00：与客户吃晚饭时间。

20:00—23:00：回家完成加班工作、自我提升时间、睡前阅读时间。

23:00—23:30：洗漱睡觉。

圆饼时间轴法适合喜欢将时间管理视觉化的人群。你可以贴上一些小贴纸或画一些手绘图案等，让画面具有美感。可以 7 天、21 天为周期进行绘制，完成之后，把纸质版资料存档。看着自己每一天的时间花费都分配在一个个圆饼时间轴里，你会很有成就感，也能更好地鼓励自己继续认真做时间管理。

（3）时间轴管理法的优势。在本子上列出一件件待办事项是最传统、最基础的时间管理法。在此基础上，加上时间轴、睡眠时间、起床时间、锻炼时间等内容，就是进阶版的时间管理法，它能使我们每一天的时间安排都一目了然。通过时间轴管理法，我们能够清楚 24 小时都花在了哪儿，明白不同的时间段该做什么事情。

你还可以将第 1 章介绍的“柳比歇夫法则”与时间轴管理法搭配使用，这将是一种新的体验。

这三种时间轴管理法中，总有一个适合你。

第 4 节　切香肠法：把任务进行分解

有一次，我收到一位读者的私信，她说："我已经坚持好几天做时间管理了，但效果看起来还是不太行。"我问她是如何操作的，她说把待办事项写在本子上，根据列表完成事情，最后发现许多事情都无法完成。我问她是否把每个待办事项二次拆解，比如某个待办事项很难在短期内完成——需要 30 天的时间，每天完成一点。她说没有拆解，只是在本子里写出要完成的事，结果只把简单的完成了，但难一些的还是没有完成。

以上事例说明了做时间管理的一个误区：你只是列出待办事项想去完成它，却从不对这些待办事项进行评估。实际上，有的事确实容易完成，而有的事需要较长时间完成。对于那些需要较长时间去完成的事，你可以用"切香肠法"把它们分解，这样就不会在开始执行时感到困难。

很多人之所以一直拖延着重要、艰巨的任务，一方面是因为没有足够的时间，另一方面是因为第一次遇见困难的工作，就把它想象成一个庞然大物，你便会感到胆怯和恐惧，以致望而却步。

"切香肠法"的原理是：你每天都要吃掉几根香肠，如果一口气把它们吞掉，的确不是一件容易的事；但是，如果把它们切成一片片的，再一口口吃下去，就会变得容易多了。要学会把一个不易完成的任务、目标进行拆解。我们在完成一些较困难的工作时，可用"切香肠法"把它们依次拆解，然后每次或每天只切其中的"一片"，等到"香肠"被切完了，你的任务也就完成了。

如何让“切香肠”变得更有效呢?

首先，你的“香肠”不能太长。这用来比喻你的任务、目标不能定得太离谱，否则很难分解和实现。例如：你的目标是摘天上的星星，这就非常离谱；但如果你制订的目标是坚持锻炼身体，便把它分解为每天锻炼30分钟，用21天的时间完成，就很容易实现。

我用“切香肠法”给自己制订了一个“21天练习钢琴”的计划，每天至少练琴30分钟，同时督促自己复习过去所学的知识。在这21天里，首先我没有出差计划，这可保证我居家练琴的时间；其次，为了达到更好的练习效果，同时不影响邻居休息，我把练琴时间尽量安排到20:00—21:00；最后，每次练琴后我会做一份记录，每次翻看记录情况能使我练琴的动力更大。

其次，你如果需要同时切几根“香肠”，那就要权衡先切哪一根。这用来比喻，如果你同时有几项较难的工作任务，则须评估自己的时间和精力进行合理安排。

有段时间，我同时面临着多项工作任务：解决客户提案、修改公司简介、填写创业比赛申请表、拜访客户等，每一项都很重要，不行动只发愁是没有用的，我得快速把它们整理好，决定先完成哪一项任务。最终，我把“拜访客户”和“修改公司简介”这两项任务先暂停，等下周有空时再完成。我选择先完成“客户提案”这项工作，再利用下班时间完成“填写创业比赛申请表”这项工作。如果当时我不把任务的先后顺序思考清楚，就盲目做事，很可能最后我每一件事都做不好，或者只能做好其中的一件事。

后来遇见类似需要平衡时间的任务时，我便利用“切香肠法”行事，每次都可以把事情处理妥当，同时也让客户看到我的工作进度。我把这个方法分享给身边的同事、朋友，他们实践后也觉得好用，还告诉我完成某项有难度的工作任务后内心不再感到惶恐。

如果你的工作任务要同事配合完成，如何利用“切香肠法”呢？

我是这样做的：先把这些“香肠切片”送给不同的同事，告诉他们这是来自哪一个项目的“香肠”，让同事明白这项工作具体做什么、任务被切成了几片，每个人都要拿走其中的一片且必须在一定时间内“吃掉它（完成它）”，大家齐心协力共同完成任务。这样做要比你逐一与同事沟通某个任务效果更好，因为大家既知道共同目标是什么，也知道自己的单独目标及工作时长，从而实现团队协作。

此方法适用于有难度的任务或陌生的任务，当你对处理这些任务感到得心应手时，可增加新的“切香肠”任务。例如：坚持跑步 21 天，坚持 7 天每天给自己做早餐，坚持 30 天用每天的早晚时间阅读……

当然，我们第一次“切香肠”的时候（面临未处理过的任务），别把它想象得很难，也别追求完美，用客观的态度看待，同时保持良好心态——哪怕结果只完成了 80%，也胜过原地踏步没有行动。

有些工作当天无法完成，只要截止日期未到，都有时间完成。在当天无法完成的情况下，你可以第二天继续完成。你可以做任务预估，评估完成某个任务大概需要几天、每天需要多少时间。在后续“切香肠”时，你不会因时间不足而感到焦虑。

如果切到一半不想切了，怎么办？

做时间管理经常会面临这样的情况：某个待办事项刚做到一半时，感到后续的任务太艰巨，以至于不想再继续下去了。此时，你可给自己多一些积极的心理暗示，告诉自己任务已经过半了，如果半途而废比较可惜，虽然任务艰巨，但只要放手一搏，或许会得到一个不错的结果。如果真的放弃了，那么前面所有的努力都白费了。要努力完成任务，至少可以看到最终结果。

在“切香肠”的过程中因外界原因突然暂停或停止了，怎么办？

所谓外界原因，比如，领导突然告知团队，某项任务永久停止，大家从今天开始不用继续做该任务了。这时你不要感到气馁或觉得浪费了时间，想想自己从开始到现在一直在为项目认真努力，不后悔就行。况且在努力工作的过程中，你也收获了一些经验，这些经验在未来能让自己的工作能力得到提升。若因其他同事太慢导致该任务暂停，你可以先做其他任务，等待领导新的指示。比如在 A 项目里，你是进度较快的一位员工，领导让你暂停该项目的工作，等其他同事的进度赶上来时，你再继续做。此时你可先做 B 项目的工作，或用这段时间总结自己近期的工作情况。

若你想见证自己的改变，可以在“切香肠法”基础上搭配使用一份简单的打卡表格，以便把每天完成的“香肠片”记录下来。比如，你的任务是 30 天坚持早晚阅读，可用“切香肠法”和打卡表格共同做记录。

拿一张空白的 A4 纸，把你的目标写在顶端，绘制一个表格，每格代表 1 天，一共 30 天。在每格内从 1 开始依次写上数字，直到 30。每“切”完一片“香肠”，就在格里记录任务进度并打钩，未“切”完就在格里打叉并写上原因（主观或客观原因）。这样做能让你更直观地看到自己的任务进度，你也可以把此表与身边朋友分享，用自己的行动对他们产生积极的影响。

30 天的任务表格如表 3-1 所示。

表 3-1 30 天的任务表格

1	2	3	4	5	6
7	8	9	10	11	12
13	14	15	16	17	18
19	20	21	22	23	24
25	26	27	28	29	30
（备忘录）					

你把 30 天的任务、目标完成后，还可以在末尾做一个简短总结，甚

至可以给自己一个小奖励。如果任务中途暂停，你就花时间把中断的某几个任务抽空补上。若是连续好几天都没打卡，你就要反思并惩罚自己，只有奖励而没有惩罚，很容易让该任务拖延下去。你还可以设定不同的任务，利用此表格督促自己务必完成。

当你行动起来时，做时间管理最困难的部分就已经完成了。我们不但要学会方法，还要把方法用于实践。我希望“切香肠法”能帮你解决工作中的问题，助你做好工作时间管理，做一名职场高效人士。

第5节 “啊哈时刻表”：记录你的每一个工作创意、想法

做工作时间管理通常会有一个倦怠期，在这个时间段，你一点儿也不想做时间管理，只想偷懒或对某项任务按下暂停键，这些都是倦怠期的正常反应。仔细想想，你的大脑不能保证一整天用于专注学习、工作，其间大脑也需要休息，更何况是长期做工作时间管理这件事呢？

在工作时间管理倦怠期，你需要做哪些准备工作，好让自己整装待发呢？

1. 制作你的“啊哈时刻表”

“啊哈时刻”指那些让你顿悟、醒悟、灵光乍现的瞬间，即你在某个瞬间或时段突然感觉喜悦，并对某件事情有了顿悟，换句话说，你突然觉得脑子开窍了。把这些瞬间依次记录下来，就会形成一个清单，这个清单就是你的“啊哈时刻表”。

这样的瞬间通常会在我们感到放松时，没有任何预兆地突然从脑海里冒出来。你若一直处于紧张、焦虑的工作状态，那么很少能出现“啊哈时刻”。所以，当你感到疲倦时，不妨放下工作，让自己休息几分钟、几个小时，使大脑暂时放空，说不定在某个瞬间，你的大脑突然就有灵感了。把这些灵感及时记录下来，有助于你继续完成后续的工作。

关于“啊哈时刻”，我最深刻的体会产生于写作过程中。我每天或多或少都会写几段文字。若我待在家里或在办公室写作一整天，那天的效率反而不高，创作的内容也不会让我感到满意。我甚至会盯着电脑屏幕发呆，半小时也写不出一段文字。在这种状态下，如果强迫自己不断写作，最终结果很可能是写了 1000 字又删除 800 字。在不断修改和删除的过程中，我越写就越容易感到焦虑。快到晚上的时候，我会感到很沮丧：一整天的时间竟然没写出一篇让自己满意的文章。

自从采用“啊哈时刻表”后，面对写作这项工作任务，我不再像从前那样焦虑和沮丧。我会把自己在空余时间里产生的一个又一个灵感及时记录在“啊哈时刻表”中，等到后面需要写某一个具体内容、话题的时候，说不定其中一些灵感就可以用上，甚至某个灵感会成为一篇文章中的点睛之笔，此方法能帮助我解决当天写作没有灵感的烦恼。

为什么要制作“啊哈时刻表”呢？

（1）为了保留转瞬即逝的灵感。你在会议室和同事们讨论问题时，你们彼此能碰撞出思维的火花，一连串想法从各自的脑海里跳出来，这让你对接下来的工作充满了创意，信心十足，只要一周时间你便可以提供一份创意方案给公司。但是如果这些创意、想法不及时记录下来，那么很可能在第二天上班时你就把它们抛到九霄云外了。若是你把它们全部记录下来或记录其中的一部分并整理成一份表格，它们就不容易被你忘记。即使这些想法目前暂时无法实现或用不到，你也要先记录下来；等它们真正能发挥价值时，你很快就能找到它们，不会在工作中因没有灵感而感到苦恼。

（2）通过制作“啊哈时刻表”，等于积累了一些工作中的备用创意、想法，它们很可能在未来某项工作中帮你一个大忙。这对创意行业的人而言是一个特别好的方法——磨刀不误砍柴工。比如，设计、营销、策划岗位的人员每时每刻都需要创意，可创意不会在需要时才出现，而“啊哈时刻表”可用来积累创意，以供不时之需。

我在学习服装设计时给自己制作了一个“21天啊哈时刻表”。每天我会从一些时装杂志里寻找衣服创意元素，通过拼贴画、手绘等方式，把它们记录下来。有了21天创意灵感记录，我在真正用到它们的时候，就可以快速找到其中的内容。虽然我在积累创意的过程中花费了大量时间，但在最终使用它们时能快速运用，因而节省了不少临时查找资料的时间。我想：一直处于无灵感的焦虑状态，导致服装创作停滞不前，这才是最浪费时间的。

（3）当你陷入工作时间管理的倦怠期时，此表能够帮助你转换思路，让大脑在得到放松的同时也给你提供更多动力继续做时间管理。处于工作时间管理倦怠期的你，或许会产生放弃的想法，但若有一个新思路或新方式出现，你的放弃想法也许会暂缓或者改变，而这是否会成为一个好的开端呢?

你如果实在不想继续目前的工作了，那就不妨暂停一下，腾空大脑，去外面走一走或翻看“啊哈时刻表”，也许会有新的启发。在走出办公室的一两个小时里，你看到了不一样的风景，遇见了不同的人，也许能给你带来新的“啊哈时刻”。当你翻看到某一页，其中记录着你为某项工作列出的10个灵感，你会感到有意外收获。

工作和学习感到倦怠是常事，我们不妨转变方式，回顾自己的“啊哈时刻表”，让自己在得到放松的同时也调整好状态，然后开始新一轮的工作。

2.每天记录至少一个“啊哈时刻”

我们认识到“啊哈时刻表”对时间管理有帮助，但也会在实际行动时犯拖延症，特别是工作忙碌时很可能忘记它。如果不长期记录灵感，等突然需要灵感时才去制作“啊哈时刻表”，则此表的作用不大，须知平时的积累胜过仓促的准备。为了更方便积累灵感素材，我建议你每天至少记录一个“啊哈时刻”，不设置上限，通过记录培养新的好习惯。

你可以用 21 天或者 100 天的时间完成这件事。

你可以根据自己的习惯，用纸或电脑记录灵感。

接下来，我以纸质版笔记为例进行介绍。

准备一本横线笔记本或者空白笔记本，取名为“啊哈时刻”，每页以“天”为单位进行记录，可写上具体的日期、哪些事让你体会到“啊哈时刻”、在若干灵感中你有哪些收获等。在每一件事记录完成后写上一个时间节点，它能帮你明确一天中你在哪个时间段获得的灵感最多。

我的“啊哈时刻”内容，如图 3-8 所示。

××××年×月×日

今天这几件事让我体会到“啊哈时刻”：

1. 完成了春夏季T恤的设计图。（11:00）

2. 和老板交流客户关系管理的方法与技巧后，学习到了五个沟通方法，下次把方法实践起来。（15:00）

3. 读完朱光潜的《谈美》一书。（20:00）

图 3-8　我的“啊哈时刻”内容展示

我在这些“啊哈时刻”中的收获：

（1）完成春夏季 T 恤的设计图之后，脑海里一直浮现着“百鸟朝凤”的美景，这会成为下一个季度的服装设计的新灵感。你可以先在笔记本里记录下来，甚至贴一个简单插画，提醒自己下一个季度设计可以参考。

（2）与老板交流客户关系管理的方法与技巧后，我认为未来工作中可把销售工作做得更好。现把领导说过的话总结成五个要点：

要点 1：要注重老客户关系的维护，无论是节假日公司的文创礼物还是关怀信息都要到位。

要点 2：让老客户介绍新客户是节省成本的一种方式。老客户对公司信任，就会不断为公司介绍新客户，也就是说，老客户无形中会成为公司的一名“隐形销售员”。用这样的方式开拓新客户，无形中节省了很多成本（时间、精力、金钱等）。

要点 3：客户关系管理不能“临时抱佛脚”，要在平时注重维护。

要点 4：不同的客户要用不同的方法维护，不能使用同一种方法，否则容易让客户觉得你的关怀缺乏诚意，只是敷衍了事。

要点 5：面对客户对我们的工作感到不满意的反馈，与其一直猜测客户到底哪里不满意，不如主动咨询客户自己在哪些地方可以再改进。

每天至少积累一个“啊哈时刻”，不仅可以提高你的执行力，还能让你的灵感保存下来，以后真正运用到工作中。

如果你觉得单独准备一个笔记本比较麻烦，可以把记录“啊哈时刻表”这件事放入每天的待办事项中，或放入你每天用的时间管理本子里，只要把它写在本子中，使它成为你的必备事项即可。

千万不要让做“啊哈时刻表”成为你的负担，可根据实际工作情况灵活调整。假如你近期工作很忙，就不用写具体的感悟了，每天只需写一个“啊哈时刻”即可，哪怕是简单的几个字。等时间充裕些再进行回顾，或重新写上详细的感悟。你唯一要坚持的是每天记录，这个过程是漫长的、辛苦的，却能让你养成做时间管理的好习惯。

一年 365 天，你不必每天都坚持做“啊哈时刻表”，除非你把它当作写日记的习惯进行培养。最开始可设定 21 天或 100 天完成，这样做是为了培养一个新的好习惯，待习惯养成后你可以不用每天都记录，当你真正有灵感时随手记录下来即可。这样做，既不会占据你每天花大量时间做灵感收集，也能在真正用到这些灵感时，很快找到对你有帮助的内容。你要每天坚持做工作和生活的时间管理，这样才能更好地分配日常时间。

第 6 节　效率翻倍：5 个方法，拒绝做事拖延

我们在做一些自己喜欢的、感兴趣的事时，总是很积极主动地完成，甚至觉得自己在这个过程中充满活力，时间也过得很快，效率很高；而在做一些感到有难度、有压力的事情时，或多或少会启动拖延模式，不到最后截止日期就不会行动。

做时间管理，执行力是一个重要因素。如果你只列待办事项，但执行力比较弱，那么即使列再多的清单，你也会做事拖延。你要知行合一。执行力弱，会导致许多事情拖延、推后，甚至影响你的工作绩效考核。你如果注意观察，就会发现身边总有一些执行力强的人，他们时间管理得不错，似乎可以把工作、生活、学习的每件事打理得井井有条。你可以从他们身上发现一些共同的特质，也可以从中总结一些提高执行力的方法，以便更好地管理自己的时间。

1. 现在就行动，不要总想着以后还有时间

对于一些有明确时间节点的工作，你总是能够如约完成，这是因为你知道不按时完成的后果：轻则影响自己当月工资的发放，重则职位不保。这些工作能用“他律”的方式督促你完成。

对于那些没有明确时间节点却又很重要的工作或目标而言，你感到有压力，就会拖着不做，即使心中明白拖延不好，但也无济于事。你总觉得

后面还有时间可以慢慢完成，正是这种心态影响着你，到最后事情很有可能不了了之。解决拖延、提高执行力的最好方法是：现在就行动。

我有时候也会拖延，但每次心里有拖延想法时，脑海里就会浮现《遗愿清单》这部让我印象深刻的电影。电影讲述的是两位身份悬殊、财富完全不同的主人公，因人生中突然遭遇变故——被诊断出癌症，知道自己活在这个世界上的日子越来越少，决定改变自我的故事。一号主人公是个普通的老百姓，他是一位汽车修理技师，有幸福的家庭，直到有一天因被诊断出癌症住院，命运开始改变。二号主人公是一位富翁，他拥有许多人梦寐以求的财富，过着让许多人羡慕的自由自在的生活，后来被诊断出癌症，在病房里与一号主人公相遇。两个原本不相识的人突然变成了病友。他们在病房里感叹生命的短暂，开始回顾人生中的一些憾事，两人都认为应该在最后的这段时光里把这些憾事尽量补上，至少在离开人世前少留遗憾、多留美好回忆。

于是他俩各自列出一系列“遗愿清单”，计划着如何利用有限的时间一项一项完成清单里的愿望。他们相约一起挑战以前不敢尝试的跳伞、攀登高峰、关心身边重要的朋友……在去世前，他们确实完成了清单上的许多事情。如他们所愿，他们在离开人世时留下的遗憾果然变少了。这部电影不断提醒我：生命如此短暂，不应该浪费时间，要把时间花在值得的事情上，要提高执行力，有好的想法就行动。

还有一个小故事：从前有一位贵妇人，花重金买了一条很漂亮的项链，爱不释手，想在一个重要的特殊的日子戴上它，赢得众人的关注。但可惜的是，直到她去世的那一天，都没有等到这么特别的一天。其实，你不能总想着等有时间了再去做一些你早就想做的事，因为你永远不知道明天和意外哪一个先到。从这个意义上说，每一天都是那个特殊的日子，每一天我们都应该做那些让我们感觉重要的事情。

多年以前，我也觉得自己拥有大把时间做想做的事情，但随着年龄增长，越来越体会到时光飞逝。这部电影给了我许多启发，让我思考自己曾经浪费了太多时间，未来不能再浪费了。

每当我想拖延时，我就告诫自己：不要等以后再做这件事，现在有时间、有精力，先行动再总结，无论最终结果怎样，能够执行很重要。只要你行动起来，就会把拖延的事情一件一件完成，哪怕最终结果不那么令你满意，至少你已经把事情完成了，且在未来你还有改进的机会。但是一直拖延下去，在截止日期前匆匆完成工作，一般结果都不太好。按照这样的想法，做那些“待办事项”一栏里有难度的事情时，我总是能克服自己想拖延的想法。

你如果遇到因没有动力想拖延的时候，不妨以这样的方式提醒自己：时间很短暂，不应该浪费。

2. 时间管理不要力求完美、面面俱到

有时候我们做事情拖延，不是因为内心不想做，而是因为太过于追求完美，希望这件事在开始时就能达到理想的效果。但凡事总有不如意的时候，我们不能保证每一件事都能做到完美。做工作时间管理也是如此，如果我们一开始就想把工作的时间安排得足够详细、足够好，那反而会给我们带来更多压力，从而影响我们做时间管理的积极性。

比如，你想把本周、本月的工作计划安排得完美一些，每一天都充分利用时间高效工作，下班前不遗漏工作，下班后有时间学习、自我提升或放松。你让自己一直处于精神高度紧张的状态，当工作到一定的时长后，你就会感到疲倦，因为过度追求完美，反而没有放松的时间了。

若要完成工作的时间管理事项，你的心态可以从追求完美渐渐调整为凡事只求问心无愧。比如，一开始只要求自己达到 70% 的满意度即可，无论结果如何，行动起来把事情做了，待查漏补缺的时候再弥补那剩下 30%

的满意度。

曾经的我有追求完美、面面俱到的想法，导致许多事情因拖延被耽误了。比如，我在写作这件事情上，虽然每天至少安排一小时，但我在这一小时里只完成了初稿，还需要花费至少 30 分钟的时间修改、检查错别字和查阅文献资料等。追求完美的我，当天还有其他工作需要完成，我最终多花了一个小时完成写作内容的修改，导致后续的工作时间被拖延了，形成了多米诺骨牌效应，我的内心也变得焦虑急躁，于是又花费更多时间弥补那些被拖延的工作。陷入恶性循环后，我发现自己在焦虑状态下做事效率很低，虽然花费大量时间，投入和产出却成反比。

我开始改变方法，规定一小时完成初稿后就停笔，不追求一次达到完美的效果，继续按原计划完成剩下的其他工作。尝试改变很有用，当我启用新方法后，工作并没有拖延，一般都能在规定时间内完成。完成工作后下班回家，我再安排 30 分钟进行写作内容的修改，此时心中的焦虑少了很多，这 30 分钟修改文章的效率很高。通过改变，我在写作方面形成了良性循环，这让我更有动力做好工作时间管理，更好地完成固定工作和临时工作。

即使在做时间管理的过程中遇见拖延的情况，你也不要因为不完美而感到焦虑，甚至产生放弃的想法。你可以根据实际情况重新规划时间，选择先处理一些当下紧急且重要的事情，等时间充裕时再处理被拖延的事情。一个人每天的时间和精力都是有限的，为了让计划顺利进行，你需要利用业余时间弥补被拖延的事项。我不太提倡给自己留后路的办法，除非你是在被动情况下拖延，平时你还是应该尽量避免拖延。利用好时间高效工作，才能有更多盈余时间做自己喜欢的、感兴趣的事。

3. 目标人物法则，拒绝拖延

每个人的心中都有一位值得敬佩的、欣赏的目标人物：他或许是你身边的朋友、老师，或许是一位科学家、企业家……在他身上，你总能看到许多优秀的品质，每次提起他来，你的眼里总是闪烁着光芒，你希望不断努力，成为和他一样优秀的人。当你感到迷茫、处于人生低谷时，这个目标人物能给予你精神力量，支持你不断前进。

这就是目标人物法则。

如果你心中暂时没有类似的目标人物，那么你可以把一个自己欣赏的人物作为目标，提醒自己，朝目标人物看齐，不断努力，做好时间管理。

其实这个方法你在很小的时候就使用过，只是你在成长过程中，因忙于各种各样的事情，把目标人物渐渐遗忘了。如果有这样一位榜样，在你迷茫的时候给你一些启示和想法，在你想拖延的时候给你一个提醒，那么你就会想：榜样一直都那么努力，自己如果做事拖延，就很难追赶上他的脚步。

从小到大，我心中一直有这样的目标人物、榜样，并给了我许多前进的动力，也让我在想偷懒、拖延的时候得到提醒。

我的榜样就是周恩来总理。

小时候我从语文课本里知道了周总理的一部分故事，长大后，我渐渐地知道了周总理更多的故事。我家的书架上有一本我很喜欢的书——《我的伯父周恩来》[①]，作者是周恩来的侄女周秉德。自 12 岁住进中南海，周秉德在周恩来身边生活了 10 余年。这本书是亲人回忆周恩来的第一部作品，力求把那些不为人知的历史、伟人的真实情形原原本本地告诉读者。

周总理不仅具有优秀的领导力，同时还具备终身学习的能力，他会说多国语言，爱看书，爱学习，爱国家，爱人民……

我查阅到关于周总理会多国语言的资料时，深感佩服，同时也将他作为我的目标人物、榜样，勉励自己向他学习，成为一名会多国语言的人，

① 周秉德 . 我的伯父周恩来 [M]. 北京：新星出版社，2019.

为国家的发展奉献一份自己的力量。

每当我想拖延的时候，就会用“目标人物法”提醒自己：你的榜样可是周总理，他如此优秀是因为终身学习及认真度过每一天、安排好每一天的工作和学习时间。你如果长期在小事情上拖延，会导致事情做不好，在做大事的时候就不能把握住机会。“目标人物法”对我非常有用，周总理的形象一直存在于我的脑海里，不断鞭策我前进。

因为心中有这样一位榜样在精神上支持我，即使我想拖延，但每次想到他就充满了动力。也正是因为周总理这位榜样人物，使我渐渐萌生了想学多国语言的想法，才有了一边工作一边学习多国语言的这段经历（在拙作《学习就是要高效》这本书里，可以看到更多内容），向优秀的人学习。

周总理的故事若对你也有些启发，我将感到非常荣幸。你不妨设定一个目标人物，通过向他看齐激励自己，渐渐改变做事拖延的习惯，一步一步做好时间管理。

4. 1 分钟启动法则

1 分钟启动法则是：能在 1 分钟内完成的事情，立马就行动。你也可以把一个大目标需要花费的时间分解为几个容易启动的 1 分钟小目标，分步骤实现它们。其实不是真的只用 1 分钟去完成，而是比喻这件事情如果很容易又不花费太多时间，你就可以立刻启动它。

你可以试着对自己说：“先花 1 分钟时间做这件事，如果 1 分钟时间到了，实在不想再做下去，也可以马上停止它。”1 分钟时间很短，你不会有启动困难的感觉，行动对你来说很容易。许多事情在执行的过程中，你会感到时间过得很快。1 分钟时间到了，你可以对自己说：“好简单啊，看起来毫不费力，再用 3 分钟完成它吧。”有时候你可能忘记了时间的存在，因为你一直沉浸在做这件事的过程中。

比如，你想出去慢跑步 3 千米，但一想到至少需要 15 ～ 20 分钟才能完成，你可能就会想："还是算了吧，下次再跑。"但如果你采用"1 分钟启动法则"，又会怎样呢？先花 1 分钟的时间穿上跑鞋再说，你其实已经把跑步中最困难的那部分完成了。当你换好跑鞋离开家的时候，你又可以用 1 分钟的时间告诉自己，先走起来再说。你走着走着就可以渐渐跑起来，此时你已经达成了跑步这个心愿。与其花时间纠结要不要做这件事，不如用"1 分钟启动法则"把跑步拆解为几个步骤，用每一个 1 分钟启动不同任务，实现你的目标。

再如，某天老板要求你在中午前发一份上半年工作总结给他，这件事让你感到大有压力，因为你还有其他重要工作要做。此时，你不妨采用"1 分钟启动法则"：先花 1 分钟时间打开 Word 文档，在里面做工作记录，让这件事先启动；随后以月为单位列出小标题，总结每个月的工作情况；最后把它们综合起来，整理成上半年的工作总结，再花 1 分钟的时间检查错别字。

又如，当你用电脑完成工作时，突然有一个网页跳转，吸引你点击查看，你发现里面的内容特别吸引人，想继续看下去，但此时如果不及时停止浏览网页，就会影响你今天的工作进度。此时你可用"1 分钟启动法则"强迫自己关闭网页。你告诉自己：我必须在 1 分钟内把网页关了，否则工作就不能按时完成。实在不行，你也可以设定一个 1 分钟倒计时闹钟，待闹钟响起后就立刻停止浏览网页；如果不能停止，就对自己进行相应的惩罚。

我觉得自己是个自律的人，但也有过一段意外：一次，我打开微博网页进行浏览，不知不觉 30 分钟过去了还没反应过来，直到被手机里的闹钟提醒才发现时间早已过去半小时，导致我耽误了当天的一些工作。从那以后我提醒自己，工作时间段绝不打开微博及与工作无关的网页。若需打开网页查找一些资料，在浏览完后我会用"1 分钟启动法则"把所有网页关闭，以避免自己被突然出现的网页内容吸引。利用碎片时间或休息时间去浏览微博，这样可以保证在不同的时间段我能做好不同的事情。

5. 培养延迟满足感

下面这个故事可能大家都听过。研究人员把一群幼儿园的孩子召集起来，告诉大家玩一个有趣的游戏。要求：每个孩子开始都分配到一颗糖；愿意花一段时间等待、不吃掉那颗糖的孩子，在游戏结束后可以再得到一颗糖；若是中途把糖果吃掉，游戏结束后就没有糖果奖励了。

开始时，许多孩子愿意花时间等待，没有吃掉手中的那颗糖，但是孩子们发现：研究人员一直都不告诉他们什么时候游戏结束。渐渐地，一些孩子失去了耐心，他们放弃等待，把手中的糖果吃掉了。随后，越来越多的孩子不愿意等了，把糖果陆续吃掉。当然也有少数孩子一直坚持到最后，没有吃掉那颗糖果，直到研究人员宣布游戏结束，他们得到了另外一颗糖的奖励。

研究人员对这群孩子的成长一直做观察和记录。他们经过长期跟踪调研之后发现：小时候那些延迟吃糖果的孩子，在成年后，大部分在不同领域都有所成就，也能把事情做得更好。于是研究人员根据这个结果，推导出延迟满足理论：如果你有足够的耐心等待和做好一件事，那么最终会换来足够丰富的回报。

学会延迟满足，也能够让我们拒绝拖延，提升执行力。

在工作的时间里，你总是希望自己每一年都有成长和进步，但是这些成长需要花费一定的时间和精力，甚至会使你在成长的过程中感到痛苦并想放弃，此时你要学会培养自己的延迟满足感。如果只选择满足当下，而不考虑长远的未来，你当然可以把手中那颗甜蜜的小糖果吃掉。正是因为你知道不吃这颗糖果会有更大回报，虽然当下工作痛苦，但是你花费在有难度的工作上的时间和精力都是值得的，等它们完成后，你的工作能力得到了巨大提升，在将来会获得更多的糖果奖励，你便不会因为工作困难而产生拖延的想法。

对于我而言，学数学、经济学、会计等知识都是很痛苦的事，因为要和大量的数字打交道，这让我感到枯燥，我更喜欢学习文科知识。如果我不培养自己的延迟满足感，只满足于当下把这些甜蜜的糖果吃完（只学习自己感兴趣的知识），那么在未来的工作中也不会有太大的进步。正是因为让我感到枯燥的知识能在创业过程中帮到我，所以我更要学会延迟满足，告诉自己要花时间学习这些知识。

我可以不精通这些知识，甚至只需弄懂创业中用到的部分知识即可，待明白基础理论后再把这些工作分配给专业的人做。但如果我对这些知识完全不懂，则有可能被别人骗了还拍手叫好。如果我不懂公司运营的基础会计知识，就看不懂公司的三大财务报表，在公司财务工作中，我可能被会计蒙骗了也不知道。

我学知识的动力还源于一个短板理论：一个木水桶由若干片木板组合而成，如果这些木板长短不一，那么即使你有许多很长的木板，但只要有一片短木板就决定了整个水桶的储水量。同理，我们每个人都需要审视自己的优势和劣势，优势虽然很强，但由于劣势这块短板的存在，可能会让我们错过一些好机会。

每个人都不完美，不可能把所有的知识都学精、学透。但我们要知道，哪些短板需要花时间弥补，哪些长板需要花时间精进。培养自己的延迟满足感，花时间把短板弥补起来，这样你的知识储备量就会增加，当你的知识沉淀得足够多时，你思考问题的角度会变得更全面。

让我们都努力成为那个延迟吃糖果的人。

以上五个方法，能帮助你戒掉拖延的坏习惯，做好时间管理提升效率。在有限时间内越高效，能利用的时间越多，就能拥有更多时间做自己喜欢的事。

第7节 时间管理本：帮你合理安排时间并及时复盘

人们在工作和生活中，似乎越来越依赖手中的各种电子产品，无论是手机、笔记本电脑，还是平板电脑。很多人每天早上醒来第一件事是看手机，晚上入睡前最后一件事也是看手机，导致每天看手机的时间越来越长。

如果你的手机有统计使用时长功能，你不妨开启这个功能，用一天的时间从早到晚统计自己使用手机的累计时长。到睡觉前你会发现：自己使用手机的时长累计惊人。有的手机还能统计使用不同App花费了多少时间，你能观察到自己每天使用哪些App的频率较高。

我曾经连续一个月统计使用手机时长，发现我平均每天使用手机的时间是5小时，这算是一个正常的数值，有的人可能平均每天要花7～8小时甚至更多时间。我在App使用时长方面，排名前三的是：微信、微博、浏览器。这与我的工作性质相关，我经常写作，要保持新媒体平台内容的更新频率及浏览各大网站，寻找适合创作的新闻热点。

通过电子产品的记录时长功能，你可以快速知道时间花在了哪儿。如果你有一本时间管理本，就能快速知道每一天、每一周、每一月、每一年的时间都花在了哪里。时间管理本可以是电子版的或纸质版的，我更喜欢使用纸质版的时间管理本。

为什么呢？主要有两点原因：一是它能让我从电子产品中脱离出来，有一段时间独处和思考。面对电子产品，有很多资讯和消息会干扰我，容易使我分心。二是使用纸质版的时间管理本，会让我对每一天的时间花费有一个详细记录，日复一日、年复一年，当回顾过去发生了什么事时，我都能找到相关痕迹。随着岁月的流逝，我的本子越积越厚，它们也见证了我的成长。

一位记者曾来我家采访我。她看到我各式各样的本子时，感到惊奇不已，惊呼道："原来你是这样的，徐丹妮，每一个本子都有归类和功能区分，里面记录着你的时间管理、饮食健身、读书笔记、学科学习笔记、灵感笔记……我明白你为什么会做时间管理了，对工作、生活和学习，你都有自己的安排，每个阶段都在做不同的事情。"

接下来我要分享我的时间管理本的使用方法，希望能帮助你更从容有序地做时间管理。

1. 关于时间管理本的选择

（1）选择现成本子，还是空白本子？你可以购买已经设计好的本子；也可以自己用空白本设计。如果你想节省绘制的时间，可以买已经设计好的本子；如果你想自由发挥创意，就选择空白本子。我一直使用以"年"为单位的本子，这样可以节省设计和排版的时间，每天只要往本子里填充若干个待办事项即可。

考虑到有的读者可能启动一本时间管理本，如果已经过去几个月了，此时可以选择以上、下半年区分的本子，或者使用全年本，只要把过去几个月的内容空出即可——等明年开始时可使用全年本做时间管理。

（2）尺寸的选择。市面上有许多不同尺寸的时间管理本，大家可以结合自己的实际情况选择。一般 A6 尺寸属于口袋本，方便携带且小巧，适合做一些待办事项清单类型的时间管理，或者当天要完成的任务不太多的情况。这是因为该尺寸的本子内页较小，里面能够书写的空间比较有限，如图 3-9 所示。

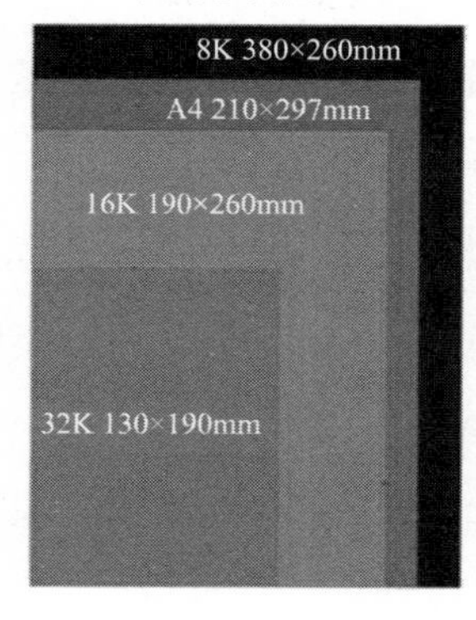

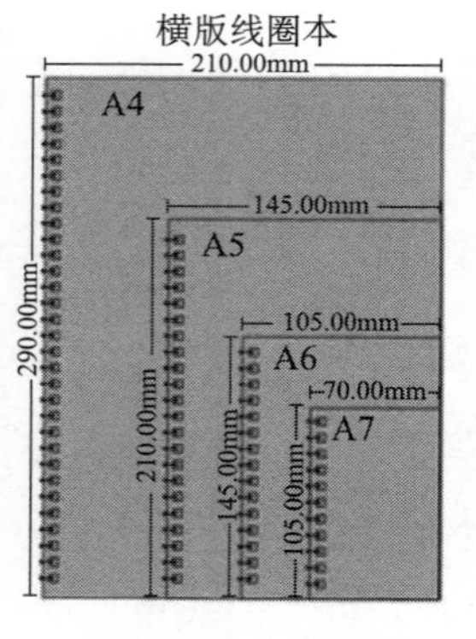

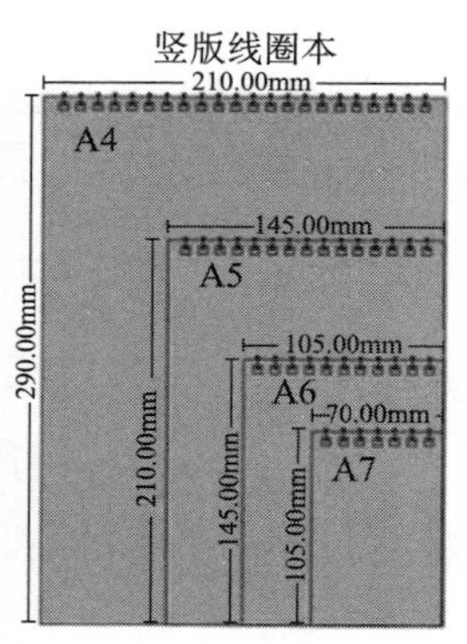

图 3-9 不同尺寸的本子对比图

A5 尺寸的本子与市面上大部分售卖的书籍尺寸相同，属于放手包里比较方便的类型。它比口袋本大一些，每天能记录的内容也多一些。我平时使用该尺寸的时间管理本频率较高，口袋本作为一些待办事项本使用很方便，可以把上周没有完成的待办事项写入口袋本，以提醒自己本周把这些事情完成。但它比口袋本重一些，你要考虑如果每天携带电脑和笔记本乘坐公交、地铁上班，自己是否能够承受物品带来的重量。我个人已经习惯随时携带它们，当然如果一直手提着，也会感到胳膊酸痛。

市面上还有 A3 尺寸的时间管理本售卖，但这种尺寸的本子比较大，不方便携带且略显笨重，个人感觉使用体验一般，所以不推荐。

如果你还想携带笔，可购买一个绑带缠在时间管理本上，把笔插入其中预留的位置，就不会出现使用时找不到笔的情况。你也可以购买一个笔袋放手包里随身携带。

2. 结合年、月、周、日计划使用本子

在本子的扉页上，你可以写上今年是哪一年，具体哪一天开始使用。如果你使用的是排好版的本子，根据框架结构往里面填充内容即可；如果

是空白本子，你也可以参考市面上的一些版式进行绘制和排版。

下面，我以已经排好版的本子来举例。

（1）年计划。利用第1、2章分享的时间管理方法，把你制订的几个年度计划都写入其中。计划要清晰可行，以便你随后把大目标拆解为小目标分配到每个月、每一周中。

写完后，你要经常打开此页进行回顾，不断提醒自己：它们将成为你今年的目标，无论遇到什么困难都要尽量去实现。

（2）月计划。它有点儿像一个当月日历的展示页面，你可以在当月不同的日期方框里写上对应的一些事项。例如：5月3日，上午9点公司开会，下午2点，拜访客户；5月18日，发工资5000元；5月23日，上午9点，创业比赛之复赛路演，晚上7点，与客户一起吃饭……

你甚至可以在这些日历里，运用不同的符号或者贴上小贴画提示自己哪些事情重要、哪些事情让你感到开心。我很喜欢搭配一些小贴画，每次翻看时间表里的内容时都会有一种心情愉悦的感觉。

有一些事情，在本月可以确定到具体某一天、某一个时间段，你也可以把它们提前写在本子上以便查看，这样就不会遗漏一些重要日子里需要做的事。比如：6月6日是你入职某公司一周年的日子，就可以在旁边画一个“微笑”的表情，告诉自己这一天的心情是愉悦的；6月21日是你代表公司进行演讲的日子，可以在旁边贴上一个“加油”的表情，以此对自己进行鼓励。

在月度计划最上面的表格里，你还可以列出几项本月想打卡完成的事情。例如：每天坚持练习钢琴30分钟，每天看时事新闻3篇。完成后在每一天页面的专属小方框内打钩，没完成的任务打叉；到月末检查本月你想做的事情完成了多少，若是100%完成了，那么表明你本月的时间管理做得很棒。我觉得小表格还挺实用的，每天可以督促自己完成一些简单又有趣的事。

如果年初你制订了一个目标，也可以把它拆解为每个月的计划的一部分。例如：一年背3000个单词，把自己的词汇量从四级水平提升到六级水平。目标分解：可计算出你平均每个月需要背250个单词，把这个计划写在月度计划表格里，提醒自己本月的目标，并分解到每天当中，计算每天该背多少个单词。

月度计划表格还可以作为一个日程表，及时帮助你查阅本月的时间安排。比如，什么时候出差，什么时候见客户和朋友。

（3）周、日计划。当你完成每个月的计划后，在时间管理本里可以翻到每一天的页面，把每天要完成的待办事项依次罗列出来。个人建议把周计划和日计划结合起来，这样效果更佳。比如，每周背250个单词，平均到每一天至少要背36个单词。你把它写入每日计划里并在完成后打钩；若当天没有完成，就要花时间弥补那些遗漏的单词。在此提醒你尽量别拖延，否则留下太多单词没有背完，最后你会很痛苦，甚至想放弃。

关于每天的计划清单的任务先后顺序，你可以参考第1章介绍的“四象限法则”“吞青蛙法则”“番茄工作法”，把那些重要、紧急的事情安排在前面，将其完成后再做其他事。

3. 工作和生活时间管理本应分开使用

我建议你把工作和生活时间管理区分开来，并分别使用两本不同的本子做记录，这样更便于你在不同的时间段专注做不同的事情。

如果你使用电子版的时间管理本，建议也做区分，比如：电子时间管理本A记录生活事项，电子时间管理本B记录工作事项。否则很容易混乱，也容易把一些事情的主次顺序弄反。如果你把工作和生活时间都放在一个本子里管理，那么当你每天打开本子，看到里面充满了工作和生活的待办事项，会让你感到眼花缭乱。

比如，你今天的时间管理本里有几条关于生活的待办事项——遛狗30

分钟、网购 5 千克狗粮、洗衣服、买番茄和白菜，而工作任务也列入其中。你在工作时看到生活中的几项待办事项，就会在上班时间网购，可能有一条网购促销的消息弹出，就会打断你原来的工作时间管理计划。你觉得没关系，就花 5 分钟的时间网购，结束了手头工作。可实际情况是，你为了网购产品的满减活动，又花费了 20 分钟找各种凑单商品参加优惠，以致浪费了 25 分钟的工作时间，导致你无法准时下班，还需要加班……

但如果你把工作和生活待办事项做区分，那么每天打开工作时间管理本时，里面的内容都是和工作相关的，当你完成其中一项时，你也清楚后续的工作中应该完成哪一项，不容易分心。高效完成工作任务后，你也可以花更多时间和精力在自己的生活时间中，用其他时间学习自己喜欢的内容。

你实在不想用两个本子怎么办呢？你可以在当天的页面里做一个功能区分：上半部分作为工作时间管理待办事项，下半部分作为生活时间管理待办事项。有了区分后，你要时刻提醒自己：该工作时就认真工作，不要分心。

以前我也觉得区分时间管理是一件很麻烦的事，但当我尝试一段时间后发现，无论是工作事项还是生活事项，我都可以井井有条地把它们做完，效率也有了很大的提高。我做工作时间管理选用 A5 尺寸的本子，做生活时间管理选用 A6 尺寸的本子。

这样区分使用还有一个好处——当你出去见客户时，可以自信地拿出自己的工作时间管理本给客户展示，不必担心生活那部分的内容会被客户看到，同时客户也会对你的工作时间管理的专业度表示认可。了解到你的时间管理专业程度，客户会更认可你的工作能力。

试想一下，如果不区分使用本子，客户看到你的生活时间管理待办事项中有一些不太适合展示的内容时会怎么想？或者里面有一些内容太杂乱，不适合展示，如果遇见特别注重细节的客户，会觉得你的工作和生活并没有平衡好，你留给客户的印象分就会大打折扣。

下面是我在做时间管理的过程中渐渐体会到的重要一点：好的时间管理，无形中可以给自己和公司品牌加分。

有一次，我受邀给云南一家大型国企做新员工入职培训——为新员工讲解时间管理的内容。当我把理论知识讲解完后，将不同类型的时间管理本展示给大家看，他们都表示很佩服。通过这次培训，新员工深刻理解了时间管理“知行合一”的重要性：不仅要学方法论，也要结合实际运用，提升自己的执行力和时间管理能力。在场的领导们听完我的分享后也表示认同，邀请我下一年继续给新员工做时间管理培训。

受这次培训影响，我更乐意把工作和生活的时间做区分，这样做确实能在活动中给大家留下深刻印象。我也在不断更新和实践时间管理的方法，未来几年里，还会有更多好方法与大家分享。

4. 工作时间管理本的“二等分”法则

在开始实践时，我只是把工作时间管理本里的待办事项进行区分，并没有运用“二等分”法则，在实践过程中我觉得似乎缺了点什么。

随后我开始琢磨如何更高效地使用时间管理本，帮助我提升工作效率。通过长期不断实践，我发现可以用“二等分”法则，把它做一个功能区分，以及时对当天的工作进行梳理和总结。

什么是工作时间管理本的“二等分”法则呢？该法则主要有两种形式。

（1）上、下等分：可以用尺子加不同颜色的笔做一个功能区分；也可以用手账胶带、贴纸作一条分割线，让内容有所区分。上半部分预留空白多一些，给工作上那些待办事项；下半部分预留空白少一些，可以在一天的工作结束后，用 2 ～ 3 句话对当日工作进行总结。我习惯把彩色胶带作为分割线，不刻意思考留白的空间。我把每天工作上的待办事项完成后，在剩下的留白的空间贴一条分割线，再书写工作总结。

（2）左、右等分：与上、下等分方法类似，只是需要把顺序改变一下，即左边为工作内容待办事项，右边为当日工作总结。

工作总结要尽量避免写成日记形式，可以写一些关于自己当天工作中哪些部分做得好、哪些部分还需要完善的内容。如果你不想写工作总结，也可以在空白处写上自己在工作中学习到的知识、同事带给你的启发等。这些都能帮助你在做本月工作总结时找到闪光点和不足，让你的工作总结报告内容更丰富，为自己赢得更多机会。

5. 及时在本子里记录你的复盘过程

关于时间管理如何复盘，本书第 2 章已经详细介绍过，在此不做过多介绍。须注意：一定要及时复盘。

每天的工作复盘尽量在当天下班后完成，最晚在当天睡觉前完成。长期拖延工作复盘，会让你变得越来越懒。复盘在时间管理中是一个重要环节，通过复盘你能更好地查漏补缺。

每月的工作复盘尽量在月底结束前完成，若时间不充足，也要在下个月开始的前三天把上一个月的工作复盘完成。如果一直拖延而不做复盘，你就不会知道自己在这几个月里有哪些进步的地方和可以改进的地方。

如果你使用的是市面上常见的时间管理本，那么就省事了，因为它自带一个月度、年度复盘框，只需对号入座复盘即可。如果你使用的是自己设计的本子，须记着在时间管理本里画上“月、年”复盘框。

通过学习时间管理本的五步法，你可以在短时间内把理论和实际结合起来，更好地利用工作和生活的时间达成目标。

愿你我都能花时间和精力潜心修炼，不断变优秀，一步一步成为自己理想中的模样。

第 8 节 甘特图：学会团队时间管理，协同完成工作

我常有这样的感受：自己独立完成某一项工作时能按质按量提交；但如果是多人、团队共同完成某一项工作时，会因团队里其他人的原因导致整个项目的提交时间往后延。那么是否有一个科学的、好的时间管理方法，能在项目合作时让团队成员遵循一个良好的时间管理机制呢？

当然有。在过去很长一段时间里，不同的企业、团队也曾经面临类似问题，这就是甘特图诞生的主要原因。甘特图能帮助我们解决团队合作的时间安排问题，同时也能知道哪一位同事在哪一个阶段、是什么原因导致项目没有按时完成，以便后续制定奖惩制度。

我第一次接触“甘特图”管理法是在读大学时，我学的专业是人力资源管理，需要学习综合学科知识和管理学理论。

《管理学原理》这门课程里讲解了“甘特图”的使用方法。我的导师张英华教授耐心地向新生详细讲解此方法，并让大家运用此方法到企业里做调研，以帮助企业提升效率。我在运用此方法的过程中受益匪浅，也希望此方法能帮助大家提升团队工作效率。

1. 甘特图是什么？

甘特图（Gantt chart）又称横道图、条状图（bar chart），可通过条状图显示项目、进度和其他与时间相关的系统的内在关系，以及随着时间变化的进展情况。它以提出者亨利·劳伦斯·甘特（Henry Laurence Gantt）的名字命名。

亨利·劳伦斯·甘特是泰勒创立和推广科学管理制度的亲密的合作者，也是科学管理运动的先驱者之一。他在 20 世纪早期应用了这种工作和方法。在图上，项目的每一步在被执行的时间段中用线条标出。完成以后，甘特图能以时间顺序显示所要进行的活动，以及那些可以同时进行的活动。

甘特图以图示通过活动列表和时间刻度表示的特定项目的顺序与持续时间。在一条线条图中，横轴表示时间，纵轴表示项目，线条表示期间计划和实际完成情况。它可以直观表明计划何时进行、进展与要求的对比，便于管理者弄清项目的剩余任务，评估工作进度。如图 3-10 所示。

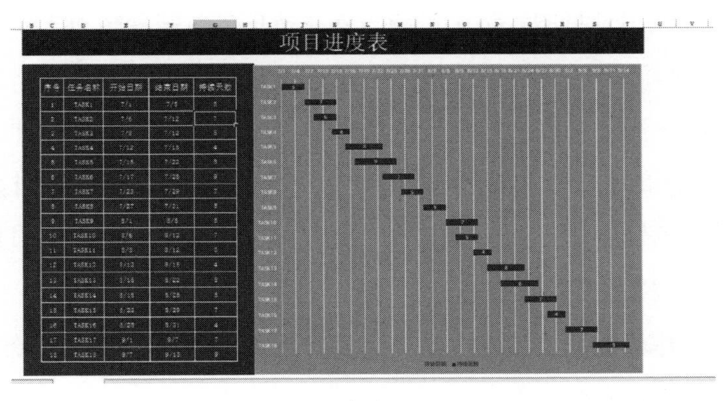

（1）

序号	任务	开始时间	持续时间	内容	完成时间	负责人
1	任务1	2018/12/1	5			
2	任务2	2018/12/4	7			
3	任务3	2018/12/12	12			
4	任务4	2018/12/7	7			
5	任务5	2018/12/14	15			
6	任务6	2018/12/16	6			
7	任务7	2018/12/5	10			

（2）

图 3-10　甘特图示例

2. 甘特图的优点

（1）让一个或多个项目变得视觉化，有助于我们理解整个项目。领导在分配工作任务给员工时，员工对自己应该完成的任务有哪些非常清楚，但是对团队成员之间协作完成的各项任务不一定很清楚，甚至不了解某一位同事做的某一件事情到底是什么。这就会导致员工在工作中花费大量时间做沟通和理解工作，把一些工作时间浪费掉，而这些时间原本是可以避免浪费的。

如果不使用甘特图，员工可能需要花费更多时间和精力去做同事之间的任务安排和沟通；但使用甘特图，就可以节省许多沟通成本。甘特图能把一些工作内容以视觉化的方式呈现出来，员工可以用十几秒钟的时间读懂图表中不同的人需要做哪些事，在每一个时间段内有哪些安排，什么时候是项目最终截止日期。你可以通过使用不同颜色，对每个人的甘特图任务进行区分，以方便及时查阅。

每天工作的时候，团队成员只需要查阅这个甘特图就知道大家的任务都进展到什么程度了。

（2）多个项目多人共同协作时，也能有序分工，把时间安排得井井有条。员工自己完成工作上的待办事项容易，但团队许多人一起来完成多个项目的待办事项就会变得有一定难度，如果没有一套科学的方法，很容易把简单的事情变复杂化。

此时你可以运用甘特图对多个项目进行多样化的工作时间管理。

你可以把甘特图分为短期时间甘特图和长期时间甘特图。以项目需要多少人、多长时间为参考，绘制不同的甘特图。

短期时间甘特图：一个月以内完成。短期甘特图比较简单，在规定时间内完成即可实现目标。

长期时间甘特图：超过一个月就可以考虑以“月、季度、半年、年”

为时间单位，绘制不同阶段的甘特图。

长期甘特图需要在专业机构、团队、第三方咨询公司等的帮助下才能完成，不在此书中展开介绍。

（3）做个人工作时间管理时，甘特图能够把多个任务集合在一起，让我们明白每天的工作时间该如何安排才能更科学、更高效。例如：你每天写作需要花费 1 小时完成初稿、1 小时修改和查阅资料，在甘特图上就可以把写作的时间段绘制出来。从甘特图上你可以直观地看到，这项工作会占据你一个半个上午或半个下午的工作时间，而其他工作只占据一小部分时间，所以你可以参考甘特图把相对重要的、花费时间更长的这部分工作先完成。

3. 绘制甘特图的软件

（1）Microsoft Office Project。这是微软出品的通用型项目管理软件，集合了许多成熟的项目管理现代理论和方法，可以帮助项目管理者实现时间、资源、成本的计划、控制。

（2）Gantt Project。这是 JAVA 开源的项目管理软件，支持可用资源、里程碑、任务 / 子任务，以及任务的起始日期、持续时间、相依性、进度、备注等，可输出 PNG/JPG 图片格式、HTML 网页或 PDF 格式。

（3）VARCHART XGantt。这是 NET 甘特图控件，支持以甘特图、柱状图的形式编辑、打印以及图形化的数据表示，能够实现与 Project 或 P/6 相似的界面效果，并支持集成到项目管理、生产排程等应用程序中。VARCHART XGantt 让你能够以横道图、柱状图的形式编辑、打印以及图形化表示你的数据，它能在几分钟之内实现你想要的甘特图开发，而且只需通过简单设计模式下的属性页配置，你可以不写一行代码就能快速让 VARCHART XGantt 控件适应你的客户的各种需求，其强大的功能可与

Microsoft 的 Project 系列产品媲美。

（4）jQuery.Gantt。这是基于 jQuery 的一个甘特图图表插件，可以实现甘特图功能。具体包括读取 JSON 数据、结果分页、对每个任务用不同颜色显示、使用一个简短的描述提示、标注节假日等。

（5）Excel。这是微软办公套装软件 Office 的一个重要的组成部分，它可以进行各种数据的处理、统计分析和辅助决策操作，广泛地应用于管理、统计、金融等领域。Excel 中有大量的公式函数，使用 Microsoft Excel 可以执行计算，分析信息并管理电子表格或网页中的数据信息列表，可以实现许多功能，带给使用者方便。随着计算机的普及，Excel 在办公自动化应用的领域越来越广泛。

如果是非专业人士，且不需要超过 20 人以上共同完成工作时间管理，那么推荐使用 Excel，其强大的功能足够应付日常工作。我平时也是使用 Excel 进行甘特图的绘制和工作时间管理的。

甘特图也可以使用纸质版的，这取决于你是否有足够的时间进行绘制，毕竟操作起来不如 Excel 方便，况且 Excel 还可以打印出来，你可以把打印好的甘特图发给需要共同协作完成项目的几位同事，贴在他们的办公桌前即可。

如果你对 Excel 的基本操作不够熟练，那么我建议你把这项工作交给专业的人士来完成，或者你自己先去学习 Excel 基础知识。

4. 甘特图的实践方法

下面以短期时间甘特图的一个互联网小项目为例，结合自身工作设计自己的甘特图。假如你的本职工作是一名文案策划，针对一个线上售卖某款产品的小程序开发项目，你需要和公司的设计师、程序员、产品经理、销售人员协作，项目周期是 30 天。此时你在完成本职工作的基础上，可运用甘特图了解其他同事在这 30 天里的具体分工情况和时间节点。

文案策划。1 ～ 5 天，完成项目商业计划书的初稿。6 ～ 10 天，根据各位同事给的反馈内容及时修改商业计划书。11 ～ 20 天，负责与设计师沟通所销售产品的文字内容，用设计图表现出来。21 ～ 30 天，负责与销售沟通产品促销活动方案并拟写。

设计师。1 ～ 10 天，产品设计图的灵感收集、样稿绘制。11 ～ 20 天，与文案策划沟通设计图的绘制和修改。21 ～ 30 天，与销售沟通促销活动的海报设计内容并完成促销海报的设计工作。

程序员。1 ～ 10 天，完成小程序初步代码编写。11 ～ 30 天时，不断与各个部门沟通，根据实际需求修改代码，保证小程序能正常使用，做好公司的小程序维护工作。

产品经理。1 ～ 5 天，负责产品逻辑框架搭建。6 ～ 10 天，完成初步方案，提交给老板。11 ～ 30 天，不断修改产品整体方案，与各位同事保持沟通，及时跟进不同板块的内容。

销售人员。1 ～ 10 天，做市场调研并分析数据，制订销售初步计划，预测销售金额。11 ～ 20 天，与文案策划、设计师沟通，共同完成销售工作。21 ～ 30 天，团队协作完成销售计划，让产品年度销量增加 30%。

借助甘特图这个时间管理工具，你不仅可以知道自己在整个项目周期中需要做好哪些工作，同时也明白自己在不同的时间段如何与同事协作，从而实现大家努力朝着一个方向前进，使项目能在合理的时间内完成，甚至还有可能提前一两天完成。运用甘特图做团队工作时间管理的同时，团队成员还可以利用线上免费办公 App 进行交流，减少面对面沟通时间（同事可能出去了没在工位上，你需要等他回来）、跨公司交流路上来回奔波的时间。例如，飞书、钉钉都是能够实现多人在线沟通的、很好用的 App。使用在线沟通 App，可以避免大家因工作内容不同、时间不同而产生的一些问题。

你可以结合实际工作，绘制不同的甘特图。涉及项目管理的更多经验与技巧，在这里就不过多展开讲解了，如果你对项目管理感兴趣，或者在未来工作中要用到更多项目管理的知识，可购买相关书籍或课程学习。

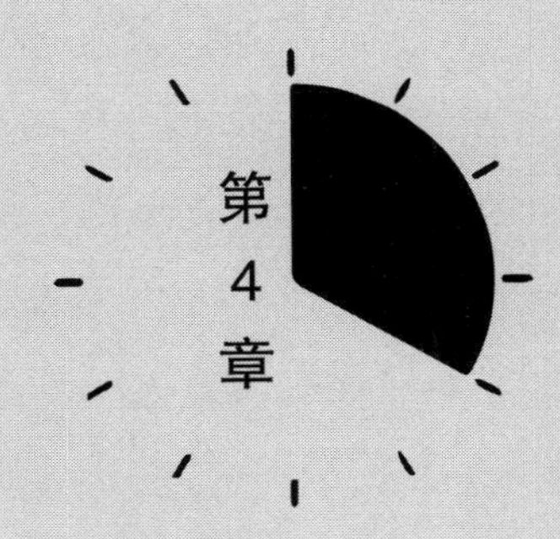

学习时间：做好规划，提升效率

第1节　越自律，越自由

“你越自律，就越自由。”这句话被很多人当作座右铭，甚至有人把它写在本子扉页上，用来鼓励自己。

但也有人说这句话是心灵鸡汤，听听罢了，自律哪有那么容易做到的。这句话里所谓的“自由”，在我看来是指你通过不断努力而获得的可以自主、自由安排的那段时间。

比如，你学习越自律，就越能在规定时间里提前完成学习任务，从而赢得一段属于自己的自由安排时间。再比如，滑雪冠军谷爱凌，长期在滑雪和学习上自律，才能拥有更多自由时间做自己想做的事。如果她在练习滑雪的时间里偷懒，那么她需要拿出更多休息时间来弥补；如果她在该学习的时间里不好好学习，那么她需要花更多时间和精力提升学习成绩。我认为谷爱凌的时间管理做得很好，正因为她认真做了每一天的时间管理，所以取得了今日的非凡成就。

不努力花时间学习，在该学习的年龄贪图享乐，那么你步入社会后会感到懊悔的。通过努力学习获得多种谋生的本事，你能选择的职业就会多一些。

在每天的时间管理中，安排学习时间是非常重要的，无论你现在处于什么年龄段，把学习时间管理好都可以使你受益。

高中毕业前，学生的学习时间属于“被动安排”，学校给学生布置学习任务和作业、安排每个学期的课程表，学生只要按照要求跟着老师的节奏、时间点学习即可。

步入大学后，除了学校“被动安排”的学习时间，大学生开始拥有了一些“课余时间”，有的人利用这段时间去图书馆学习，有的人利用这段时间发展自己的兴趣爱好，这些都属于“学习时间”。我们把学习时间花在了哪个领域，渐渐能看到成果，这就是学习时间里“越自律，越自由”的表现。

工作后，再也没有人给我们安排学习时间，有的人会感慨：“我终于不用再学习了。”但这是一个新的起点，准确地说，再也没有人给我们安排“被动学习”的内容，对工作上所有的方法和技巧都需要我们自己花时间和精力学习。你若不主动学习，那么过一段时间就会发现，自己的知识储备将不足以胜任目前的工作。

意识到问题的严重性，我们开始花时间、精力学习与工作相关的知识，希望通过付出时间得到相应回报（升职加薪、获得荣誉等）。即使面对那些有难度的知识，你也会硬着头皮去学习，因为心中的目标很明确——获得某个证书，可以为升职加薪做准备。此时我们或许会感慨：“真希望自己能拥有更多学习时间，以通过获得的知识、技能，去赚钱、升职加薪。”

我也一样。我曾经花了大量的时间和精力学习自己感兴趣的知识、技能，也取得了一些成就，但我忽略了自己不感兴趣的知识。如今三十而立我才发觉，自己应该在大学毕业前或刚工作的那两年里，多花时间学习那些有难度的知识。

接下来我与大家分享我的一位朋友的真实故事。

她是我的初中同学。在初中的时候，她的学习成绩并不是班里数一数二的，但她一直很努力，随后成绩越来越好，进入一所重点高中。高中时她发现了自己喜欢的学科，在考大学时选择了自己喜欢的学校和专业。在那个家长指点儿女报考学校和专业的年代，她早已明白要根据自己的优势选择专业，经综合分析后她选择了酒店管理专业。那时身边的同学对这个专业并不了解，不知道该专业在大学四年要学什么、毕业后能做什么工作。她大一入学时早已定好目标，以后去五星级酒店实习和工作并成为酒店管理领域的精英。后来她一路过关斩将，成为当年希尔顿酒店中国校园招聘的优秀管培生之一。她的事业发展不错，这一切都与她每年坚持规划学习时间有关。

她的英语成绩在高中还算不错，但读大学就不一样了。身边都是英语好的同学，甚至有的同学从小就有良好的家庭语言环境，能够说一口流利的英语。她并没有自卑和气馁，而是明确目标，大一仔细分析后，明确自己未来要考托福，出国留学，于是她在学完老师上课传授的内容后，每天都会安排固定时间段去图书馆学习。有一次学校组织统一的托福考试，她获得了托福成绩年级第一,一战成名。脱颖而出的她，为了赢得更多机会继续刻苦练习英语，随后学校让她作为代表参加天津市的英语演讲比赛。功夫不负有心人，她在比赛中取得了好成绩。大学毕业前，大部分同龄人还在为找工作焦虑，而她凭借大二、大三的实习经历，在校园招聘中获得了几份不错的工作邀请。同时，她还收到了康奈尔大学酒店管理研究生的录取通知书，这是她梦寐以求的。

后来，她没有去康奈尔大学，而是去了悉尼大学学习新领域的知识。研究生毕业后，她又选择到深圳工作和生活。她还学了几个国家的语言和去了许多国家旅行，其视野和格局在成长过程中也变得开阔起来。

如今，她在深圳一家互联网创业公司工作，未来很有可能会选择自行创业。一路走来，她跟随着自己的意愿学习，渐渐成长为自己理想中的模样。

每当她在微博、朋友圈中“暂时消失”一段时间后，我就知道，她肯定在潜心修炼，向新的目标前进了。

在她身上，我看到了普通人也可以通过不断努力、不断学习过上自己理想生活的。正是因为她的自律，让她拥有了更多自由选择的权利：她可以选择不在家乡工作，去一个更好的平台发光发热；也可以选择留在家乡，成为一名优秀的老师。但如果当初她不花大量时间学习，可能后面的故事又会被重新改写了。

花时间学习知识，是可以改变自身命运的。

作为一个普通人，我通过每年做学习时间管理，让自己保持终身学习。每年我都会制订一些有难度的目标，陆续把它们拆解并实现，为自己未来三年、五年的事业发展做铺垫。

我希望自己能够成长得更好一些，所以更愿意花时间学习。

第 2 节　学习时间的规划

不管你是职场人士还是学生，你是否认真计算过自己每一天、每一周花在学习上的时间呢?

其实学习这件事，不仅指你在学校里学习书本知识，或者学习具体的某一门学科，还指你离开学校步入社会后，从社会这所“大学”中学到哪些道理。你在职场中成长的每一年都能学到对自己有帮助的技能，你学到的所有知识和道理，都会变成你成长路上的垫脚石。这就是现代社会倡导的“终身学习”理念，只要你用心观察，身边的人和事都会对你有所启发。

本章会围绕着“终身学习”这个理念，帮助你规划学习时间。从制订远大目标到学习细小知识点，我们都需要做时间管理。十年树木，百年树人。种一棵树的最好时间不是十年前，而是现在；学习最好的时间不是以前，而是现在。从现在开始，认真规划学习时间，永远都不算晚。

我们经常感慨没有时间学习，其实是指没有一段专注时间用来学习专业知识。这段专注学习时间会比较长，导致我们在开始的时候很难启动。比如，学一门新的外语至少需要一年时间，在这一年里你每周都需要花时间学习这门外语，才有可能在一定程度上掌握它。所以，我们要把一段长时间专注的学习时间规划出来，并且细化到每天安排多少分钟。具体安排如下。

1. 写下你想学的知识、技能

在空白纸上写下你想学习的知识、技能。如果想学的内容太多，那就做一下删减，控制在 10 项之内。因为你不可能把所有想学的内容在短时间内全部学会，每一年都要做不同的规划。这样做能帮助你明确自己想学什么。

我在刚读大学的时候，许下了 30 岁前要实现的一些心愿。其中有一个学习目标难度比较大：30 岁前，学习四门外语。为了达成这个目标，我把它分解到工作后的每一年中，用业余时间陆续学习了法语、德语、日语。

你可以在空白纸上写下：学习目标 + 达到什么样的水平。

比如，此生我不想虚度，在有限的时间里我想实现：

（1）德语，到 B2 水平。

（2）小提琴，可以演奏 10 首中等难度的曲子。

（3）看完 1000 本书，从中挑选出 100 本作为喜欢的书籍长期温习。

（4）学会潜水，去 5 个不同的地方潜水。

……

学习时间预判：完成学习目标列表后，你再把这些学习目标结合自身的实际情况做一个时间预判，即哪几个目标在未来 3 ～ 5 年的时间里可以先完成，哪几个目标晚点实现也没关系。

比如“学会潜水”这个目标，需要趁年轻、腿脚还灵活的时候去实现，等老到走不动路的时候，即使想学习也不太可能了。而对于“看 1000 本书”这个学习目标，是可以贯穿在未来 10 ～ 20 年之内完成的，只要每年确定阅读数量目标并花时间、精力来完成即可。

2. 每年挑选一项你想学的知识、技能

以“年”为单位，挑选你想学习的知识或者技能，以每年学一项作为

目标，在时间和精力充足的情况下，可以再挑选一项学习。

“理想很丰满，现实很骨感。”你想学很多东西，但实际你会发现每年能把想学的知识、技能学会已经非常不错了。

这一点我深有体会。我也曾是一个“贪心”的人，想在某一年内学习滑冰、爵士舞、小提琴等，但因为工作比较忙，没有那么多时间学习。什么都想学，却什么都学不好，最后导致我报名学习这些课程的钱都打水漂了，买回家的乐器也几乎从没碰过，一直闲置在家里的某个角落。人无完人，我们在成长过程中都会走弯路，我们要总结经验教训，不断改变自己。

我决定转变思路：每年只定一个主要的学习目标，其他想学的知识和技能都暂时放在一边，待时间充裕后再去实现。

在想学的内容中，我会以自己今年的学习时间作为判断依据。如何判断呢？在前面章节的学习中，你可以学会预估不同事情需花费的时间，以及每一天中大约有几个小时用来学习。所以根据每一天学习的时间挑选适合的学习内容，一般都容易实现。

比如，我今年想在事业上有一个新突破，所以花费在工作中的时间每天比原来多 1 小时，那么我用来学习的时间（原本每天学习 3 小时）可能每天会减少 1 小时，甚至更多。今年不能学得太深或学得太多，只能专注于一项新技能的学习。如果我今年愿意花更多工作以外的时间学习新知识，那么我在其他方面的业余时间就会减少，我需要适当做“断舍离”。

把这项想学的知识、技能，用一句话详细描述出来，并写在 10 张卡片上（甚至更多），然后把这些卡片贴在家里的不同区域或公司的办公桌上。

你可以这样写：“今年我想学 5 首小提琴曲，中等难度，平均每首用两个月的时间学会，如果能按时完成，那么还剩下的 2 个月时间可以用来再学一首。”

这样做是为了时刻提醒自己，不要忘记年初定的学习目标，以及告诉自己学习时间已经分配好了，需要执行学习计划。

一位朋友曾把考研这个大目标写成一句话，贴在家里的墙上，在工作的闲暇时间进行备考，并把学习时间详细安排到每一天。正是因为做了学习时间管理，加上不断努力，她最终考入心仪的学校。她告诉我，每当她想偷懒的时候，就会看看那个显眼的学习目标，以鼓励和提醒自己不能放弃，不要因外界的干扰停止学习。

3. 排除万难，坚定不移地安排时间学习

到了这个阶段，我们要有坚定的意志力，要相信自己一定可以通过做学习时间管理达成既定目标。

我和大家一样，都经历过学习时间和其他时间发生冲突的情况。比如：原本的学习时间是每天的 20:00—22:00，某天由于加班导致这段时间被占据了，或者一位好朋友当天过生日，占据了这段时间。我们内心会纠结：如果选择学习，那么其他事情就会被耽误；但是选择了其他事情，当天的学习又没办法完成。究竟怎么办才好？

面临时间冲突，可根据事情的重要与紧急程度，灵活调整学习时间。如果选择暂停学习，那么要把落下的时间在当周尽量补上（可用碎片时间、休息时间等）。

这样做的好处是：你不容易忘记学习任务，也能使学习有效衔接。若间隔时间太长，会导致学习时间变得越来越少，落下的内容也不容易弥补。

我会用“权衡利弊”法做选择。学习任务重的情况下，例如考研，如果是因为好朋友的生日必须到现场，我会和对方沟通是否可以“心意礼物先送到”，等下次见面时再为对方补过一个生日。无论最终结果怎样，我都

会选择完成我的学习目标（你可以自行选择），因为如果连续好几次都因为面临选择而耽误学习时间，那么未来我耽误的时间很可能会越来越多。考研的目标应该坚定不移，无论刮风下雨。况且，真正的好朋友在知道你缺席的原因后，大多数情况下能理解你。

学习目标任务较轻的情况下，例如当天的学习目标是背 30 个英语单词，但加班占据了当天的学习时间，因为加班是紧急且重要的事，我会选择先加班，待第二天或第三天弥补落下的 30 个英语单词的背诵任务。

即使偶尔有一两次为自己的选择感到后悔，也不要太自责，要学会分析和处理，告诉自己下一次做时间选择时需要考虑得更周全。原则是：再苦再累，有再多的诱惑，也要把每天的学习时间坚持下去。

4. 用计时器提醒自己

在准备学习的过程中，要用计时器提醒自己，每天花费的时间是否足够，不然很容易在学习到一半时就停止，或被其他事情打断，以致不清楚自己到底学习了多久。计时器可以是闹钟，也可以是手机里的计时器功能。注意，在使用手机计时的时候，点击“开始”后要把手机放到距离你至少 2 米的地方，这样不容易被手机信息干扰。使用闹钟就相对简单了，定好时间后只需专注学习即可，它响起即表明你的学习时间已经完成。或者用手表计时，尽量避免频繁查看手表。

无论你是否使用手机闹钟，都建议你把手机网络关闭，然后把它放得远一些。在学习时间，关键是专注，要尽量排除外界的干扰。手机是一个最大的干扰源。

如果你是在用电脑进行学习，那么记着关闭网页，保证你的学习界面是打开的即可。

5. 学习结束后用一句话鼓励自己

每天的学习时间结束后，可以通过写鼓励的话语、给自己一个微笑等方式，给自己积极的心理暗示。

别小看这个简单步骤，每次写一句鼓励的话语，坚持 100 天就能收获 100 句。当你不想学习时，不妨回头看看这些“正面语录”，你坚持时间管理的动力会更大。

第 3 节　抓住几个时间节点搞定学习时间安排

即使知道每天或者每周应该安排一些学习时间，但每天不一定都能有一两个小时的完整学习时间，或者每周不一定有足够的专注时间学习，怎么办？计划不如变化快，明明心中想着本周好好学习，但实际情况是一周过去了还停留在之前的状态。

这些问题很常见。本节围绕常见的学习时间管理问题，用“时间节点”法助你管理自己的学习时间。

1. 做时间分析

首先，分析你每天或每周可以用来学习的固定时间，有几个小时的专注时间和几个小时的碎片时间。这一点很重要，你得明白自己哪段时间学习难一些的知识，哪段时间学习简单知识。把这些固定的时间节点依次写在一张白纸上。

我是这样做的。

时间节点一：7:00—8:30 是我的固定学习时间，大家还没有上班，此时可以不用先处理工作。这段时间也是专注学习时间，可以用于学习有难度的知识。

时间节点二：每周不固定的某一天，如果不出去办事，13:00—

14:00 可以安排专注学习时间。

时间节点三：每周乘坐交通工具的碎片时间累计起来是 6 ～ 8 小时，我用这段时间复习当周所学的一些知识点。

2. 设定时间闹钟

设定一个或多个时间节点闹钟，利用这些固定学习时间节点进行学习和复习。在早晨的学习时间，我会因沉迷学习而忘记时间的存在，以致上班迟到。我通过设定 8:30 的闹钟提醒自己停止学习。

中午，我会再设置一个时间节点闹钟，14:00 闹钟响起的时候，我会停止手头的学习，起身工作（在外办事和出差除外）。每天不同时间段的闹钟能确保我不错过其他事情。

要挑选重要的学习时间点设置闹钟，一天中的学习闹钟最好不超过 3 个。因为你手机里很可能还设定了每天起床的闹钟，一天中就会有超过 4 个闹钟在不同时间响起。注意，开会时记着提前关闭闹钟。

3. 使用手表看时间节点

由于你每天的碎片时间段不是固定的，有可能今天是早上，明天是下午，设定闹钟可能不太合适，因此使用手表看时间节点即可。

比如，你早上离开办公室外出，约定 10 点在咖啡馆见一位客户，提前 15 分钟到达后，你就拥有了 15 分钟的碎片时间。此时你可以用 10 分钟时间阅读几篇文章。我平时也会利用这些碎片时间复习知识，每次看手表都发现和心中预估的时间相差不多，在实践中渐渐养成了习惯。

4. 温故而知新

每天、每周的专注时间学习结束后，可设置一个 10 分钟（或 30 分钟）的闹钟温故而知新。

每天的学习时间结束后，可设置一个 10 分钟的闹钟，用来复习，用手机里的倒计时功能提醒自己——复习结束后安心休息。每周如果学习时间少，可以安排至少 30 分钟的复习时间。使用时间节点、闹钟法完成学习时间的管理，不仅能解决你没有一个长的时间段（超过 2 小时）学习的烦恼，还能利用碎片时间和短暂的专注时间学习，同时也能做到温故而知新。

和许多人一样，我曾经因为某段时间工作异常忙碌，每天没有 2 小时的专注时间用于学习而感到焦虑。但转念一想，既然当下没有长的专注时间，我就用好当下的碎片时间，总有一天会结束这种忙碌工作的状态，那时就可以多花一些时间专注学习了。

心态改变后，我利用每天的短暂时间、碎片时间学习，随身携带一个口袋本，用来记录这些碎片时间所学习的内容，待时间充足时把它们誊写到不同的本子里。如果某一天忘记携带口袋本，我就会利用手机把学习内容写在备忘录里，第二天再归类整理。

方法改变后，我因没有专注时间用于学习而焦虑的这个问题得到了解决。工作总有忙和不忙的时候，但学习时间不能因为工作忙就按下暂停键。比如，我定的目标是“在 100 天内每天背 30 个单词”，每当忙碌时，我可以减少为 20 个单词，在不忙的时候把前面落下的单词补上，保证自己在这段时间不停止学习就好。

我手机里的时间节点闹钟如图 4–1 所示。我把睡觉时间节点也设定好了，闹钟一响便停止手上的工作，该洗漱和休息了。

图 4-1　手机闹钟截图

2022 年有一次我去参加某个组织的颁奖活动。在颁奖环节，一个学生获得了“优秀学生奖”，在彩排时她手里还拿着一张数学试卷——她利用碎片时间把一张数学试卷全做完了。她刚好站在我前面。我被这个场景深深触动了。没有时间学习？那是因为没把每一段碎片时间利用起来。

她被评优，不是因为有天赋，而是因为努力，会抓紧碎片时间学习。后来，我问她为什么要这样做。她说高二学习任务重，当天下午的彩排活动如果不带着作业，会耽误晚上的学习任务。所以她想利用这段碎片时间做试卷，至少保证了当天的学习任务能够完成。整场活动彩排结束后，我本想和她交流一番，但发现她已经匆匆离开现场。

每当我抱怨工作太忙而没有足够的时间学习时，就会想起她，想起她认真做试卷的背影。我用她的故事不断激励自己，再忙也要安排时间学习。

让我们一起向这位学生看齐，合理利用时间学习，为自己的未来努力奋斗。

第 4 节　高效自学的方法

在这个快节奏的时代，无论你是学生还是职场人士，如果被动等着老师、领导、朋友传授你知识，那么你拥有的知识量会远远不跟不上时代发展，所以你要学会主动安排自学时间。

如果你是一位职场新人，看到一份工作的薪资不错，但是你欠缺其所要求的综合工作能力，此时不用气馁，你可以把自己欠缺的能力写下来，告诉自己用 1 ～ 2 年的时间弥补。把这些知识补充上来后，再有类似机会出现，你就会有足够的能力胜任了。

自学时间在任何年龄段都非常重要。你拥有的自学时间多，你成长的速度就会快。以下四个高效自学的方法仅供参考。

1. 不离开座位

学习全程要保持全神贯注很难做到，但在自学时间里不离开座位则相对容易些，同时还要保证学习环境干净整洁。

人在自学时间很容易走神，很难全神贯注到最后。你想离开座位几分钟，找机会做点什么事，但是离开后 10 分钟回来，你又开始惦记另外的事情，如此循环下去，这段自学时间就被浪费了。高效利用自学时间的第一个方法：走神了，要把思绪拉回来，不要轻易离开座位或学习区域去做其他的事情。你如果无法专注学习目前的这个知识点，就换另外的知识学习，换另外一本书看。

我也有过在自学时间无法集中精力的时候。我在座位旁来回走动，但发现这样下去我的学习效率很低，能利用的时间也很少，大部分时间被浪费了，而且越走动越焦虑。后来，我停下手头的学习内容，开始翻阅一本书。这本书给我提供了一个新思路，让我渐渐进入专注状态。

在自学时间里，要想保持高效，无论是看书还是用电脑学习，应保证手边的学习工具只有笔、本子、书籍、电脑这几样，多余的物品尽量不要摆放，以免影响学习效率。

这一点很重要。我们容易被鲜艳的东西所吸引，特别是学生，如果书桌上摆放着大量鲜艳的物件，总会忍不住拿起来把玩，导致自学时间的效率变得很低。

在一个摆放很多物品的房间里学习和在一个干净整洁的房间里学习，是两种完全不同的体验。

前者会让人感到压抑。即使你是一个专心学习的人，学习效率也会降低，长期在那样的环境里学习效率会下降。而后者，会让你在自学过程中感到心情愉悦，周边没有杂物影响到你，你的学习效率就能获得提升，甚至有想长期待在那儿学习的想法。

一位家长听过我的线下时间管理讲座，便邀请我到她家做客。她为孩子制订了一个时间管理计划。我观察她孩子的学习环境后发现，孩子学习效率低的主要原因是书桌不干净、不整洁。她孩子的学习区域太乱，桌面上堆放着大量与学习无关的东西，孩子在学习期间很容易走神，甚至会拿起其中的物品把玩一会儿。

我建议这位家长重新收拾孩子的书桌，让学习环境变得简洁些；孩子学习时，家长要尽量陪在身边一起学习，而不是玩手机。她听取了我的意见。经过一段时间的调整后她发现，孩子的学习效率大有提升，看书也变得专注起来，还会在学习完后与家长分享自己的学习感悟。

作为成年人，我们也一样，如果办公桌上堆满物品，那么工作效率就会降低。

2. 带着对问题的思考自学

很多时候我们感到自学困难，其实不是因为学习的内容难，而是因为没有带着对问题的思考去学习。“学而不思则罔”，每天即使花费好几个小时，也不容易得到你想获得的知识。所以我们可以用思辨的思维自学，带着问题阅读和学习，即使只花 30 分钟的时间学习，也能有所收获。要学有所思。

孔子教导我们要带着问题学习，在学习中思考，在思考中学习。

在自学的过程中没有产生疑惑是大问题。学习过程中或多或少都会产生令人困惑的内容，要先把它们记录下来，再找机会请教别人或自己寻找答案。在自学时间里找到自己想学的内容并带着问题学习，更容易掌握知识。

可以在自学时间做笔记。如果做纸质笔记，你可以单独用一个本子；或者拿一张 A4 纸，把这段时间里学习的知识点记录下来，可以以“周”或“月”为单位。每天用零散的纸张做记录，每周末将其装订成一个小册子，以便日后复习。

要想保持自学时间高效，秘诀之一就是：不要因为某个问题暂时不懂就停滞不前，可先记录下来，待学习结束后再想办法解决问题。

我在自学时间遇见过类似的情况——学习中因某个问题停滞不前，后来换了一种思路，问题迎刃而解。一边学习一边记录问题，这种方式使我对那些不懂的问题印象更加深刻了。

3. 用小测验检验对知识的掌握情况

每次自学时间结束后，可以在当天、当周安排一次小测验（5 ～ 20 分钟），检查自己对知识的掌握情况。

学生时代的知识掌握情况检测，有老师统一安排；毕业后的学习检测，就存在很大的不确定性了。此时要学会自己给自己发试卷。在当天自学时间结束后，你可以根据内容的难易程度，花几分钟时间出几道题目考考自己。比如：这个知识点我可以运用在哪里？你也可以在当周的学习结束后根据不同的知识点，出一些题目考考自己。学习完能找到配套的练习题、试卷更好。

对于那些没有掌握的知识点，在下次、下周自学的时候，可以先查看是否掌握了，如果没有，就需安排时间加强学习。其实对于一些简单问题可以在当天花 10 分钟解决，对相对困难的问题要花时间请教专业人士。

查漏补缺后，你就可以开始计划下一个阶段的自学时间了。

不花时间检测学习结果可以吗？当然可以，只是你要知道这样做的后果：你在未来的一两个月内很容易忘记这些知识。磨刀不误砍柴工，做测试是为了帮你筛选没有完全掌握的知识，让你花一些时间巩固。反复测验几次后，你就能把较难的知识点都掌握了，何乐而不为呢？

由于测验时间比较短，你可以选择任意一天的上午或晚上，这样既不影响平时的工作和学习，又能做好知识的巩固，高效利用时间。如果要做一套完整的试卷，需要留出 1 ～ 2 小时。

记住，每次测验都要把握好时间，到点就结束，即使题目没答完也要放下纸笔，这才能反映的你真实水平。否则，很容易出现这样的情况：试卷的题目都答对了，但原本规定 2 小时完成试卷，你却花了 4 个小时，这说明你自学的知识并没有全部掌握。

当你的自学能力越来越强时，你就能灵活安排自学时间了，甚至不用专注时间，你也能利用碎片时间自学。这是一个循序渐进的过程。

4. 先让学习成为习惯，再有规划地自学

如果你以前没有自学时间的实践经验，那么可以先把学习培养成一个长期的习惯，再针对具体的内容自学。

有人习惯线上、线下跟着老师学习，可一离开老师就没有了学习的动力，导致不会安排自学时间。但自学又是非常重要的一个环节，怎么办？个人建议，你先把每天的自学时间安排好，哪怕只有 10 分钟，这段时间你想学什么都行，把好习惯养成后再自学具体的某一项知识。

比如，你以前从未自学过一门外语，你可以尝试每天花费 10 分钟跟着听力资料或视频学习。在开始的几天时间，你可能需要花大量时间才能学会几个单词，但自学坚持一个月后你就会惊喜地发现，没有老师帮忙，你竟然也学会说几句了。

或者你可以利用每天 10 分钟自学一些综合学科的知识，今天学心理学“马斯洛需求原理”，明天学时间管理法的“四象限法则”，用自己的语言把学会的知识记录在本子里。每天不断自学，待 21 天养成习惯后，你就可以针对自己感兴趣的心理学知识进行系统学习了。这个过程是为了让你学任何知识都能坚持下去，不会轻易半途而废。

在健身房锻炼的时候，你会发现这样两类人：一类人跟着团课老师每周学习不同的健身操，他们离不开老师的教学，无法独自跳完一段健身操；另外一类人独自在器械区练习，他们已经掌握了器械操作技巧，只需花时间刻意练习。

前者要把自学时间安排出来，因为一直跟着老师的动作模仿，就无法得到成长，或者离开老师的带领就无法独自完成练习。而后者，通过前期老师的指导后掌握一定的方法和技巧，达到举一反三，掌握器械训练的要

点，通过自学加刻意练习渐渐变成健身达人。

当然，这两类人都不如花时间和精力学习的人。有一类人明明知道学习健身知识对自己的健康有帮助，却迟迟不肯付出时间，永远也不会变成健身达人。

通过合理安排自学时间，你在不断“升级打怪”的过程中会收获一些知识，而它们在将来的某一天会帮你一个大忙。

第 5 节　向专业人士请教，取长补短

将一张空白的 A4 纸按横向和竖向分别对折，使其呈四部分，再在每一部分写下一位你身边的令你佩服的人。无论哪一个行业都有值得你学习的人。

在他们的名字下面分别列举出 5 条你佩服他们的地方（或他们的优点）。

写上打算向他们请教的时间，以及请教后的总结回顾。

比如，李老师是我佩服的人，他身上有这样几个优点：

（1）做事认真，对待教学态度严谨。

（2）知识储备量大，对各个学科的知识都能列举一二。

（3）喜欢看书，每看完一本书都会与我交流书中的内容。

（4）每周都健身，每年会参加马拉松比赛。

（5）做事情不拖延，学校布置的许多任务他总是率先完成。时间管理做得好，上课从来不迟到，会在下课铃响起时结束教学。

我想在 ×××× 年 × 月 × 日 14:00 请教他。

你会发现自己在思考和列举的过程中，确实能发现身边一些令你佩服的人，平时你可能与他们没有过多联系，或者不一定能随时请教，但你心中一直有这样的人存在。对于这些人，你要琢磨如何向他们请教；换一个

角度，要让他们愿意花至少 10 分钟的时间与你交流。因为他们很忙，相对而言他们的时间安排很紧凑，向他们请教，你会有新收获，这是学习时间的一部分。

学习从来都不局限于书本知识，身边优秀的人也值得我们学习，而且他们的大智慧能在某个方面给你启发，甚至能让你产生“啊哈时刻”的感觉，这是一笔宝贵的精神财富。

我刚工作时不懂这个道理，导致走了许多弯路。这两年独立创业后，我在请教别人这件事上从不敢懈怠，也更懂得其中的好处。前几年我在职场上习惯于闷头工作，只会在自己遇见实际问题时才去请教别人。这样做有弊端，不是所有工作都可以自己完成，有些问题需要在专业人士的指点下解决，他们站在更高处，看到的东西比我更全面，考虑问题也会比我更周到。

之前我总觉得请教别人太麻烦，怕对方不愿意抽空帮我解答疑惑。但实际上，我的担心是多余的，许多时候他们很乐意抽时间指点我，哪怕是一位很忙的成功企业家，他只有 30 分钟的休息时间也愿意抽空与我交流。从他们身上，我学习到许多有用的知识，这帮助我节省了不少因为走弯路而缴纳的“创业学费”。

比如，一位优秀创业前辈在我刚开始创业时曾点拨我：“现金流为王。资金只进不出、只出不进都不是好公司，资金有进有出，说明你的业务真正活动起来了。有资金进账，说明你的公司有业务可做；有资金出去，说明你会把公司的钱分出去给不同的人和公司，一来二去业务渐渐便多了起来。比如，你花钱请员工做事，花钱请第三方公司做设计图，等等，都是资金的流动。要做一个长期主义者，不要只考虑眼前的利益，多做对社会发展有贡献的事情，你的公司业务一定会越做越好。”

顺着前辈指点的思路，加上我第二次创业时总结了第一次创业失败的经验后，公司经营渐渐有了起色。我现在也不断地向更多专业人士请教，希望未来事业能达到新的高度。

那么，如何邀请专业人士，使他们愿意花时间与你交流呢？希望以下方法能对你有所启发。

1. 在请教别人前，考虑自己能为对方提供什么帮助

比如，你的英语还不错，想与一位高手请教如何做客户关系管理。在发消息向对方预约时间时，你可以这样编辑内容："× 总您好，贵公司的 ×× 业务一直在本市遥遥领先，我很佩服，也想向您取经学习客户关系管理的一些知识。请问，您本周什么时候方便呢？想请您吃一顿饭，您看公司附近 A 和 B 餐馆的口味是否符合呢？希望您能抽出 1 小时来指导我。我英语还不错，了解到贵公司也有一些海外业务，若有翻译需求尽管和我说，我可以免费翻译。"

作为一位后辈，你用尊敬的语气邀请对方表示诚意，并且说明来意，对方如果有意向自然会答复你，如果没有意向就不会答复，你不用纠结对方是否愿意花时间点拨你。而且你这样说话不容易得罪人，先夸奖对方的优点，同时告诉对方你已经考虑过时间问题，能让对方知道你尊重他的时间，对方如果愿意帮你，就会从忙碌的日程表中安排 1 个小时与你会面。

如果你向对方请教预约见面，却没说明时间和来意，只是简单地问一句："× 总您好，我有个问题想请教你，不知道您有没有时间呢？"这样的问题会让对方很为难：对方是应该回复你"我没有时间"，还是回复"我有时间，但我不知道你需要与我交流多久"呢？

一位朋友和我说了她的一个故事。那时她大学毕业不久，去参加一个互联网行业论坛，有幸认识了几位大佬并加了他们的微信。但是当时的她不懂得拥有这么好的学习请教机会有多么幸运，白白浪费了向大佬请教的机会。她发了一个问题给大佬们，希望得到大佬们回复，但最后没有一个

人回复她。

她是这样问的：“× 总您好，我感觉最近自己太迷茫了，我该怎么办？”

你在看到这个问题时，是不是也会为年轻时的她的提问感到惋惜呢？一是没有明确具体想请教的问题，二是没有从对方角度思考问题，三是不知道请教的话语该怎么说。而且这个问题与互联网行业无关，大佬们平时日理万机，每天都会收到大量的消息，偶尔看到消息没有回复也是正常的，更何况是看到这样一条与自己无关的微信呢。

从利他的角度思考，你应该意识到自己在向别人请教的时候，不只是单方面在向对方索取时间，也要为对方提供一些时间价值作为交换，对方经综合考虑后会决定是否与你见面。

在向一位销售精英请教的过程中，我学会了一个巧妙的沟通方法。他为了约请一位重要的客户，虽多次被拒绝却依旧坚持，最终用实际行动感动了客户，客户答应给他 10 分钟时间介绍产品。他并没有用这 10 分钟介绍公司的产品，而是用这段时间介绍自己能为客户提供的 A、B、C、D 服务，这些服务可以帮客户解决什么难题。通过这个案例，我明白为什么他的销售业绩会做得那么好了：为客户考虑得如此周到，就近选择客户方便的地方，提出只占用客户 10 分钟的时间，对方也能有一些收获，为什么不见面呢？

从那以后，我也学会运用这个方法不断向身边的高手请教。他们有人教我如何应对公司的突发事件，有人教我做客户关系管理，有人教我财务知识……

三人行必有我师。向不同行业的专业人士请教，比起自己“摸着石头过河”的摸索式学习，确实节省了不少时间成本。而那些节省出来的时间成本，可以用来做其他重要的事情。他们在职场打拼多年，在各自领域不但能立足而且有自己的一席之地，肯定积累了一些做事的好方法。你只有虚心请教他们，才能领悟到这些好方法的真正精髓。

2. 表达感恩之情

在学生时代，你向老师请教一个问题后，会对老师说一句“谢谢”，感谢老师付出时间指导你。

走上职场后，你向专业人士请教，也应该用他们能接受的方式表达自己感恩的心。你要感谢他们愿意抽空指导和点拨你，才让你在短期内获得一些有价值的信息，少走了弯路。你不一定送贵重的礼物，请他们吃饭也不一定选高档餐厅，最重要的是在能力范围内表达你对他们的感恩之情。

我身边的一位创业朋友是这样做的：每次他想向专业人士学习的时候，先观察对方还缺乏哪一方面的资源，待把资源整理完毕再去请教。在请教过程中他会顺便说“我这边 C 公司的资源可以和贵公司合作，看看是否能帮到贵公司？”类似的话，如果对方有意愿和 C 公司合作，谈话结束后双方都会向对方表达感谢。用先付出再得到的思路请教专业人士，对方大都很愿意帮忙。

受身边朋友的启发，我现在遇见某个领域不懂的知识时，会虚心请教专业人士并为对方考虑。与对方交流结束后，我会用对方能接受的方式表达感恩。例如，我请教一位学者，会提前上网搜索他研究领域的相关书籍并购买阅读，待请教结束后，如果对方愿意，我会送几本他感兴趣的书作为礼物，以表达我的感恩之情。

只有懂得感恩，你才能越走越稳，越走越远。

3. 做现场记录并整理笔记

专业人士愿意抽出 30 分钟、1 小时的时间为你解惑，帮助你学习更多有用知识，帮你少走弯路，这是一件好事。但别因为高兴过头，忘记做笔记或摘要，过段时间再回想学到什么时，早已不记得当初对方分享了什么。

做笔记很重要。如果现场记录不下来，那就回家后安排 30 分钟的时间把对方讲的要点整理成笔记。如果现场能记录下一些关键词和金句更好，便于后续整理。

每次我向身边的专业人士请教时，都会随身携带工作时间管理本，在当天的那一页中，用“二等分”法则，在上半页做笔记，把底下留白的部分用来记录交流过程中的收获，我一般会用关键词和金句进行总结。等交流结束后，我回到家或办公室后，会用 30 分钟的时间把它们整理成一份笔记（电子版或者纸质版）保存下来。将来某一天我用到这些知识点时，按照日期查找，只需 5 分钟便可找到关键内容。所以在安排学习时间（请教）时，我会把这 30 分钟的做笔记时间也归入当天的学习时间规划中，而不必担心没有事先预留时间做笔记。

在请教时间里，我也会征求对方的意见，问其我是否可以做笔记，记录对自己有帮助的知识点，在得到对方的同意后我才记录；对方若担心我的记录会泄露个人隐私，我也会尊重对方的意愿。大家不妨在请教别人的时候参考这个方法。

4. 等价交换 / 溢价交换

什么是高手的时间等价交换？比如，对方一天 8 小时的工作时间薪水是 800 元，那么他每小时的工作时间价值就是 100 元。你向对方请教，占用了别人挣 100 元的时间，你是否能拿出某些能力让对方看到他值得放下挣 100 元的时间和你进行交流呢？换句话说，别人凭什么愿意花时间和你交流，是因为对方看到你身上有一些闪光点，也许将来能够互相帮忙、互相成就。

时间溢价交换是什么呢？对方每小时值 100 元，你每小时值 110 元或者值 90 元，你们的社会地位相当——都是在不同领域有一定成就的人，所以中间那 10 元的溢价时间对方不会太在乎，他愿意花时间与你交流，同样也看到了你的时间是值钱的。即使中间有溢价，但是对方知道他也能从你这里获取一些有价值的信息。

这就是为什么不同行业的专业人士之间更容易交流，你如果和他们差距太大，那么你们之间无法实现时间等价交换或溢价交换，所以对方不答应你的请教也是出于此。

明白这个道理后，你更应该做好时间管理，让自己在某个领域有一定的成绩、有可以拿得出手的东西，这样在与别人交换时间时，才能实现时间等价交换甚至溢价交换。

以上这四点，能够帮助你在学习时间里更好地请教别人，成为更好的自己。

让我们各自努力，在更高处相逢。

第6节 找到你付出学习时间的内驱力，并坚持下去

不少人在说“我太忙了，没有时间来学习”这句话时，很多时候是在找借口，因为他们没有找到学习的内驱力，觉得学习是一件令人痛苦的事情，所以不愿意安排自己的学习时间。学自己喜欢的知识时，你会安排时间学习，而面对自己不喜欢的内容就会一直拖延。

每个人的内驱力不一样，而内驱力会影响事情完成的结果。

其实做时间管理也是一样的，如果你找到自己的内驱力，就可以坚持下去把这件事做好。特别是在刚开始学习时间管理时，你需要大量的内驱力，驱动你坚持下去。

那么如何找到付出学习时间的内驱力呢?

1. 用最终想实现的目标倒推

你知道最终的结果是美好的，但过程很痛苦，此时就需要以结果为导向，不断激励自己坚持下去。

例如：英语四、六级的学习时间漫长，令人痛苦，有可能这个学期没通过，下个学期又需要花同样的时间和精力备考。既然一次、两次考试都痛苦，不如争取一次痛苦完，后面就可以不用重复花费时间备考。这样想了，你就找到了为四、六级考试付出学习时间的内驱力。再想一想，既然只想痛苦这一次，那长痛不如短痛，新学期开始就认真准备背单词。根据

目标总数分配，每天花 1 小时的学习时间背若干个单词，坚持 1 ～ 2 个月，就攻克了背单词这件痛苦的事。词汇量积累上去了，做四、六级模拟考题的时候就不会慌张，看到的词汇都熟悉，也能快速找到对应选项的答案。如此一步一步下去，你就会形成学习时间的正向反馈，渐渐摆脱原本的痛苦学习状态。

再比如，作为一名会计，考注册会计师证书很难，但是你知道通过这个考试后，你的职位和薪水会与之前的完全不一样，同时这也是一个新的职业发展机遇。既然你心中想实现这个有难度的学习目标，那就应该比过去花费更多学习时间完成它。既然最终的目标是通过考试，需要付出时间和精力，不如现在就开始准备。

这样即使每天再难、再累，心中都有一个重要的学习目标等待你去实现，你不会因为内驱力不足而轻易放弃，也更愿意花时间实现目标。

2. 先从令人愉悦的知识开始

从简单到复杂，能让你有一个快速启动学习的机制，从而不会导致学习一直拖延下去。

关于这一点，我最深的感受是：如果要我每天先学习数学，我很难坚持下去；但是如果先从外语学起，过段时间再学数学知识，我就会比之前多一些内驱力。

你可以用下面的方法安排学习时间，获得更多内驱力。如果每天有 1 小时的学习时间，可用前面 40 分钟学习那些能让你产生愉悦感的知识，后面 20 分钟学习那些对你来说有难度、你不愿意学习的知识。待适应一段时间后，再把时间调整为前面 30 分钟、后面 30 分钟；甚至可以调整为前面 20 分钟、后面 40 分钟。你能把这段学习时间高效利用起来，也能源源不断为自己提供内驱力，这样一来，学习的良性循环便开始了。

其实我们不必把获得内驱力这件事想得太复杂，只须调整好自己的心态，不逃避那些学习的困难，尝试着与它们握手言和。如果你实在坚持不下去了，在想要放弃的时候多想一想：自己为什么要花时间学习，如果现在放弃的话是否值得？当你把学习时间安排得井井有条，就能获得更多做时间管理的内驱力。

以前我是一个特别偏科的人，只学自己热爱的、感兴趣的知识。比如，让我一整天泡在图书馆里学外语没问题，但我看到一道较难的数学题就感到头疼，也不愿意继续学下去。我用这个方法，对外语学习和做数学题的时间做了调整，最初每小时用 20：40 的比例分配，到后来 30：30 的比例分配，再到最后 40：20 的比例分配，不断突破自我极限，认真学数学。在硬着头皮做数学题的这些时间里，我找到了方法和技巧，花费的时间也相对多了一些，渐渐有了内驱力，到期末考试的时候我的数学成绩竟然有了提升。如果当时不改变自我，我很可能就破罐子破摔，不愿意把时间花在学数学上，成绩最终也不会有任何提升，甚至从此对学数学产生厌恶情绪。

3. 通关后给自己奖励

每次通关后及时给自己一个奖励，让自己学习上瘾，从而愿意每天安排学习时间。

无论是电脑游戏还是手机游戏，它们都有一个共同特点——让人上瘾。为什么呢？因为你闯关一结束，会立刻得到一个奖励，让你获得足够的成就感，然后进行下一关挑战。所以你在玩游戏的时候总觉得太过瘾了，一直不愿意停下，哪怕在某一个关卡一直不能通关，也愿意花时间重复练习，直到通关为止。之前多次未通关并没有让你产生挫折感，是因为你有足够的内驱力，相信自己下一次能赢。当你最终赢得这一关游戏时，你会觉得自己是世界上最幸福的人，所有的努力都没有白费。

如果我们把玩游戏的这股劲儿花在学习上，那么我们的学习将会开启“外挂模式”。

你一直想每天安排30分钟的学习时间，实际却“三天打鱼两天晒网”，这次痛定思痛下决心要改变，不妨按照游戏里的闯关模式给自己设定学习时间。若每一个时间段坚持学习就有积分奖励，而这些积分可以兑换成物质奖励，也可以兑换成娱乐时间。每天坚持学习10分钟，就奖励10个积分；超过1小时，再额外奖励10个积分。开始时你通过闯关模式可以获得20～30个积分，到后面你能坚持的学习时间越来越久，直至超过1小时，总共可以获得70个积分。

若超过100个积分就可以兑换一个小礼物，或者兑换30分钟娱乐时间，在这段时间你可以尽情地玩手机、和朋友聊天或做其他你想做的事。你也可以选择暂时不兑换，把积分积攒到一定数额时兑换一个大奖品。这些积分规则完全可以根据你的个人计划进行更改调整，只要确保你每天都愿意花时间投入“学习闯关模式”。

为了获得更多积分，你每天都愿意安排学习时间闯关，随着时间的积累，你在学习这件事上变得越来越主动，便形成了一个良好的循环。

我是一个不爱玩电脑、手机游戏的人。有一天，我看到身边一位朋友花费了3个小时在某款手机游戏上，这让我有些费解。我问他：为什么如此喜欢玩游戏？他说因为能获得成就感（内驱力），每次通关就有一个新装备赠送给他，他想集齐这款游戏里的装备。后来我特意去研究了玩游戏成瘾背后的心理学，发现这样的激励模式可以用在做时间管理方面，培养时间管理的好习惯。

4. 告诫自己：不进则退

在职场上，如果你不愿意花时间学习，竞争对手就会超越你，你期待的升职加薪就都与你无关了。若你一直活在自己的小世界里，觉得当下取得的成就还不错，暂时不用花时间学习，那么你渐渐就会变成所谓的“井底之蛙”，只见眼前那片天空，而不知外面的广阔天地。

不想安排学习时间，就多想想你的敌人（竞争对手）吧！此时他们会怎么做？他们也和自己一样想偷懒，还是早已悄悄花时间学了更多知识？想不被替代和超越，就要不断挑战自己，花时间学习只是其中的一部分。你连这个部分都没办法完成，如何形成自己的核心竞争力呢？

知识不是等到有用的时候才去学，而是要先学习，在将来某个时间用到时才不会手忙脚乱。

我有一位在银行工作的朋友，他的业绩每年都能在公司排名前三，经过 10 年的努力终于成为一位中层领导。许多人羡慕他，殊不知他背后花了很多时间学习。他都学些什么知识呢？心理学、金融学、经济学、时间管理……现在他甚至学习了元宇宙知识。为什么要学那么多的知识呢？他告诉我，为了不被竞争对手取代。银行竞争激烈，谁业绩好谁就留下，胜者为王。所以不努力学习就等于退步。要保持排名靠前的业绩，就需要具备良好的客户关系，而客户的需求千奇百怪，如果你的知识储备量不够，就无法满足客户的需求，也无法做好客户关系管理。这就是他的内驱力。所以他每年都会安排时间学习新领域的知识，以便在和客户打交道的过程中更自信，最终取得客户的信任。

正是因为有敌人的存在，无论你是否愿意，都得花时间学习。

第 7 节　建立自我激励系统，培养持久力

在过去几年里，我陆续给一些企业、单位、学校做过时间管理的培训，学员们问得最多的问题是：

“我知道做时间管理的好处，可是我坚持不了几天就放弃了。怎样做才能一直保持做时间管理这个好习惯呢？”

“身边没有做时间管理的朋友，我也坚持不下去了。”

无论是“工作时间管理”还是“学习时间管理”，学员们都很想把这个好习惯坚持下去。出于各种各样的原因，他们半途而废。但是不甘心的他们，还是试图尝试重新启动这个计划。其实他们能行动起来就已经超越了大部分人；而没有坚持下去，是因为他们缺乏持久力。若把持久力渐渐培养起来，那么做时间管理就不会成为大问题。

如何培养持久力呢？你需要建立一套完整、详细的自我激励系统。

1. 从外界获得力量

让他人激励你，你获得正向反馈，就能够坚持做时间管理。你从他人、外界获得的力量越多，就越能培养自己的持久力。

回想一下，你对一个不会说话的小婴儿，是不是每次都会面带微笑、不厌其烦地一遍又一遍重复鼓励他说话，你甚至会像一台复读机一样，不停地重复“吃饭饭”“睡觉觉”等类似的叠词，目的就是鼓励小婴儿说话。

在这样的激励系统里，小婴儿感受到一次又一次的激励，在某个不经意的瞬间，他就学会说你教的那几个词了。

这就是来自他人的激励。

你还记得小时候被身边的朋友或者长辈表扬一句就能开心好几天的感觉吗？那时候外界只要激励你，你就能获得一份持久的力量。如今随着年龄的增长，对你而言从外界获得力量的门槛越来越高，可能一次表扬不会给你多少激励，只有多次表扬、甚至物质上的激励才能够给你力量，帮助你建立自我激励系统。

学生时代，在我刚开始学英语的时候，有几位老师夸我的英语学得不错，也许他们的话是无心插柳，但对我而言是一个很大的激励。每次学英语感到困难时，我都会想起老师说过的话，不断鼓励自己坚持下去，后来竟然学会了多国语言。如果不是当初无意中获得的激励，我很可能在学英语这件事上没有足够的力量坚持下去，也就不会有后面学习多国语言的故事了。

在获得他人的激励后，你更容易拥有持久力。你需要建立一个自我激励系统，从获得他人的激励开始，发展到能够自我激励。

比如，你规定自己“每天写 3000 字的文章，坚持 21 天有奖励”，可以提前把奖品买回来，交给朋友保管。如果你坚持完成了，朋友会把这份奖品给你；若没有完成，奖品就变成朋友的。无论你是否最终完成，至少有一个外界的力量会支持你把目标达成，能给你一些激励。况且就算最终没有完成，把奖品作为礼物送给朋友也是一件令人开心的事，朋友的激励和督促比自我鼓励更有意义。

做时间管理也是如此，如果你感到难以启动，不妨尝试让身边的人激励你。那么，如何让他人激励你做时间管理呢？最简单的方式，就是给他一笔 100 元的押金（可以自定义数额），每次坚持做时间管理 1 天就退回你 20 元，坚持做时间管理 5 天你就可以把这笔押金赎回。通过这套激励机制达成目标，想想都会觉得开心，你便会在他人的激励下开始做时间管理。

那么 5 天过后自己没持久力怎么办？不妨把时间延长一些，比如用 21 天、100 天把习惯培养起来，渐渐地，不用他人激励，你也可以完成得很好了。

2. 不断给自己正向反馈

每周记录做时间管理的成就感。

从开始时需要他人激励，到后来渐渐能自我激励，这就是一个进步。如何自我激励呢？方式多种多样，你可以用自己喜欢的方式。例如，你喜欢读书，可以在不同的阶段完成学习时间的管理后，买一些新书作为奖励自己的礼物。

我在刚开始做时间管理时曾不断激励自己，用积极的心理暗示自己一定可以成功的。我以 7 天为单位，记录自己做时间管理的成就感，坚持一年后我可以获得至少 50 个成就感（甚至更多）。每当我没有动力时，我就会去回顾这些成就感，告诫自己继续保持，从而获得做时间管理的持久力。

做时间管理，不能一直处于紧绷状态。

在自我激励的过程中，心情偶尔低落、松弛，这是正常的，不必自责。实在不想做时间管理，就换一个思路，尝试在空白纸上写写画画，等状态好一些再把落下的事情补上。

自我激励，除了精神的，还可以适当采用一些物质的。你可以自己绘制一个打卡表，以 7 天为一个周期完成目标，7×7=49 天为一个小周期，98 天为一个大周期，在大、小周期里用一些自己喜欢的物品奖励自己。

我曾经给自己订了一个“21 天每天坚持跑步 20 分钟”的计划，对于不喜欢跑步的我来说，每天跑 20 分钟是个很大的进步。第一个 7 天结束的时候，我奖励自己吃了一顿大餐；第二个 7 天结束的时候，我奖励自己一支名贵的钢笔；第三个 7 天结束的时候，我奖励自己一套精美的学习用品。

后来我发现自己不需要物质奖励也能坚持跑步了，因为每次跑步的时候，想想当天又能享受跑步带来的成就感，我都会感到无比开心。那段时间，身边的朋友都觉得非常不可思议：我居然开始跑步了，还每天坚持着。他们也好奇我背后的持久力从哪里来。其实，持久力源于内心的正向反馈，越激励自己，就越能获得快乐，越快乐地完成时间管理的待办事项，就越能拥有持久力。

自我激励不是打鸡血，也不是灌心灵鸡汤，而是有目标、有方法地行动。心灵鸡汤只能在短期内让你感到动力十足，过后很容易遗忘。唯有将方法论和实践结合起来，才能让你获得做时间管理的持久力。

3. 激励他人

激励他人也能使你获得持久力，并且拥有更多的正向反馈。

当你经历过前面两个阶段，直到把时间管理清单里的学习任务都完成，此时你或多或少都会有收获。你可以采用“激励他人”的方式，帮助更多人获得持久力。

我受身边一位前辈的启发，采用下面这种方式获得了更多持久力。

这位前辈是这样做的：他每次跑步结束后，都会在一个跑步微信群里打卡，并附上一句“寄语”。在 365 天里，他每天写的寄语内容完全不重复，而且从字里行间可以感受到他的真诚。一开始只有少数几个人回复他，后来越来越多的人回复他，并受他的鼓舞开始跑步。他用自己的实际行动激励他人跑步，微信群渐渐形成了一个良好的跑步氛围。大家也通过跑步这件事获得了一些正向反馈，并发到群里，这个群就变成了一个具有持久力的群。作为群成员之一，每当我想偷懒的时候，看到群里大家都在认真跑步和做记录，就会告诉自己不能轻易偷懒，要坚持跑下去。

我开始把自己每次跑步、读书的内容也分享到我的读者群里，并附上一段话。开始时只有少数人和我一样坚持跑步和读书，后来参与的人越来越多。我还会分享一些自己做时间管理的感悟。大家有感于我的知行合一，受我的激励，也开始认真做时间管理。

我在群里看到大家的改变，也从他们身上获得了更多的正向反馈，他们的行动也激励我更努力做时间管理，把更多的方法分享给大家。

通过“他人激励自己、自我激励、自己激励他人”的方法，形成一个可持续的、长期的激励系统，能帮助你长期获得持久力。希望你把这个方法运用到工作和生活中，帮助自己做好时间管理，同时也可以激励他人共同进步。

第 8 节　截止日期：帮你戒掉拖延的习惯，提高效率

一位朋友曾和我聊到“截止日期就是生产力”这句话，他说自己就是一个做事习惯拖延的人，在截止日期前总想着有足够的时间拖延下去，而快到截止日期的那几天，反而是他做事效率最高的时候，他总能在截止日期到来前把任务完成。但是他非常不喜欢这样的感觉，虽然每次都完成了任务，但整个过程处于紧张又焦虑的状态，吃不好也睡不好。

我提醒他，截止日期是一个好方法，只是他运用错了，其实不应该等到最后那几天才狂赶进度，而是知道做任何事都有截止时间，才要趁早完成。而且你在完成某个时间管理中的事项时，不应该只设置一个截止日期，你可以设置多个截止日期不断提醒自己，这样就不用到最后时刻才匆忙赶进度。

设截止日期，是为了让你知道这件事的重要紧急程度，而不是让你拖延到最后那一刻。比如，组长让你今天准备一份演讲材料，明天提交给部门领导，你通过设截止日期表明事情紧急且重要，故必须尽快完成；但如果组长只是让你准备演讲材料但并未说截止日期，或者 7 天后才截止，你就可以慢慢完成任务。没有时间紧迫感后，反而容易让事情拖延到截止日期。

那我们该如何科学运用截止日期，帮助我们戒掉拖延的坏习惯，提高效率呢？

1. 设定多个截止日期

根据目标设定多个截止日期，而不是只有一个截止日期。

每个人的学习目标、工作目标都不一样：有的目标比较容易实现，只要设定 2 ～ 3 个截止日期即可；而有的目标则需要花好几个月才能完成，此时只有一个截止日期就不合理。

比如，对于参加国内研究生考试的学习目标，只设置一个截止日期，也就是每年 12 月下旬的某一天。在新年开始的时候，你会觉得时间还早，年底才考试，还有大把的时间。但如果设置了多个截止日期，你就会发现原来学习目标需要花很多的时间，自己不抓紧时间学习就容易懈怠，特别是对于一边工作一边备战考研的人来说，与在校学生相比，他们少了许多备考时间。

你可以这样设定考研的截止日期：

截止日期一——3 月 31 日前，完成英语单词的一刷、二刷，完成学校和专业的选择，加强数学基础知识的学习和复习。

截止日期二——5 月 30 日前，加强政治和数学基础知识的学习和多次复习，完成英语听力和阅读的单项突破。

截止日期三——10 月 31 日前，完成各个学科的系统知识学习和复习，做几张模拟考试卷。

截止日期四——11 月 30 之前，把各个学科的真题做一遍，查漏补缺。

……

为了完成大目标，要通过设定不同的截止日期帮助自己克服拖延症，这样就不易感到慌张无措。如果你下半年才准备考研，那么即使天赋再高，也不一定拼得过那些很早就做准备的人。

不同的截止日期，能让你意识到每个月都要花费一些时间用在学习中。你在面临做“出去玩”还是“在家学习”的选择时，需要综合考虑利弊，否则很容易受到外界诱惑而把学习时间变成玩耍时间。

2. 截止日期搭配惩罚制度

如果你觉得只设置截止日期还不够，可以在此基础上增加一个惩罚制度；如果某项任务在截止日期结束时还没完成，可以执行惩罚制度。惩罚制度可由你自行制定，或者邀请身边的朋友制定，制定后要保证严格执行。

你可以这样设定：

第一次错过中间阶段的截止日期可安排一个小惩罚；第二次在原来的基础上惩罚力度加大一些，并提醒自己“事不过三”——后面不能再错过截止日期了。如果你觉得自我惩罚比较难，可以邀请朋友监督惩罚你。

我曾与15位朋友建立了一个微信群，每个人每周都要在里面发一篇原创文章，相互督促写文章，每周日23:00为截止日期。逾期谁没更新文章，谁就要主动发一个20元的微信红包作为惩罚，群里的所有人都可以抢红包。惩罚红包超过3次的人，就要主动退群。

开始的时候，大家都能按时提交文章，几天后就有一两位朋友没有在截止日期前更新，于是他们主动发微信红包作为惩罚。被惩罚过的人记住了这次经验教训，下次一般不会拖延。因为群里的督促效果比较好，所以大家几乎没有再发过惩罚红包，最终也没有任何人因为惩罚制度而退群。通过为期一年的实践，群友们都培养了每周写作的好习惯。有的群友写出了全网阅读量超过100万次的文章，有的群友出版了人生中的第一本书。他们都感慨，原来用截止日期搭配惩罚制度真的有助于高效工作。

后来这个微信群变成了一个“只有干货没有闲聊”的群，大家不会在群里多说话，似乎形成了默契，只是保持着更新。需要找某人聊天的，我们会单独私信，群里大家一直保持只发文章不闲聊的状态。甚至后来大家除了写作打卡，还把自己的日常学习情况在群里打卡，从而形成了一个良好的学习氛围。大家还会把一些非原创的好文章发到群里一起学习和交流。我也是在那段时间高效利用时间，每天工作完后心中都会有一个打卡的目标，把写作内容打卡发群里。

如果没有截止日期和惩罚制度，我们的微信群很有可能最终变成一个闲聊群，大家只会在里面聊一些无关紧要的话题。正因有惩罚制度，才会使群的氛围变得积极向上。后来大家线下交流时，纷纷感慨，惩罚确实能督促高效利用学习时间。

我也曾为截止日期焦虑过，但是使用这个方法后，把任务拖延到截止日期前一天才完成的情况就很少出现了。

3. 截止日期搭配奖励制度

有惩罚制度，当然也要有奖励制度，为了更好地在截止日期前完成任务，我们还可以搭配奖励制度使用，这样能让我们的学习时间更高效。

如何搭配使用呢？比如，你的目标是每个星期阅读3～4篇1000字的英语文章，以每周日23:00为截止日期，如果提前一天完成任务则奖励自己1个积分，提前两天完成任务则奖励自己2个积分，以此类推。越早完成学习任务，你节省的时间就越多，可以得到更多积分兑换自己喜欢的礼物。奖励和积分规则由你自己制定，在截止日期前越早完成任务，能获得的奖励就越多。何乐而不为呢？

如果你的大目标有多个截止日期，可以设定为不同的截止日期段，安排不同的积分和奖励，把积分累积到最后可兑换一个大奖励。比如，我在写这本书的时候，为六个章节的内容设定了六个不同的截止日期，如果每一章节完成的时间都在截止日期前，就给自己一定积分和一个小礼物作为奖励，等到最后完成的时候会给自己一个大礼物作为奖励。每当我想把“工作忙”作为借口不想写作时，就会想想我的截止日期，再想想我的奖励和惩罚，我更想获得奖励而不是惩罚，于是便督促自己不要偷懒，每天都要安排时间写作。

我给自己兑换的奖励物品一般是：自己喜欢的笔记本和笔、书和香水。我每完成一个截止日期的任务，就会从中挑选适合的物品奖励自己；若没有完成，就把惩罚红包发给微信群里的群友们。这样做对我挺有帮助，因为每次想拖延时都不敢最终决定，知道拖延所付出的代价是“失去奖励+惩罚红包”，既然付出的代价太大，不如认真完成该做的事。你可以用我的方法去实践，注意一点：物品是用来激励自己的，不是越贵越好，在能力范围内挑选真正适合自己的物品作为奖励即可，不要本末倒置，毕竟我们的目标是培养做时间管理的好习惯，而不是为了获得奖励的物品。

4. 让截止日期变成动力，而不是焦虑

人们在截止日期前感到焦虑，是因为花在这件事的时间不够多，或者觉得自己没有足够的时间做准备。如果你从开始到结束都能根据时间管理表把学习任务陆续完成，那么即使截止日期到了也会胸有成竹。

从现在开始，改变坏习惯，对一些简单的学习任务立刻就做，而不是拖延到最后一刻。把简单任务及时完成，就能留出充足时间给复杂的任务。将此方法搭配便利贴法、碎片时间法一起使用，效果会更好。比如，你昨天落下了 10 个英语单词，那么今天就在原来背 30 个单词的基础上把这 10 个单词加进去，而不要拖延到截止日期。因为接近截止日期，很可能会积累很多没背的单词，导致你背单词完全没有动力。

越提前完成学习任务就越好，一旦形成提前完成的习惯，截止日期就是件轻松的事。比如，本月的学习目标是读完 6 本经济学书，你提前半个

月就达成了目标，不仅能收获奖励，还培养了提前学习的好习惯，信心也会增加。下一次开始新目标时，也会更相信自己。

想象你提前完成学习任务的喜悦，想象你没有拖延到截止日期的模样。我时常会在需要完成大的学习目标进行时间管理时使用该方法。想象自己最终完成目标、甚至提前完成目标后被身边的朋友称赞，会感到无比喜悦。想象自己把任务拖延到截止日期的前几天，会焦虑得睡不着，因此不如现在就开始行动，以避免拖延和焦虑，迎接提前完成的时刻也在迎接喜悦。

不要总把时间浪费在“也许会延期”这件事上。有一些大的目标会让你产生压力，你总会给自己“延期”做心理暗示。消极的暗示过多，就会影响你的信心，让你把时间浪费在焦虑这件事上，最终导致你的目标真的延期。

下面是一个真实案例：

我的一位朋友决定考研。在第一年，她把大量的时间浪费在了“觉得学习时间不够，自己考不上”这件事上。结果，没有做几道考研英语题就开始胡思乱想，想来想去，大部分学习时间被她浪费了。在考试前的两个月，她对我说太后悔了，如果不把时间浪费在焦虑上，说不定早已把各个学科的知识点都掌握了。最终，第一年她没有考上，因为时间不够充分。第二年再战，她改变了方式，利用我推荐的“设置多个截止日期”的方法，把每个阶段的学习时间都安排好，果然减少了焦虑的时间。考试前，她的信心比上一次增强了许多，因为时间足够、准备充分，最终她考上了研究生，虽然没有达到理想的分数，但考上了一个她喜欢的学校。

其实我们在安排学习时间的时候，或多或少都会面临和她类似的问题，此时与其花时间焦虑担心，不如把时间用在学习上，认真准备相关的考试。同时，把最坏的结果也想好了：大不了明年再战。接受最坏的结果，然后做最大的努力，付出足够多的时间。

时间终究会给你答案。

本章详细介绍了“学习时间”的高效利用方法，分享了一些案例和实践体会。你可以和一位朋友共同使用本章的时间管理法，这样更容易相互督促，完成学习目标，高效利用每一天。

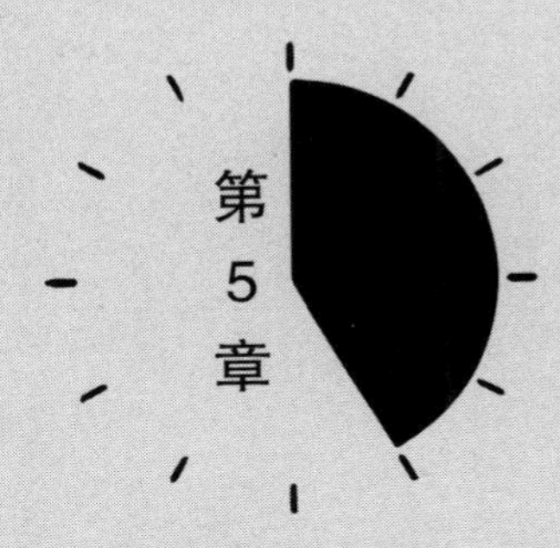

锻炼时间：拥有好身体才能更高效

第 1 节　做好精力管理，是安排好锻炼时间的前提

每个人的时间和精力都是有限的，因此需要做好时间管理，把有限的时间和精力用在值得做的事情上。

时间管理包括精力管理，精力管理属于时间管理中的一个重要部分。你或许有过类似的体验：你在某一天精力充沛时，总是能高效地处理各种各样的事情；而你在某一天精力不足时，如果不及时从外界补充能量，就会感到没有精神、效率低下，甚至容易犯错。即使你有充足的时间，若精力不够，也无法高效度过一天。

我们把时间花费在精力管理上，有了充足的睡眠和良好的饮食，再搭配上锻炼，就能拥有一个良好的精神面貌，支撑我们合理分配时间，完成众多的任务。精力不足时，锻炼也是有气无力的，即使你安排了每天的锻炼时间，但由于精神面貌欠佳，也达不到好效果。所以做好精力管理是安排锻炼时间的前提。

精力涉及你的体能、情绪、思维和意志。

本章将详细讲解如何通过管理锻炼时间来管理你的体能和情绪。

体能不足，工作没多久就会感到疲倦，无法完成既定目标。中考体育考试的目的是让学生的体能达标，这样才能有更多的精力学习。

情绪不好，或多或少也会影响我们的身体状态，一个人在大悲大喜的情况下身体很容易出现应激反应，比如肠胃不舒服、感到头疼等。在这样的状态下，你是无法专注工作和学习的，若长期被坏情绪笼罩，不仅会影

响你的学习和工作的效率，甚至会影响你的身体健康。

所以做好精力管理，让自己保持情绪稳定和体能达标，利用好锻炼时间，才能拥有好的身体，支持自己实现更多理想。

精力充沛一般是指：整个人看起来容光焕发，有精神，做事效率高，情绪稳定，不大悲大喜，能胜任一些高强度的工作。

手机和电脑都需要充电，以维持正常工作，更何况是我们的身体呢？我们的身体也要及时“充电”。精力管理就是合理保持身体的能量，你只有身体的能量够用，才能做好时间管理。

那如何给身体及时“充电”，做好精力管理呢？

1. 及时补充能量

疲倦是身体发出的信号，提示你应该进行相应的改变和能量补充，从而维持你身体的正常运行。比如，你感到肚子饿了是身体在提醒你该及时摄入能量。如果你没有吃早餐，那么学习或工作没多久便会感到饥饿；长期不吃早餐，你可能会饿得头晕眼花、身体出问题。所以你应该把每天都按时吃早餐加入当天的时间管理计划，并严格督促自己做好精力管理。

吃好三餐是保持精力充沛的一个重要环节。在认真吃早餐的基础上，你可以在时间管理本的“锻炼时间”一栏里增加一项“吃好三餐”任务。保证三餐的营养摄入，能使你拥有一定的体力和能量，为你高效利用时间打下良好基础。

尽量少吃外卖，有时间、有条件可以自己做饭吃，实在不方便，也可以吃一些轻饮食来搭配，比如蔬菜沙拉拌鸡肉。

如果你在办公或者学习途中感到困倦、想睡觉，不妨为自己准备一杯咖啡或茶，用来提神醒脑，这样也能让你拥有一定的精力，继续工作或学习。但是不建议每天喝咖啡和茶，只在疲倦的时候喝，因为长期喝咖啡、茶，身体会渐渐对它们产生依赖。如果你长期感到疲倦，那么应该把锻炼时间安排到每一天，犯困时可以做一些体育运动，而不是喝咖啡。有一些创业者习惯在每天上午工作前喝一杯咖啡，中午小憩一会儿或者到健身房锻炼，下午和晚上继续工作，用喝咖啡加锻炼的方式使自己整天都精力充沛。

曾经有段时间我因工作忙碌，每天都点外卖吃，以为这样能够节省时间，但长期吃外卖，我的肠胃感觉不舒服，整个人的精力也不足。外卖都是高油盐的食物，缺少维生素和蛋白质，且大部分外卖是用一次性塑料盒打包。我开始调整自己的饮食习惯，在营养师的建议下搭配蔬菜、水果和蛋白质，每天按比例称重、做饭菜。在时间充足的情况下，我每天会早起做好饭菜带到公司。如果时间不充足，我会选择几顿轻饮食，而不是油盐多的外卖。

我认真吃三餐的一个月后，身体明显感觉舒服了许多，整个人的精神面貌也好了起来。随后配合锻炼时间，我从 2019 年开始用 100 天的时间坚持健身，到如今整个人脱胎换骨。我还用一本“锻炼时间”的本子详细记录了 100 天里的饮食情况、做了哪些运动、喝了多少杯水、睡几个小时……我特意拍了 100 天前后的对比照片，通过精力管理和安排锻炼时间，我的生活发生了巨大改变，也能用好时间高效工作和学习。

身边的朋友看到那个本子，见记录得很详细，便好奇地问我：“丹妮，你是如何在忙碌的工作中抽出时间锻炼的？还能抽空做饭？”

其实，抽时间锻炼和好好吃饭并不难做到。没有时间做早餐，你可以选择用面包和牛奶代替；没有时间做午餐和晚餐，你可以提前 30 分钟起床做两顿非常简单的饭菜带到公司。

只有及时给身体补充能量，才能让我们精力充足，高效做时间管理。身体是革命的本钱。从今天开始，让我们把精力管理加入“锻炼时间”板块。

2. 保证每天睡 8 小时

你是否有这样的体会：以前上学的时候，哪怕是突然要熬夜赶作业、写论文，第二天依旧能精神饱满地学习；可工作后渐渐就变得“无法熬夜”，偶尔加班到深夜，第二天就会无法起床或精神状态欠佳，导致工作效率低下。

我不提倡你熬夜工作和学习，否则长期下去你的身体会出问题。做好精力管理的一个要点，是保证每天至少睡 8 小时，且尽量每天在 23:00 前睡觉。我们白天工作和学习已经很累，需要及时休息——在睡眠时间里身体可以获得自我修复，而把睡眠时间用在工作上属于透支健康，是不值得的。

我们可以向猫咪学习打盹儿，抓紧一切可以利用的时间休息。如果你觉得每天拥有 8 小时的睡眠是一件奢侈的事情，自己每天晚上只能睡 6 个小时，那么尽量在中午小憩 15 ～ 20 分钟，哪怕趴在桌子上休息，也胜过没有休息时间。在这一点上，我们可以向猫咪学习，它总是能够在任何时候说睡就睡。你也可以在乘坐交通工具时计算好时间，设定一个闹钟闭眼休息；到站前几分钟闹钟会响起，提醒你该下车了，也不会错过站点。我在出差的路上会抓紧一切碎片时间休息，比如在高铁上完成工作后闭眼休息。再比如，吃完午饭后有 15 分钟，我会闭上眼睛趴在餐桌上小憩一会儿，待闹钟响起后再去会议室开会。总之，身体得到一定时间的休息，就是在给身体“充电”；即便身体没有“充电”到满格，“充电”70% 也胜过只有 20% 的情况。

3. 合理面对压力，纾解情绪

你在面临巨大压力时，夜里会翻来覆去睡不着。情绪低落或高涨的时候，脑海里总想着一件情，把时间和精力都花在处理情绪上了，会导致你无法专注完成其他事情。所以，做好精力管理的另外一个要点就是保持良好的情绪，这样有助于你集中精力把时间花在刀刃上。

在某一天情绪平静时，你会感到当天的工作效率极高。可见，没有其他的情绪影响，能高效利用时间。

曾经有一段时间我晚上睡不好，导致精力不足，白天的工作效率也不高。由于第一次创业时合伙人没选对，导致我的情绪很低落，这件事短期内不能处理完，所以一直等事情处理完，我的情绪才平复下来。后来，我去杭州参加全国创业比赛，即使每天早出晚归，由于精力充足且情绪好，即使在外奔波一天，也不感到疲倦。两种不同的情绪会造成两种截然不同的状态。

我有一位“90 后”创业的朋友，是个管理情绪的高手。在工作和生活中，他的情绪都非常稳定，几乎看不到他发火、焦虑的样子，身边的长辈对他的评价都挺好。他由于情绪稳定、做事踏实，获得了许多合作机会。如果他经常发脾气，对员工随口大骂，那他的公司可能无法经营下去。他有一个招聘原则，只招聘情绪稳定的员工。他认为，员工在工作的时候情绪稳定，就不会影响工作效率。为什么呢？如果一个人情绪不稳定，工作期间由于自身问题被老板说了几句就哭一小时，甚至需要同事轮流安慰才能平复下来，那么他不仅会浪费自己的时间和精力，也会浪费同事的时间和精力。

你在感到压力大、焦虑时，要尝试控制自己的情绪，成为情绪的主人。

精力足够，锻炼也会更高效。仔细观察人们在运动前后的不同状态，你会发现：他们可能在坚持运动的过程中面部表情有些痛苦，但结束后通常都会充满喜悦，脸上露出笑容。这是因为运动给他们带来了快乐的情绪。快乐的情绪能感染人。如果是一群人在健身房跟着老师跳舞，结束后即使大汗淋漓，大家也会感到开心。你在不想学习、不想工作的时候，不妨站起来简单活动一下，给自己的身体“充电5分钟”，这样你就又可以有一些精力继续工作或学习了。

你能做好精力管理，就会觉得自己充满了能量，没有什么能干扰你学习或工作。在犯困、疲倦的时候，你可以喝一杯咖啡或者起身走动。在做好精力管理的基础上，结合每天的定时锻炼，你的精神状态就会调整到最佳状态。做好精力管理是安排锻炼时间的前提，在安排锻炼时间前先给身体“充电”，养精蓄锐后才能蓄势待发。

第 2 节　合理认识你的“舒适时间”和“恐惧时间”

坚持锻炼身体是一件不容易的事，你总是觉得时间短暂，加班到很晚，实在没空去健身房，更不用说跑步、打羽毛球了。

学生时代有体育课，老师会带着你锻炼；可工作以后没有人“督促”你锻炼，只能靠自觉。即使知道锻炼身体的好处很多，为什么你还没有动力呢？这是因为你触发了锻炼的“恐惧时间”。

锻炼时间分为“舒适时间”和“恐惧时间”。

想到运动过程中肌肉的疼痛，你容易陷入“恐惧时间”里，以致不愿意花时间锻炼。比如跑步 5 千米，对于不经常跑步的你，想到花 40 分钟的时间跑步，内心感到恐惧，这就是锻炼的“恐惧时间”。但如果你只是从座位上起立，简单活动肩背 3 ～ 5 分钟后可继续工作或学习，就会觉得轻松愉悦，也愿意花时间简单锻炼，这就是锻炼的“舒适时间”。

锻炼的“舒适时间”还包括：你过去已经掌握某一项运动，在短时间内能快速启动；你只愿意花有限的时间做单一的锻炼，却不愿意突破自我实现多种组合方式的锻炼。比如，你很喜欢打羽毛球，如果朋友约你一起打羽毛球，你便会欣然答应，不用花时间启动；但如果让你跑步，这是你不擅长且不喜欢的运动，你会花时间思考：到底今天要不要跑步？

如果你一直处于“舒适时间”，你的锻炼效果会非常有限，你也不会突破自我。你喜欢打羽毛球，但 30 分钟是锻炼“舒适时间”，超过 30 分钟就会让你感到恐惧、无法坚持。甚至在 30 分钟的羽毛球运动结束后，你不想再跑步 30 分钟，只想让自己停留在舒适区，这会减少许多锻炼带来的乐趣体验。我们在锻炼时间里如果想获得长久的快乐，就必然要经历短暂的痛苦。

正如运动员在训练时，不能单一训练跑步或高抬腿跳，需要在一段时间内做不同的动作，才能达到最佳效果。一个运动员擅长长跑，很有可能也擅长打羽毛球和篮球；踢足球的运动员可能还擅长单杠和双杠。运动不分家。你开始了第一项运动，待战胜恐惧后，就有可能开始第二项、第三项运动。你要有一项自己热爱的、擅长的专项运动，其他的运动可作为辅助项目帮助你达成锻炼的目标。长时间重复某项运动会让你的身体感到疲倦，精力也会消退。你在做某一项运动感到疲倦时不妨休息一下，或者换一项运动。

比如在健身房里，你很喜欢用肩背器械训练，但不喜欢用臀腿器械。如果一直处于“舒适时间”，你每次只练习肩背而不练习臀腿，那么全身的肌肉就无法得到完整的训练。教练会让你每周尝试使用不同的器械，比如今天花时间练习肩背，明天休息一天，后天又花时间练习臀腿，如此反复下去，全身肌肉才能得到锻炼，久而久之才会拥有你所期待的马甲线和腹肌。你身体各个部位的肌肉得到了充分锻炼，同时你也不会因为单调重复地做某一项训练而感到枯燥。

如何把锻炼的“舒适时间”和“恐惧时间”结合起来呢？你可以尝试以下方法。

第一阶段：先待在锻炼的“舒适时间”里，让自己获得锻炼身体的愉悦感觉，同时增加训练时间。比如你喜欢跑步，那么本周的锻炼时间可循序渐进跑 2 千米、3 千米和 5 千米，通过增加时间达成跑步的千米数目标，而不是只跑 2 千米就结束。你可以试着在喜欢的运动项目中做一些自我突破。

第二阶段：把锻炼的“舒适时间”和“恐惧时间”安排在一起，按照

80% 的“舒适时间”和 20% 的“恐惧时间”合理分配。你喜欢跑步却不喜欢跳绳，可在本周的锻炼时间里安排 5 天跑步和 2 天跳绳。跑步的千米数可保持不变，但跳绳的数量要逐渐增加。你也可以同时把跑步千米数和跳绳数量增加，实现时间总体增加。只有把“恐惧时间”延长，你才能在某项运动中突破自我，获得新成就。

第三阶段：50%“舒适时间”和 50%“恐惧时间”。你已经渐渐适应了这项让你感到有难度的运动，此时把两个部分的时间平均分配，可达到更好的效果。这个道理和运动员们的训练原理是一样的。一位运动员即使不喜欢跑步，只喜欢跳远，他依旧需要安排时间跑步，否则体能会跟不上，无法在跳远上实现新的突破。

通过这三个步骤，你可以循序渐进地实现锻炼目标，将一项自己恐惧的运动变成自己喜欢的运动。

对此，我深有体验。不喜欢跑步、只喜欢跳健身操的我，每周增加健身操运动，训练我的体能，一点点地把跑步时间增加，配合喜欢的健身操一起锻炼会容易些。在 100 天的锻炼时间里，我每天都安排跑步这段“恐惧时间”，渐渐培养跑步习惯。后来，每次启动跑步对我而言变得简单起来，我也在这个过程中收获了许多快乐。

那么锻炼的“恐惧时间”会不会有一天变成“舒适时间”呢？当然会。比如，你从前不喜欢跑步，这段锻炼时间就是你的“恐惧时间”，但是随着你把时间不断花费在这件事上，渐渐就能够把跑步这项运动完成得越来越好，每次启动它都不会感到困难，甚至到后来变得轻车熟路，那就成功把它由“恐惧时间”变成了“舒适时间”。此时你就可以选择下一个运动项目，开始新的挑战。

从 2019 年开始，我每年都会进行一项新的运动。我逐渐从不爱运动、跑 800 米都喘气的状态，转变为如今可以一口气跑完 5 千米的状态。这几年我学会了跑步、滑板、Zumba（尊巴）、拳击，精神面貌发生了巨大的改变。通过长期坚持锻炼，我的体能得到很大改善，不再像从前那样看起来软弱无力。身边的朋友们看到我的改变都很惊奇，以前是他们督促我锻炼身体，现在变成我督促他们了。

如果你也和我一样，曾是一个怕锻炼、不愿意花时间运动的人，不妨尝试把锻炼时间安排好，先做自己擅长的、喜欢的运动，再渐渐增加其他运动方式。

有的读者可能会对我感到好奇：未来几年里你还会继续学习新的运动项目吗？又怎么保持以前的运动项目不荒废呢？

我当然会继续花时间学习新的运动项目，在我的愿望清单里还有跳伞、室内攀岩、冲浪、潜水、滑雪等运动，只要时间和精力足够，我会继续挑战自己，每 2 ～ 3 年学习一项新的运动。与此同时，保持以前的运动项目不难，如果不需要大场地或者特定场景，你可以在锻炼时间里分批复习。但像潜水、冲浪这样需要特定场景的运动，长期不练习就容易变生疏。在当下，我尽量选择那些容易学会的运动项目，不容易学会的放在未来。在复习的时候，我会在本周安排滑板，下周安排跑步，再下周安排拳击，等等，在一个月内实现各个运动项目穿插着学习和复习，这样运动的趣味性也会增加。

锻炼身体，不是为了让自己成为专业的运动员，而是追求健康快乐的人生。建议大家根据自己的实际情况，选择一项喜欢的运动项目深入学习，搭配其他运动项目即可。

第 3 节　从“每天运动 10 分钟”开始

不少人都有这样的感觉：读大学的时候胡吃海喝、不运动，体型不会有大变化；而工作以后不锻炼、吃得稍微多一些就变胖，而且很难瘦下来。随着年龄的增长，身体的新陈代谢减慢，如果不合理饮食和锻炼，身体很容易堆积脂肪而变胖。如何科学合理地瘦身呢？

首先，刻意减少食物的摄入是不科学的。身体需要各种各样的食物以保持精力，如果食物摄入得少、营养不均衡，身体容易出问题。科学的瘦身方法是通过长期锻炼，让身体多余的脂肪“燃烧起来”，促进新陈代谢。无论你是否想瘦身，每天保持一定的运动量是很有必要的，这能让你的身体充满精力，更好地做时间管理。

在给企业做时间管理培训时，有学员曾问我：“徐老师，你平时工作那么忙，是怎么抽时间锻炼身体的？我看到你在讲台上站一天都不觉得累，好羡慕。”

其实我并没有什么秘密，如果说真有什么秘密，那就是我把每天的锻炼时间安排为“先锻炼 10 分钟再说”。曾经，我也因为工作忙碌而自动忽略锻炼时间，甚至把锻炼时间替换为工作时间，渐渐身体吃不消了。后来通过长期坚持锻炼，我的身体状况才好一些了，所以现在即使让我站在讲台上一整天，我也有活力。

腾不出时间锻炼怎么办？谁感到痛苦，谁就去改变。

刚开始，我也无法坚持每天锻炼一个小时，觉得去健身房锻炼属于浪费时间。于是我改变策略，从“每天运动 10 分钟”开始，并告诉自己，10 分钟之后不想继续运动就停止，但是这 10 分钟必须坚持下来。

为什么是从 10 分钟开始呢？运用“最小可执行方案”原理：把你定的大目标列出来，选择一个最小可执行方案，先完成它，通过时间的点滴累积渐渐可以把这个大目标实现。

如果你定的目标是通过锻炼瘦身 2 ～ 3 千克，初期看不到体重秤上的数字变化就很容易放弃。如果你选择最小可执行方案——每天锻炼 10 分钟，相对而言就会容易一些。我们在运动的时候，不要只盯着体重秤上的数字变化，而要去看花费的时间长短。

体重在短期内变轻了一点，这可能是因为身体水分流失带来的数字变化，而不是真正的脂肪“燃烧”了。与其一直盯着体重的变化，不如观察自己每天的锻炼时间是否足够，是否能看到体型的变化。

这 10 分钟该怎么锻炼呢？可以选择跳绳、跳舞或者跟着手机里的运动 App 活动。比如每周不同的 10 分钟可以这样安排，周一跳绳、周二尊巴舞、周三啦啦操、周四瑜伽……

有人会问：“每天只运动 10 分钟，真的会改变身材吗？”

当然会，只要你运动起来并坚持下去，就比那些不锻炼的人强。你也可以通过制订运动计划，拍运动前后的对比照片，观察自己的身材是否发生变化。比如通过坚持运动 50 天和 100 天时的拍照对比，你会发现自己的身材有变化。

如果你在最初执行运动计划的时候感到困难，不妨先跟着线上课程、线下教练运动。在执行“每天运动 10 分钟”这个锻炼计划时，我选择了线上的“100 天塑身课程”。这是一个打卡返学费的课程，只要坚持 100 天并上传自己运动的照片打卡，证明自己确实每天都在运动，100 天结束后可退回学费。我抱着试一试的态度每天安排 10 分钟时间锻炼，也想看看自己能否坚持到最后，即使不能坚持下去，花几百元的学费买一个健身课程也是不错的选择。

专业的健身教练每天都会安排不同的训练，每天运动 10 分钟，结束后即可休息。我不用担心动作的难度，因为都是很基础的动作，且不容易运动受伤，中间几天也会穿插一些健身舞蹈，让我感到训练的过程并不枯燥。最终，我挑战成功，不仅赚回了学费，还收获了好身材。

我以 10 天为一个周期，在 100 天内拍了 10 张照片，通过第 1 张和最后 1 张照片做对比发现：腰围明显瘦了一圈，整个人的精神面貌发生了巨大改变。从一开始的不相信每天 10 分钟的有氧运动能使自己变瘦，到最后自己不仅瘦了还变得有肌肉、有力量，这就是每天坚持锻炼给我带来的惊喜。

其他学员也晒出了自己 100 天前后的对比照，纷纷感慨“把时间花在锻炼上，确实有效果”。

你不必特意报名参加类似的课程学习，可根据自己的实际情况合理安排锻炼内容。即使工作和学习再忙，每天都应该安排 10 分钟的锻炼时间。

每天安排 10 分钟锻炼并坚持一段时间后，你可以在原来的基础上再延长一些时间。我现在要求自己每天的锻炼时间累计起来至少 30 分钟，有时候能达到 1 小时。

我是这样做的：

利用番茄工作法，工作 50 分钟，起身锻炼 5 分钟。这 5 分钟我会在办公桌前的小空间开始肩背活动。一些运动 App 里也有适合 5 分钟办公室放松的视频，不需要跑或跳，原地站立活动即可完成。每天的碎片时间活动只要累计超过 30 分钟，就可避免因久坐产生的颈椎和腰椎不适感。

安排 10 ～ 20 分钟的专注时间用于锻炼。比如中午小憩后，设定一个 10 分钟的闹钟开始有氧训练。晚上加班的时候，饭前再设定一个 10 分钟的锻炼，结束后即可精神饱满地继续加班。

如果加上碎片时间，当天累计共有 50 ～ 60 分钟的运动时长。通过每天锻炼，不仅避免了久坐带来的不适感，也让身体和大脑得到放松，劳逸结合。

在此基础上，我每周安排时间做器械训练和跑步训练。每周至少 3 次，每次 20 ～ 30 分钟，按照最少运动时间计算，我每周安排的锻炼时间至少有 20×7+20×3=200 分钟（实际时间更多）。

以下是我的锻炼时间安排：

周一：10 分钟健身操 +5 分钟 ×4 个碎片时间肩颈放松。

周二：10 分钟舞蹈 +10 分钟跳绳。

周三：10 分钟舞蹈 +20 分钟慢跑（2 ～ 3 千米）。

周四：10 分钟跳绳 +20 分钟无氧器械训练。

周五：10 分钟健身操 +5 分钟 ×4 个碎片时间肩颈放松。

周六：30 分钟户外跑、快走，或 30 分钟无氧器械训练。

周日：10 分钟健身操 +10 分钟拳击操 +10 分钟肩颈放松。

尽量让每天的锻炼时间都超过 10 分钟，不同的运动项目搭配进行。

我把锻炼时间分解成一个又一个 10 分钟后，锻炼这件事就变得更容易启动，且充满了乐趣。我把这个方法与身边的朋友分享，受我的影响他们也开始了各自的锻炼计划，几个月后他们也感受到了身体发生的变化。从此大家相互督促，每天都会安排至少 10 分钟的时间做一些简单的运动。

一些许久不见的朋友见到我时不禁感慨，夸我整个人看起来和过去不同了，不仅瘦了，准确地说是变得更精神了。

要追求有力量的美，而不是看起来很瘦的美。瘦并不是一件好事，不要刻意为了追求瘦身效果而本末倒置。锻炼身体，是为了让你生活得更好，其次才是拥有好身材。

我现在每天依然在坚持至少锻炼 10 分钟，哪怕不想跳舞、不想跳绳，也会跟着视频练习 10 分钟的“八段锦”，避免久坐。我每周会跑步 2 ～ 3 次，每次至少 2 千米。不要把锻炼身体当作一项很难完成的任务，要把它培养成一个习惯，就像每天都要刷牙洗脸一样。

锻炼对我而言，是一件很快乐的事。我的下一个锻炼目标是拥有马甲线。希望你通过每天安排 10 分钟锻炼时间，渐渐享受到运动带来的快乐。

第 4 节　3A 法则，助你启动每天的锻炼时间

学会了前面的方法，或许你还是会觉得启动锻炼时间有些难度。其实有这样的感受是很正常的，人性里面天生就有懒惰的部分，要克服懒惰、战胜拖延需要方法。

接下来的锻炼“3A 法则”，能助你启动每天的锻炼时间，把计划执行起来。锻炼“3A 法则”是：接受（accept）、优势（advantage）、行动（action）。

1. 接受

接受，即接受你的身材现状，接受你每天都要安排时间进行锻炼这件事，不要逃避和焦虑。每个人或多或少都会有身材焦虑，即使是身材很好的人，也会在照镜子的时候觉得自己的身材比例不够完美。但是如果过多为自己的身材焦虑和担心，就远离了我们安排锻炼时间的初衷。

接受自己身材的不完美，不要刻意为了追求完美身材而焦虑，胖一点儿或者瘦一点儿都没关系。

你如果每天只是想着要锻炼身体，却不安排时间执行，即使锻炼时间安排得再完美也无济于事。在不想锻炼的时候，你要问自己：打算一直处于亚健康的状态，还是尝试改变，使自己拥有美好的身材和健康的身体状态？仔细思考后，你会更愿意锻炼身体。

接受自己每天安排锻炼时间这件事，从换上运动衣服开始。让你立刻开始运动可能不容易，但是让你换一身运动衣服相对简单一些。哪怕你换了衣服后不运动，也可以给自己心理暗示：晚点再运动也行。不要脱掉这身运动装备。这和我们穿着睡衣在家办公的状态一样，睡衣总让你觉得自己处于居家的状态，不容易进入办公状态。当你换上一身西装、职业装，收拾好时，即使居家办公，也会感受到像在办公室一样。当你觉得不容易安排锻炼时间时，不妨换上运动衣服、穿上跑鞋改变自己的状态，让自己处于一个更容易接受锻炼的状态中。

当你换上运动衣、跑鞋后，可以让自己接受的改变再多一些——启动 1 分钟热身运动，告诉自己先简单热身 1 分钟，活动一下身体。热身准备结束后，你会产生愉悦感——原来锻炼比想象中要容易一些，并不需要安排太久的时间。

我每次不想锻炼时就会这样做，即使换上跑鞋不想跑步了，也会下楼走几圈。我不断告诉自己，既然已经花时间换衣服了，不妨再花几分钟时间在院子里走动走动。你定的目标是跑步 2 千米，但最终只是走了 2 千米。即便如此，也胜过一直宅在家里，躺在沙发上打游戏。

我在家里写作的时候也会穿插锻炼时间：午饭后下楼走 15 ～ 20 分钟，在呼吸新鲜空气的同时也实现了锻炼。

2. 优势

分析自己在不同的锻炼项目中的优势有哪些，保持自己的优势，能为自己增强信心。每个人在不同的运动项目中都有优势和劣势，而且需要通过实践发现自己擅长的锻炼项目。保持自己的锻炼优势，不断付出时间，你会获得更多自信，也会更好地启动新的锻炼项目。

你要找到自己的锻炼项目，不断花时间将其培养为你的兴趣，为自己增强信心。2021 年我开始尝试健身舞蹈。此前我一直认为自己不喜欢也不擅长跳舞，每次跳舞都感觉手脚不协调，跳出来的动作很僵硬。这也导致我一直都不敢尝试学任何类型的舞蹈。

直到有一次在健身房参加团课训练时，一位尊巴老师带着我训练尊巴，我才发现自己原来也是喜欢跳舞且能跳好的。健身舞蹈带给我许多信心，也渐渐成为我启动锻炼时间的一个理由。每当我想偷懒时，就会用尊巴舞启动锻炼，跳舞 10 分钟再进行其他运动，一般都能坚持 30 分钟以上。

发现自己的优势项目，能让你更快进入锻炼状态。

3. 行动

接受现状并分析自己的锻炼优势后，就要不断调整，如果在尝试了一些锻炼方式后，发现有的不适合自己，那就重新选择。接受自己擅长和不擅长的项目，把锻炼优势发挥到极致。比如跳远这项运动，我在尝试多次后发现自己并不擅长，与其纠结要不要继续，不如尝试换个新的运动项目。于是，我尝试跑步。当我跑起来后，整个人变得有精神；再加上尊巴舞蹈，每天安排两项运动。如果某天工作实在太忙导致我没有时间锻炼，我会觉得整个人都不舒服，似乎缺少了什么；第二天把缺失的运动时间补上了，我又会觉得很开心。

如何通过时间长短判断自己是否真的擅长某项运动呢？通常，培养一个运动习惯后，再去增加另外一个运动习惯，把这段时间内运动的时长累计起来，知道自己在不同的运动项目上大概花了多少小时，再判断自己是否擅长。

例如，我发现自己不擅长跳远，更适合跑步，因为每次花 5 分钟的时间练习跳远会感到累。跳远运动靠的是腹部和腿部力量。但跑步 5 分钟，我就不会感到累，觉得跑 5 分钟是一件容易的事情。等我全身肌肉训练到一定程度后再跳远或许会更好。所以适当更换运动项目是一件好事，应该把时间花在更适合自己的项目上。

锻炼时间的长短可作为衡量某项运动是否真正适合自己、自己是否擅长的一个标志。

还有另外一种情况。你自己很喜欢某项运动，即使在既定时间内完成，你还是愿意多花一些时间继续进行此项运动，说明你比较擅长这项运动。比如，我觉得自己擅长跳健身舞，因为每次花 30 分钟跳完几支后，还想继续跳下去，甚至跳一个小时也不会感到累。通过观察自己愿意进行这项运动的时间长短，可判断自己是否擅长它。你越愿意花费时间在某个项目上，就越有可能把它变成自己擅长的项目。

如果你平时每周都有跑步的习惯，在保证安全的前提下，可以增加几项你不敢挑战的运动项目。每一年都给自己定个新目标，走出舒适区后你会发现运动能给你带来更多成就感。

“3A 法则”可以更好地帮助你启动锻炼时间，让锻炼变成生活中一件容易启动的小事。不要和别人比，而要和过去的自己比，只要自己通过锻炼取得了进步，就是好事。

第 5 节　把锻炼时间和金钱做等价交换，每次锻炼就是在赚钱

上学读书的时候，你用时间换取知识；毕业工作后，你用知识和时间换取一份金钱回报（收入、工资），有稳定收入，能独立生活得更好。

如果你把锻炼时间也和金钱做一个等价交换，就会发现：自己每一次花时间锻炼，都是在为自己赚钱。

怎么换算呢？

比如你大学刚毕业月薪是 3000 元，每周工作 5 天，每天工作 8 小时，周末双休，假设周末不加班或者没有加班费，每月工作 20 天。那么你一个月的工作时间是 160 小时，你平均每个小时的工作收入是 18.75 元。

这 18.75 元，就是你每小时的“时间成本”。

如果你每周能用 3 小时进行锻炼，那么你的时间成本是 $18.75 \times 3 = 56.25$（元）。如果不花 3 小时锻炼，而是把时间花在玩游戏上，你就损失了 3 个小时的时间成本，间接损失了 56.25 元，甚至需要花更多钱购买游戏装备。

让我们再算另外一笔账：你每月收入的 3000 元里有 800 元用于租房，每天需要花 2 小时通勤；但如果用 1600 元租房，步行 15 分钟到公司，每天通勤时间来回 30 分钟。你是否愿意每个月多花 800 元的房租，从路程远的地方搬到距离公司近的地方呢？

看似做金钱的选择，其实背后是做时间花费的选择。

我们再详细计算一下。

如果你选择花 800 元租房，每天用 2 小时通勤，每小时的时间成本是 18.75 元，$2 \times 18.75 \times 20 = 750$（元）。再加上 800 元的房租，其实每个月花了 1550 元。

如果你选择花 1600 元租房，步行 15 分钟到公司，每天通勤时间来回 30 分钟，你一个月的时间成本是 $0.5 \times 18.75 \times 20 = 187.5$（元），房租需要 1600 元，加起来是 1787.5 元。

$1787.5 - 1550 = 237.5$（元），你每个月实际节约的时间成本只是 237.5 元，却浪费了大量的时间在通勤上。选择在公司附近租房，每天还能多出 1.5 小时的自由安排时间（通勤 2 小时减去通勤 30 分钟），何乐而不为呢?

通勤时间越长越容易感到疲倦。每天通勤 2 小时和每天通勤 30 分钟，长期坚持下来，整个人的状态都会不一样。况且走路的 30 分钟就是锻炼时间，甚至可以跑步上下班，早晨也可以多睡一会儿。给自己充电，就是间接在为自己赚钱。节省出来的通勤时间即使不用来锻炼，你也可以把它们充当自我提升时间、工作时间或者学习时间，都能在有限的时间里创造更多的价值（学会新知识、提升工作技能），帮助你在未来赚更多钱。

再打个比方。假如你很喜欢的一部手机值 8000 元，可只使用了一年。一年的工作日大概是 250 天，相当于你每天为这部手机花费 32 元。你每小时的时间成本是 18.75 元，所以你每天为了这部手机需要多工作 2 小时。你是否愿意花时间进行等价交换?

当你学会计算时间的价值后，就会做出更理智的选择。用同样的方法计算是否愿意花时间锻炼，相信你会更容易启动锻炼时间。

以上这些分析是为了帮助你懂得计算自己的时间成本，使你在做决策的时候变得更理性，而不是跟着自己的感觉走；也使你更好地衡量一件事情是否值得做，某些物品是否值得你付出。

每天拥有累计一个小时的自由安排时间，你如果愿意把它花在锻炼身体上，长期坚持下去就会拥有好的身材，体能也得到了提升。此时你的时间成本等价交换，间接等于在为自己赚钱。如果长期不锻炼，随着年龄的增长，身材渐渐走样，以前合身的衣服已不适合自己，你需要花更多钱购买一些新的衣服，无形中为了这笔开销，你需要花费更多时间挣钱。原本这些时间可以花在锻炼身体上，使你拥有较好的身材和体能；这笔用来购买衣服的钱，还可以花在自我提升上，让你能通过学习知识赚到更多的钱。

这还不算花时间锻炼带来的其他好处，比如：让你拥有更好的精神面貌，拥有几项新的运动爱好，结交新朋友……仔细计算后，你就会体会到每天安排锻炼时间能让你受益匪浅。

如果你在某项运动上保持一定的水平，那么完成这项运动对你来说会渐渐变得容易，说不定还能给你带来通过副业赚钱的机会。比如，在健身房里教我跳尊巴舞的老师就是一位兼职教练。她的主职工作能给她带来一笔稳定的收入，业余时间在健身房带团课也能增加一笔副业收入。用锻炼时间赚钱，一举两得，副业赚钱和锻炼身体一起完成。她长期练习尊巴舞，渐渐取得了一定的成绩，大家也认可她的舞蹈教学，因此她的课程很受学员喜欢。渐渐地，她在全市不同的健身房开展尊巴舞蹈教学，逐渐使副业收入超过主业收入。每天把锻炼时间和工作时间相结合，可同时翻倍赚钱。

发现时间的价值，通过与金钱等价交换，你更容易在做决策时保持理智。

在工作压力很大的情况下，更要安排锻炼时间给自己排解压力。在运动的时候，你的身体能分泌多巴胺。多巴胺能让你产生快乐的感觉，这也是为什么每次运动结束后总会感觉心情愉悦。所以在每天的时间管理表中，建议你至少安排 10 分钟的锻炼时间，让自己或多或少产生一些快乐的多巴胺。

下面换一种方式计算你的时间，看看是否值得每天都安排锻炼时间。

一天 24 小时，除去睡觉的 8 个小时和工作的 8 个小时（不算加班），通勤和吃饭累计至少 2 ～ 3 个小时，每天留给你的可自由支配的时间最多 5 个小时左右，减去学习、加班、自我提升时间，留给锻炼的时间寥寥无几。如果你在剩下的可自由支配的几小时里再不安排锻炼时间，长期高强度、高压力的工作会使你的身体吃不消的。

"腾不出时间锻炼，迟早得腾出时间去医院。"

这句话我经常对自己说，特别是在不想锻炼的时候。我常常这样想，每次锻炼都愿意再多花时间，以保持良好的状态。你无法避免生病，但有时间、有条件锻炼时，多花时间投资自己的身体健康总没错。

有段时间我经常伏案工作。有一个项目很重要，我总想抓紧时间完成它，就把锻炼时间安排给了工作，想着完成工作后再好好安排时间锻炼。结果还没等这个项目完成，我的身体就吃不消了。长期伏案工作使我的颈椎和肩膀感到越来越痛，眼睛因长时间面对电脑感到干涩。我不得不暂停手中的工作，去医院做肩颈放松治疗，直到它恢复正常为止。

现在想想，当初的时间安排不够理智，应认真计算，把时间花在锻炼上，才是让我拥有更多工作时间的基础。如果那时明白这个道理，懂得把时间与金钱等价交换，就不会把锻炼时间替换为工作时间。工作永远做不完，但健康是自己的，失去了就不再拥有。

健康是数字"1"，金钱、美貌、房子、车子等是数字"0"，没有前面的数字"1"支撑，即使拥有再多的"0"也无济于事。

如今你每天都愿意花一点儿时间用于锻炼，就能"赚"到一个较好的身体、拥有良好的精神面貌，这些都是拿金钱无法买到的。

如果你每天愿意用至少 10 分钟的时间锻炼，坚持一个月后就会拥有更好的精神面貌。每天 10 分钟、一个月 30 天，锻炼时间就是 300 分钟（5 个小时），和过去不爱运动的自己相比，锻炼时间已经增加许多。

不同的选择意味着获得不同的时间价值，做好时间的等价交换，做自己时间的主人。

从今天开始，认真计算你做一件事情的时间成本，你就能做出更理智的选择，也会更明白做对选择会有哪些更好的机遇。

生命在于运动。愿你拥有更多锻炼时间，拥有健康的身体。

第 6 节　锻炼时间与工作时间、学习时间的叠加使用

每天的工作结束后，留给自己自由安排的时间已经很少了，如何把锻炼时间、工作时间和学习时间叠加使用呢？

时间越少，越应该叠加使用，以提升做事的效率。本节学习如何把时间叠加使用，助你每一天都能平衡好工作时间、学习时间和锻炼时间。

1. 锻炼时间叠加学习时间

无论你是学生还是上班族，都可把这两个时间在每一天中叠加使用，把 1 小时变成“2 小时”。

把每天的锻炼时间和学习时间安排在同一个固定时间段，此时的学习内容不宜太难，可用这段时间学简单知识或复习所学知识。

比如，作为上班族的你，住所距公司 5 千米，每天 9:00 到公司，可把原来开车上班的方式变为骑自行车上班。骑车路上，把耳机调整到适度音量，可以听英语、新闻等，把锻炼时间和学习时间利用起来，同时可避免早高峰堵车的影响。

不改变出行的交通工具也没关系，你可以利用下班后的时间把锻炼时间叠加学习时间使用。例如，每天晚上加班，安排 10 ～ 20 分钟的时间打开手机健身 App 锻炼，同时用蓝牙音响播放一段你感兴趣的内容，一边听一边锻炼也能实现两种时间叠加使用。

为了避免声音相互干扰，影响收听效果，你可以这样做：

首先，把健身视频里的背景音乐的音量调小，把听力的音量调大，分出主次。其次，你选择的学习内容不宜特别难，不要影响锻炼，比如听一本简单的书、一段今日新闻、一段能听懂的外语听力，这些都比较容易。听的过程也是在不断给自己"磨耳朵"，在锻炼时间多次重复听这些内容能渐渐把它们记住。

我在家健身时，会铺上瑜伽垫，跟着手机视频一起练习瑜伽，同时用蓝牙音响播放英语听力"磨耳朵"，如果听力结束了，就播放今日新闻。在有限的30分钟里，我把原本需要30+30=60分钟完成的两件事情，叠加在同一个时间段内使用，实现了30分钟变1小时的效果。

当然，并不是所有的时间都可以叠加使用，我们要有选择、有区分地使用不同的时间。

如果你早上安排了锻炼时间，可以搭配轻松的内容学习，锻炼结束后更能让你活力满满地开启新一天的工作和生活。如果你晚上安排锻炼时间，可以搭配让自己放松的内容学习，这样可实现锻炼时间叠加学习时间的效果，同时让自己身心愉悦。

作为学生的你，可利用每周跑步的30分钟时间，戴上耳机一边跑一边听英语听力、英文歌等，实现锻炼时间和学习时间的叠加，这样既可抓紧时间锻炼身体，也可让英语得到复习，把30分钟变成60分钟。注意调整耳机的音量大小，不要让耳朵受不了。

如今我在跑步时也会听新闻、外语听力，不仅实现了锻炼时间和学习时间的叠加，也能及时获得新的资讯。身边一些朋友好奇我如何在工作忙碌的情况下还能学新知识，背后的秘密就是学会时间的叠加使用。

2. 锻炼时间叠加工作时间

工作的时候不是需要专心致志吗？怎么能一边锻炼一边工作呢？实际上，一些工作需要我们专注，也有一些工作时间可以叠加在锻炼时间里。

哪些工作时间可以叠加锻炼时间呢？

在外出差的工作时间、回客户电话的时间、坐在椅子上休息 50 秒的时间……这些能让你短暂起身锻炼的时间，都可以在工作时间里叠加使用。

（1）在外出差的工作时间。在外出差的工作时间比在办公室内更好安排时间锻炼，因为在路上的碎片时间可用于锻炼，如出差在飞机上、高铁上和在室外等场景。我们可以在工作间隙做一些简单的活动，以达到锻炼的目的。你可以在候机、候车的时候，起身做几组肩背或全身运动；也可以在乘坐长途高铁的时候在车厢里轻声来回走动，做几组肩颈放松运动；也可以在完成工作后的 5 分钟里做一组深蹲动作……总之，你可以根据自己的喜好，在不同场景下安排不同的锻炼项目，注意控制好时间即可。

你也可以在回到酒店休息时，在房间里做一组放松运动后再工作。我每次出差的时候都会用出差的碎片时间锻炼，比如在房间里做 5 分钟肩背训练，或在酒店旁的公园跑步 2 千米。只要有适合运动的环境出现，我就可以随时随地锻炼身体。出差很辛苦，需要耗费大量的体力，身体更容易感到疲倦，而锻炼有助于缓解疲倦。

出差的时间安排相对灵活，可把锻炼时间和工作时间叠加使用。

（2）回客户电话的时间。回客户电话时你可以戴上耳机，把手机放入衣服口袋里，这样做能把双手空出来做一些简单的肩背锻炼。回复完电话后，可以起身去公共空间，花 3 分钟时间做一些绕肩、灵活肩颈的动作。回电话这项工作可以让你起身走动，让身体得到放松，避免久坐带来的不适感。这也是把锻炼时间和工作时间相叠加的一个方法。

你可以在与客户通话结束后，留出 30 ～ 60 秒做一组简单的广播体操或者类似动作，让自己的身体短暂放松，再介入下一项工作任务。

（3）坐在工位上休息30秒。你虽然不能离开工位，但至少可以原地活动肩颈和腿脚，30秒结束后再工作。你不要觉得不好意思或担心其他同事用异样的眼光看你，这样能使自己的身体得到短暂放松。30秒的时间不会影响你完成工作。不要大幅度运动，以免影响其他同事。如果你可以离开工位几分钟，建议起来走动一下，面对电脑久坐会伤害你的身体。

以上都是锻炼时间叠加工作时间的方法。

我们的工作时间里能用来锻炼的时间很短暂，不适合做大量运动，且运动后大脑易处于兴奋状态，会使你无法快速静下心来工作。

一些公司鼓励员工自己安排每天工作期间的锻炼时间，还在公司里设置了健身区域供大家使用，里面摆放着一些健身器械、跑步机和椭圆机，员工可以在弹性工作时间内，自由安排时间使用。这类公司大多是互联网公司，因为员工经常加班，公司给员工提供健身服务，也鼓励员工学会平衡工作时间和生活时间。这些公司大多推行弹性工作制度，员工可以自由安排工作时间，但要保证完成当天的任务。

如果公司不具备这样的条件，可以在公司附近的健身房健身。健身时间可以安排在中午，休息15分钟后去健身房锻炼30分钟，以保证下午有好的精神状态。

工作时间叠加锻炼时间不是要求你暂停手中的工作，而是要学会巧妙利用一些时间和方法，在有限的时间最大化地做一些简单运动，让身心得到放松，使工作效率更高。

我工作特别忙时，如果一天中无法抽出完整的30分钟用于锻炼，我会选择带电脑去健身房工作，利用时间管理的番茄工作法，工作1小时后起身锻炼10分钟，又继续工作1小时，用该方法实现工作时间和锻炼时间的叠加。作为创业公司的创始人，我使用锻炼时间叠加工作时间的方法，能保证每天在完成工作任务的同时也锻炼了身体。如果我某一天不锻炼，一直坐着工作，第二天肩膀和颈椎就会感到不适，正是因为把锻炼时间和工作时间叠加使用，才保证我在高强度工作中拥有足够的精力。

我也期待未来在自己的公司里有一片健身区域，带着团队的成员一起认真做时间管理，好好工作，好好锻炼身体。

希望你可以根据自己的实际情况，把工作时间、学习时间与锻炼时间叠加使用，合理安排时间，把 30 分钟变成 60 分钟。从今天开始，不要再说“自己工作太忙，没有时间锻炼”之类的话了，时间就像海绵里的水，挤一挤终究还是有的，实在挤不出来，也可以叠加使用。

工作、学习和锻炼身体可以兼而有之，尝试把时间叠加使用后，你会打开时间管理的一扇新窗，看到不一样的风景。

第7节　张弛有度，锻炼时间搭配饮食和睡眠

你把锻炼身体变成每天的一个习惯后，就可以对锻炼时间再升级，增加难度。这次升级你要张弛有度，在锻炼时间里不仅要运动，还要管理自己的饮食和睡眠，实现全面管理。就像电脑软件一样，定期升级性能才会越来越好。

科学锻炼身体＝饮食＋运动＋睡眠＋养生。如果都能做到，坚持下去，它们会给你越来越多的正向反馈。

1. 饮食

我一直坚持锻炼，希望自己身体健康。我健身一段时间后开始调理饮食，每天在锻炼的同时也做饮食结构调整。

什么才是真正的爱自己？是像广告里说的那样，对自己好一些，买贵的护肤品，还是去高档餐厅吃饭、打卡、拍照？爱自己的方式很多：你可以化妆打扮自己，也可以在能力范围内买自己喜欢的物品。但真正爱自己是从饮食开始的，当你的食物精良且有营养，加上每天运动和保持规律作息，你会发现自己的身体正在渐渐变好。健身、阅读和学习，不断充实自己的生活。

我做过一个实验：用100天的时间，每天健身，搭配调整饮食。实验结束后，有非常好的效果。和过去比较，我不仅身体变得有力量，饮食结

构也变得合理。在健身的那 100 天的时间里，我还学习了科学饮食，掌握了健康的生活方式。

我一直想学营养均衡搭配的知识，但由于没有制订详细计划，在忙碌的生活中，这件事渐渐被我遗忘了。有一次，我看到“锻炼 + 饮食 100 天”的课程，很感兴趣，便开始每天学习科学饮食知识，从挑选肉类、鸡蛋、全麦面包到如何花 5 ～ 10 分钟做一顿可口的简餐等，轻松又有趣。

有人觉得自己做饭太浪费时间。我曾经也这样认为，从洗菜、切菜到炒菜，吃饭，再到收拾碗筷，至少得花 2 小时，而吃外卖只需 20 分钟。

学习了制作简餐后，我才发现自己做一顿可口饭菜不用很久。每天花 15 ～ 20 分钟洗菜和蒸煮，浇上番茄酱、沙拉酱或胡椒粉，搭配奶酪黄油、橄榄油等，做一顿可口的简餐，只用 30 分钟即可新鲜出炉。不必花太多时间制作营养的简餐，让我渐渐爱上了下厨房做饭的感觉。我也喜欢去菜市场或超市，采购一些新鲜的蔬菜水果制作两餐，如果时间充足，我还会做水果沙拉。平时如果工作忙，我就用手机通过网络买菜，这样也可以节省时间，下班回家后即可做饭。

在 100 天里每天坚持锻炼比较容易，每天做简餐却比较难。我也有过不想做饭想吃外卖的念头，但每当我想放弃时都告诉自己，做不同的美食犒劳自己，这样的生活更好。

工作后要学会照顾好自己的胃，每天早起 30 分钟即可做好午餐带去公司。如果不想早起，可以在头一天晚上把第二天的午餐做好，放入冰箱保鲜，第二天再带去公司，中午时用微波炉加热即可。

平时我蒸煮食物居多，步骤如下：花 5 分钟清洗干净蔬菜后，把食材放入容器里蒸或煮，15 ～ 20 分钟后关闭电源。在这 15 ～ 20 分钟里，我一边洗漱一边听新闻，高效利用碎片时间，洗漱好后食物也制作完成了。

关于营养搭配有两个简单好记的法则——彩虹法则和金字塔法则。

彩虹法则是：在挑选食材时，尽量把各种颜色的蔬菜搭配在一起吃，就可以把人体需补充的维生素都涵盖其中。不同颜色的蔬菜所含的营养成分不一样，适当摄入多种颜色的蔬菜，就等于摄入不同的维生素，能让身体保持营养均衡。

可选择常见蔬菜，如西红柿、黄瓜、玉米、土豆、白菜、茄子、胡萝卜、红薯等，搭配时令蔬菜即可。

每次做饭时尽量把不同颜色的蔬菜放在一起烹饪，这样不但营养充分，而且色香味俱全。多种颜色的食物从视觉和味觉上都能给你很好的体验，每次使用不同的食材也会让你产生新的烹饪灵感。

金字塔法则是：蔬菜、水果和肉类的摄入量依次递减，就像金字塔一样，越往上摄入得就越少。简单理解就是，每天多吃蔬菜和水果，适当吃肉即可。许多人喜欢吃大鱼大肉，却很少吃蔬菜和水果，长期下去会导致营养不均衡，身体会出现一些问题。这是因为蔬菜里面有很多人体需要的各种维生素；如果只摄入蔬菜、水果，却不摄入肉类，身体也会发出信号，告诉你要注意补充营养。

如果你没有时间做饭，可以买一台榨汁机，试着每天花 5 分钟做一杯蔬菜水果混合果汁，以补充营养和维生素。我制订了一个“21 天喝鲜榨果汁”的计划，每天做好果汁后带到公司，午饭后喝一杯，养颜又提神。

2. 运动

关于运动项目、运动时间的安排，前面的小节中已详细分享过，在此不再赘述。

注意以下几点：

（1）不要过度运动，在自己能力范围内实现目标即可。

（2）每天至少有 10 分钟的锻炼时间。

（3）运动后及时补充水分和能量，避免空腹运动，饭后 30 分钟再运动。

（4）运动前记着做准备活动，运动后记着拉伸放松。

（5）遇到专业问题，建议请教体育老师或健身教练。

3. 睡眠

睡眠质量会影响第二天整个人的精神状态。

每天的时间管理计划中可加入睡眠时间，每天要保证睡 7 ～ 8 小时。人在睡眠不足时容易感到疲倦或注意力不集中，会直接影响工作状态和学习效率。

长期睡眠不足，会影响新陈代谢。你要跟随身体的信号适当调整计划，当身体很疲倦想休息时就不要运动了，否则容易适得其反。

我自己有段时间工作太忙，每天早起晚睡，连 6 小时的睡眠时间也无法保证。在那段时间我经常感到大脑不够用，原本很简单的问题，我需要想好久才能想明白；其间也不想运动，整个人很疲倦。一位朋友提醒我要好好睡觉，不要让工作完全占据生活。我听从对方的意见开始“补睡眠”，几天后，昔日那个充满活力的我又回来了。

我的睡眠心得体会如下：

（1）尽量拥有深睡眠。睡眠可分为浅睡眠和深睡眠。处于浅睡眠时，只要有一点儿动静，你就会惊醒，也会感到入睡困难。处于深睡眠状态时，你的大脑开始放松，你会感到睡得很香，甚至会有美梦。在深睡眠状态下，大脑会关闭一些感官信号，你暂时感受不到周围发生了什么，直到第二天被唤醒。若长期处于浅睡眠状态，你的精神面貌就会受影响，看起来面色憔悴。长期拥有深度睡眠，你不仅精神饱满，还能保持良好的工作状态。

要想获得深睡眠，可以在睡前花 10 分钟进行简单训练，让自己处于放松的入睡状态。首先，让手机远离你的枕头，在睡觉前看手机很容易让你的大脑一直处于兴奋状态，即使放下手机，也久久不能入睡。其次，你可以闭上眼睛，深呼吸几秒钟，再渐渐吐气，告诉自己不要想白天发生的任何事情，此时此刻只想让身体放松下来。即使有再多的压力和烦恼，你也要把它们抛出九霄云外。你可以尝试采用冥想法，告诉自己先好好睡一觉再说，只有睡好才能更高效地工作。

（2）每天至少有 5 ～ 15 分钟的小憩时间。深睡眠是基础，有小憩时间能让我们更好地恢复体力，更好地锻炼和学习。如果你采用弹性工作制，就利用中午、下午饭后的时间小憩 5 分钟，可闭眼休息或使用缓解视力疲劳的眼药水，休息完后再继续工作。如果你上、下班时间固定，可以用午休的时间小憩一会儿，哪怕是坐在工位上闭眼休息 10 分钟，也能让身体得到全面放松。

（3）避免熬夜。熬夜会伤身体，长期熬夜，你的作息时间会改变，从而影响你的睡眠时间和质量。我有几次因为工作加班到 1:00，第二天早上 8:00 起床，整个人的状态都不好。同样是睡够 7 小时的情况，可调整为 23:00 睡，第二天 6:00 起床，精神面貌则会好一些。

你可尝试每天记录自己的起床和睡觉时间，拍下自己每天起床的模样。渐渐你会发现，早睡早起的那几天，整个人看起来容光焕发；熬夜的那几天，黑眼圈严重。

即使工作再忙，也要好好吃饭和睡觉，好好锻炼身体，这样才能保证我们有精力做时间管理，实现更多的心愿。

4. 养生

我阅读了许多关于健身、饮食的书，从中学到一些有用知识，也认真做饮食、睡眠、运动的笔记，购买过专业的运动课程——比如线上瑜伽课、肌肉拉伸放松课、饮食调理课等，让自己保持规律的锻炼和健康的饮食。

我特意准备了一个“健康管理本”，每天对身体做全方面记录，内容包括睡眠时间、睡眠质量、喝了多少杯水、做了哪些运动、吃了哪些水果、三餐是什么样的等。

此外，我还用拍照的方式记录自己不同阶段的模样，查看自己是否真的把“锻炼 + 睡眠 + 饮食 + 养生”全面实践。

接下来展示的是我每周的锻炼安排，希望能对你有所帮助，如下所示：

八段锦。这是一套传统的健身功法。练习八段锦有助于让身体放松，特别是久坐后起来活动 10 分钟，整个人都觉得身心愉悦。我会每天早上做一遍，晚上再做一遍。

养生茶。买正规品牌的茶包，经常喝能提神养颜。

泡脚。每天坚持睡前泡脚，可提高睡眠质量。

晒太阳。晒太阳可促进维生素 D 的吸收，只要不下雨、天不阴，我每天至少晒 30 分钟的太阳。

健身（有氧运动、无氧运动、跑步等）。我每周都运动，有时候去健身房，有时候在家里跟着手机课程练习。运动可使全身的肌肉得到充分锻炼和放松。

设定闹钟，工作 1 小时，就起身活动 5 分钟，避免自己久坐，可做一些简单的拉伸和放松动作。

保温杯。保温杯是我的必备物品，出门办事的时候经常喝热水，能让肠胃暖起来，身体也变得暖暖的。

丝巾、围巾。我会根据气候变化选择合适的丝巾或围巾，保护自己的颈椎不受寒。

放松器材。我会准备一些按摩工具，运动后用于放松肌肉。运动前后的拉伸、放松很重要，如果动作不到位，肌肉就得不到充分的舒展。

用好锻炼时间，不仅身体更健康，也会让你的饮食和睡眠变得有规律，整个人的精神状态会越来越好。

你也可以根据自己的实际情况，张弛有度地运动，全面管理自己的锻炼时间，形成有个人特色的时间管理法。

第 8 节　持续锻炼，获益良多

从 2019 年开始制订第一次“100 天锻炼”计划后，我陆续开启了多个 100 天锻炼的项目，把锻炼时间安排到每一天中，收获良多。接下来分享一些正向收获，希望能对你产生积极的影响。

我健身并不是为了减肥，而是为了保持身体健康。特别是在创业以后，我每天都很忙，更需要有一个好身体。以前我每周锻炼两次，创业后这个锻炼频率远远不够，需要增加锻炼的频率和项目，才能有一个好身体，才能精力充足地工作。

我报名上了一个健身课，专业教练带我进行无器械训练。我每天花 15 ～ 20 分钟，按照教练的安排训练即可。我抱着试试看的态度开始训练，课程结束后，没想到身材发生改变，同时收获了一套系统的健身知识。

把有氧运动和无氧运动结合起来，健身会有更好的效果。单个动作的重复频率增多，每两个动作之间的间隔时间只有 10 秒……每天这种高强度间歇训练结束后，我整个人都大汗淋漓。

100 天过后，我的体重下降了 5 千克，身上的赘肉也渐渐变成了肌肉，体态逐渐变得好看。其间我还坚持每天花 10 分钟做营养早餐，当然不能影响正常工作和学习。

和朋友们见面后，他们都说我瘦了很多，问我是如何变瘦的。我告诉他们，每天花 20 分钟锻炼，少吃、多运动。

长期健身，一个人从内到外会有很大的改变：体态变得轻盈，心态更自信。通过一次又一次的“100 天锻炼”计划，我不仅实现了健身目标，也结识了几位健身队友——她们通过健身也发生了“蜕变”。

以下是我实践多个“100 天锻炼”计划后的一些收获：

1. 体态和气质变得更好

如果你想让自己从内到外变美、变瘦，有气质，坚持锻炼是最好、也是最省钱的方法。

如果你不想去健身房锻炼，也可以选择居家锻炼。无论在哪里，重要的是要行动起来。现在有一些健身 App 可居家练习，只要在家准备瑜伽垫和简单的健身小器械（哑铃、跑鞋）即可。线上锻炼没有时间和地点限制，无论出差还是居家，只要你愿意，每天都可跟着视频做运动。

我选择健身房运动和线上运动搭配进行，每天花 15 ～ 30 分钟的时间。如果不出差，我会去健身房；如果出差，我会跟着视频做运动。

以前我是一个跑 800 米都会气喘吁吁的人，而坚持锻炼后，现在每次跑 5 千米也不再是一件难事，和过去的自己相比，取得了很大的突破。以前我做几个俯卧撑就觉得很累，现在 1 分钟可以坚持做平板支撑、做好多个俯卧撑……

你只要体态轻盈，穿什么衣服都好看。体重没下降的时候，新买的衣服我穿几次后就会变紧，甚至下个月就不能穿了。瘦身后，许多衣服都可以穿，买衣服完全不用担心是否合身。肌肉变紧实后，穿上运动衣服特别好看。当看到自己身体健康、身材变成自己喜欢的模样时，你会非常激动。

锻炼需要耐心。健身是否有成效，不是看体重秤上的数字变化，而是看自己整体的精神面貌、体脂率、肌肉量是否有变化。在健身的过程中有可能你的体重增加了，但是体脂率下降了，同时身材变瘦了。长期坚持健身才会有效果，如果中途放弃，前面付出的所有努力就都白费了。要想长期保持好身材、拥有好身体，一定要“管住嘴，迈开腿”，合理安排锻炼时间才是真理。

2. 心态更自信

坚持健身后，我对自己越来越有信心。不是看起来瘦才算拥有好身材，全身的线条匀称、肌肉分布合理，整体协调，才是真正的好身材。

健身后，我渐渐尝试穿牛仔裤和一些我以前不敢穿的衣服。

工作后，由于长期坐着办公，25 岁以后我肚子上有了“游泳圈”，也明显感觉到新陈代谢速度在减慢。以前我的体重保持在 50 千克左右（不用刻意维持），但 25 岁后只要不锻炼，体重和体脂率就会增长。我上网查阅相关资料后才明白：女性过了 25 岁后身材开始走下坡路，如果不加强锻炼，体脂率会越来越高，身体多余的脂肪会堆积在肚子和肩膀等部位。身边一些 30 ～ 40 岁的姐妹们一直保持好身材，其秘密在于每周健身。她们也用亲身经历告诉我，越早健身越好。

3. 饮食也变得有规律

工作忙起来时，我希望把做饭的时间都节省下来留给工作，后来发现做饭时间还真不能省。

每天的健身餐，我先从超市买 2 ～ 3 天的蔬菜食材，再用蒸煮的方式加工，搭配面包、鸡蛋、鸡胸肉等制作成可口的饭菜。那段时间，健身后只要有时间，我都会自己做早、中、晚餐。

我总是提醒自己：好好吃饭，好好学习，好好生活。

健身后，我的饮食变得越来越清淡，油腻、辛辣的食物都不吃，冷饮也很少喝。对自己的肠胃好一点，身体状态也会好一些。

4. 坚持健身，精神上更富有

无论我工作有多忙，出差到哪一座城市，我都会带着一双运动鞋，工作结束后便安排锻炼时间，坚持好好健身。

我出差结束工作后，每天晚上打开健身 App 跟着教练一起做运动，运动结束后便拍照打卡，每次打卡的对比照片也让我看到自己的改变。

你也许会认为，出差期间能坚持锻炼是因为我精力好，但事实是每天工作完后会感觉很累。我一年出差 100 天，有 90 天都不想健身，但每次我都告诉自己，用时间管理里的 30 秒启动法则，先把运动鞋穿上再说。我把运动衣、运动鞋都换上并打开健身视频，告诉自己：再坚持 1 分钟，只有 5 分钟就结束了，坚持就是胜利。

通过积极鼓励自己，看着打卡天数变得越来越多，直到 100 天结束。结束一个 100 天的训练后，我又开启了新的训练计划。

有段时间我给自己规定的锻炼强度特别大，每天健身结束后能累到趴下，第二天全身肌肉酸痛，打退堂鼓的想法无数次从脑海里冒出来。但是想放弃的时候我又鼓励自己：再坚持 5 分钟吧，要想成为 20% 的少数人，就要做少数人才能做到的事。

学习和锻炼的过程中有苦也有泪，当你觉得很难的时候，咬牙再坚持一会儿，不断鼓励自己，就会走向胜利的终点。

现在我已经完成好几轮不同的“100 天锻炼”计划。我告诉自己：要把锻炼身体培养成生活习惯，就像刷牙洗脸一样——如果某天忘记了刷牙，就会感到不适。

100 天很长，占据了一年 1/3 的时间。能够 100 天坚持健身，相信你会拥有更多好习惯。

在写本书的过程中，我也采用“100 天锻炼”的方式把写作、工作、运动结合起来，保证每天都有 15 分钟的锻炼时间。我在朋友圈坚持每周运动打卡，在时间管理本上记录下每周的运动时长，到月底的时候复盘锻炼时间。

在这几年里，我完成了若干个“100 天锻炼”时间计划，我学会了尊巴、拳击、跑步、跳绳、瑜伽、健身操等运动项目，用时间塑造自己的体态。我在精神上变得更富有，也因锻炼而感到自信。我不再是看起来“风一吹就倒”的模样，而成了一个健美的“女汉子”。每次久别的朋友看到我，都会夸我的精神面貌越来越好。这些都是锻炼带给我的收获，无法用金钱衡量。

希望你结合自身的情况，安排好每周的锻炼时间，为锻炼自己的意志力“充电”，拥有健康的体魄和美好的身材。

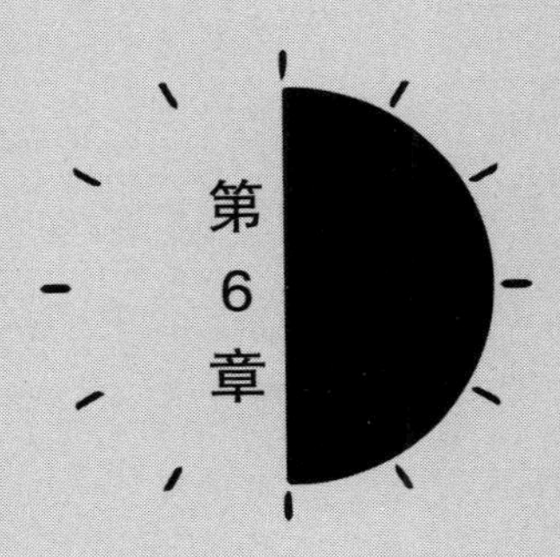

长期主义者时间：用 20% 的少数人标准要求自己

第 1 节　20% 的少数人如何做时间管理

管理学原理中有一个著名的“80/20 法则”。

它建立在“重要的少数与琐碎的多数”原理的基础上，按事情的重要程度编排行事优先次序。这个原理由 19 世纪末 20 世纪初的意大利经济学家兼社会学家维尔弗雷多·帕累托提出，大意是：在任何特定群体中，重要的因子通常只占少数——约 20%，而不重要的因子则占多数——约 80%，只要能控制具有重要性的少数因子，就能控制全局。

在经济生活中可以表现为：20% 的人掌握着世界上 80% 的财富；80% 的公司效益归功于 20% 的员工的努力；通常一个企业 80% 的利润来自它的 20% 的项目；20% 的人身上集中了 80% 的人类的智慧……

这个法则也适用于时间管理：你把 80% 的时间花在 20% 的重要事情上，花 80% 甚至更多精力做自我提升，才能成为 20% 的少数人。

当我感到迷茫、低落或焦虑时，我就用这个“80/20 法则”鼓励自己：想要成为 20% 的少数人，就要忍受 80% 的人无法忍受的痛苦，就要花更多的时间和精力用在重要的事情上。20% 的少数人都是时间管理高手，他们能够把工作、学习和生活都平衡得很好，他们身上有许多值得我学习的地方，只要能把他们的一些闪光点用到自己身上，每天进步一点点，日积月累，我就会进步得越来越明显。

每个行业里都有 20% 的领军人物，他们能成为各自行业的代表，与他们平时在行业内的积累分不开。每个人都渴望成为 20% 的少数人。这些少数人都是如何做时间管理的呢？从他们的时间管理方法里，你能够获得哪些启发？

下面，我想介绍我身边一位少数人，希望他的时间管理法能对你有所启发。

Eric Regener 是一位会说多国语言（英语、法语、德语、日语、西班牙语、中文）的 74 岁老爷爷，普林斯顿大学音乐学博士、计算机博士。他也是一位大学老师，不仅数学和计算机学得好，钢琴也弹得很好，曾举办过个人钢琴演奏会。他是我朋友圈里的少数人，一直践行着“活到老，学到老”的理念。

他曾在昆明住过几年，我们一起交流学习方法和时间管理，从他身上学到的方法让我受益匪浅。

1. 每天都做时间管理，每个时间段都有不同的安排

以前上学时，他每天都会安排不同的时间段复习所学知识，也会花 10 ～ 20 分钟的时间预习相关学科的知识，即把预习和复习的时间都提前预留出来。毕业后他在大学里任教，除了教学任务，他每年还有学术论文的写作任务。

他用下课后的时间去图书馆查阅文献。那个年代还没有电脑，他把参考文献一本一本读完后，在自己的笔记本里记录有用的内容，再引用到论文中。我看过他当年用的笔记本，笔记很有逻辑。

以前市面上还没有专业的时间管理本，他用一个小本子记录自己每天的时间支出。他会罗列待办事项，完成之后就打钩，没有完成就标注原因，并注明延续到何时。从工作到退休，他一直随身携带这样的小本子。他是一位认真做时间管理的智者。

在昆明居住时他已经是一位行动不便的老人，但每天依旧坚持安排

“锻炼时间”。他饭后会到公园走 30 ～ 60 分钟。

他每天的时间安排如下：早上起来看书学习或者做数学题，下午去咖啡馆继续看书，下午回家后练习钢琴（周一、周三、周五），晚上饭后在公园里散步 30 ～ 60 分钟。

我每次去文林街的兰白红咖啡馆都会看见他坐在老位置上，手里拿着一个 Kindle 电子阅读器，坐在那儿看书，一坐就是一下午。我就是在这家咖啡馆认识他的。我观察了他好几天，对他在如此嘈杂的环境里能静心看书感到好奇。

我跟他聊天后得知，他的父亲就很有成就，通过搜索引擎还能查到关于他们家族的一些信息。他的父亲是一位物理学家，在大学任教，有丰富的科研成果，去世后学校还特意将一栋教学楼以他父亲的名字命名。

2. 立刻行动，避免拖延

他有什么好的想法，就会记录在本子上分析其可行度；如果可行度超过 50% 且风险能承受，他就会做这件事。这一点很重要，许多好的想法其实就是在拖延中渐渐被冷落或忘记的。好想法不一定都能实现，如果不执行，很可能会错过许多精彩的内容。他年轻的时候想学一门新的外语，会先找学习资料，然后规划自己学外语的目标和时间进度表，再一年接一年地坚持学习。

他的学习压力也很大。为了保持学习水平，他每周都会去图书馆看书；平时认真做笔记，与同学讨论学习知识。除了学习，他还安排了练习钢琴的时间和运动时间，帮助自己平衡好学习和生活。他每年都会给自己定一个新目标或学一项新技能。由于他有清晰的目标，又能做好时间管理，才能学有所成，渐渐把所学知识运用到各个方面。

关于老年人的时间管理问题，他说：“到我这个年纪，剩下的时间不多了，我会每天抓紧时间阅读报纸，或学习一些自己感兴趣的知识。”他每天8:00起床后会一边喝咖啡一边看新闻、回复消息等，专注工作几个小时后就起身放松，下午阅读后外出散步。每天晚上21:00睡觉，不熬夜，也不给自己安排太多工作。如果有活动需要参加，他会提前写在时间管理本子里，避免遗忘。

有一次，我问他的时间是如何安排的。他没打开本子，一口气向我讲述了下周有哪些安排，而且丝毫不乱。这一点让我印象深刻，只有做好时间管理的人才会把时间管理表“印”在脑海里。

3. 做好时间评估和预案

准备做事前，他会做一个时间评估，看自己的时间是否充足，避免把太多事情积压在某一个时间段内。他一生中有许多想学的知识，但并不是集中在某个时间段学习的，而是会分时间、分阶段地学习。

比如，他每次出去旅行前，都会写一份详细的时间安排表，包括：哪一天该买机票，哪一天该预定住宿，以及进行“吃住行”价格预算。待完成某一项后又做每一天旅行内容的详细规划及旅行中突发事情的预案。这样井井有条地安排时间，旅行也因有充分准备而不会感到慌张。受他的启发，我无论做旅行计划还是做商业计划，都会花60分钟写一份预案，设想最糟糕的情况一旦发生后该如何处理。

他在大学读书的时候每学期都会提前做一份期末复习表，把要复习的科目按照时间顺序排列好，每天用不同时间段复习各个学科，再遵循“艾宾浩斯遗忘曲线”安排复习时间，所以每次考试都获得了不错的成绩。

4. 记录学习、工作、生活的时间开销

他会在自己的时间管理本里记录每次与朋友见面的时间开销及自己工作和学习的时间开销，以帮助自己判断每周、每月的时间安排是否合理。有一次，我和他预约 14:30 在咖啡馆见面。他告诉我，当天下午可安排两个小时给我，结束后还有其他事情需要做。果然，会谈持续了两个小时他准时离场，时间计算得很准确。我也向他学习，安排好自己的时间段后，到点就离开，然后开始新的待办事项。我也会在本子里记录自己每一天的时间开销。

有段时间他分析自己的时间开销，发现自己留给工作和学习的时间太多了，导致留给朋友的时间大幅减少，于是他便及时调整，在下周安排更多时间与朋友见面。

无论工作和学习有多忙，他每天都会留 30 分钟练习钢琴。正因为他日复一日、年复一年地练习，才有了后来的个人钢琴演奏会。我很佩服他每天都能安排“自我提升时间”，因此不断向他看齐。

他的时间管理做得非常好，是我的榜样。他奉行“终身学习”的理念，直到去世前几天仍保持着读书看报的习惯。后来，我只要缺乏动力想偷懒，脑海里就会浮现他慈祥的笑容和鼓励我的话语。

Eric Regener 于 2022 年 5 月 25 日去世。一个阳光明媚的下午，我打开电子邮箱时，突然收到他去世的消息，内心感到十分悲痛。我知道这一天终究会来临，也提前做好了心理准备，但是在收到电子邮件的那一刻，还是忍不住难过起来，脑海里不断地浮现出我们曾经谈话的片段。

他实在是一个优秀的人：会说多国语言，学习成绩一直名列前茅，名校毕业，谦逊而有学识，有一颗认真做公益的心……我希望自己也能成为像他那样优秀的人。

第 2 节 长期主义者：合理利用你的长期计划和短期计划

我们都想成为更好的自己，但成长路上并不是一帆风顺的，我们会对当下的自己感到不满，也会遇见一些困难和挫折。面临这些问题时，长期主义者和短期主义者有哪些不同呢？

长期主义者，做规划、做事从长远角度考虑，知道自己真正想要的是什么，能够抵挡住一些诱惑。他们会从解决问题的角度出发，把问题分析透彻且一步步执行下去，尽量把问题一个一个解决。

短期主义者，做事只考虑眼前利益却不考虑未来的机会，面临诱惑时容易陷入其中；面临问题时容易逃避，不想解决问题，甚至让小问题一直拖延成大问题。

通过对比可知，想要成为一名长期主义者，你需要认真规划自己的时间，合理利用长期计划和短期计划，在不同的时间段做不同的事情。

1. 面对选择，要像长期主义者一样思考

人们在制订时间管理计划面临选择时，总是容易感到迷茫和困惑，甚至不知道自己的选择是否正确。此时你可以学习像长期主义者一样思考，先在心中确定一个长期主义者的形象，再在每次做决定的时候都想象一下：同样情况下，榜样会如何做选择。

比如，你在大学毕业或研究生毕业时面临选择：是选择工作，还是继

续读书？

再比如，你面临工作上的选择：是继续留在本单位工作，还是换一个单位工作？

面对选择时，你可以从长期主义者的角度出发，用他们的思考方式分析并解决问题。

面对“选择工作还是继续读书”这个问题，长期主义者会在纸上或者文档里把问题写出来，先分析自己当下的状态，再分析自己选择两条不同的路会面临什么样的机遇和挑战。中途长期主义者可能会请教一些高手，听取他们的意见，但最终做决定的人一定是本人，并且对自己的决定负责。

长期主义者会在大学入学时分析自己的情况，考虑大学毕业时是先找工作还是先考研，待思路整理清晰后便开始有步骤地做准备，而不是等到大三、大四面临毕业时才思考这个问题。比如，有的专业注重实际运用，可能毕业后先工作会更好，这种选择不但可以减轻家庭的负担，还可以让自己收获工作经验，哪怕工作几年后再考研也不迟。你可以从大一开始利用寒暑假的机会实习，为毕业找工作做准备。有的专业属于“高精尖”，要求毕业后继续读书深造，才能获得更好的就业机会，你可以从大一开始认真积累，为继续深造做准备。

面临职业选择时，长期主义者会提前思考和布局，分析两种不同的选择会给他们带来什么样的结果。例如，选择留在本单位继续工作，虽然当下工资水平一般，但未来发展潜力大，想同时得到升职加薪，就必须获得更多的专业证书；而选择换一家单位工作，看似当下获得的薪水更高一些，但未来发展可能不如在本单位好。从长远角度考虑，要提前准备相关证书和考试，虽然选择了一条看似困难的上坡路，但熬过去之后就会到达一个新的高度。

短期主义者很少思考自己的未来，也很少做规划和准备，到真正面临问题时会手忙脚乱，找不到解决问题的头绪和方法。

2. 合理利用长期计划和短期计划

有的人可能会说："做计划谁不会呢？在年初列出目标，然后分时间段执行就好。"

但真的那么容易吗？并不是的，实际行动的时候你会发现，许多计划都无法执行或执行起来很困难。你需要合理利用自己的长期计划和短期计划，帮助自己实现长期时间的合理安排。

（1）做长期计划时，要先考虑长远发展，再分配时间。你想学、想做的事情很多，从长远发展考虑，要学会分析对你未来有帮助的事情，把这些事情列入计划，再分配时间。

每年我也有很多想做的事，但会先做那些对个人发展有帮助的事。同样是自我提升时间，比如未来 3 ～ 5 年里我想学冲浪、学潜水，但学冲浪、学潜水的时间不如学习金融学、经济学知识对我更有帮助。我会从长期主义者的角度出发，先学习对职业发展有帮助的内容，再考虑自己的兴趣爱好。若从短期主义角度出发，我可能会做那些当下让我快乐的事，而不是选择对我事业发展有用的事。

（2）长期计划目标制订后，可把它们分解为一个又一个的短期计划，这样目标更容易实现。你若选择长期在某一个行业领域发展，想成为这个行业里的少数人，须用 5 ～ 10 年的时间学习和实践。当明白自己的终极目标后，你可以把长期计划按"年"为单位，分解为一个个短期计划。

比如，你刚从大学毕业，想成为一名优秀的中学语文老师，须用 5 年的时间先成为校级优秀老师，再用 5 年的时间成为市级优秀老师。这是一个清晰的长期计划，你清楚自己想要什么，也清楚需要花费多长时间做准备。比如：

第 1 年：积累自己的教学功底，旁听学校、市级、省级优秀教师的课程，学习他们做得好的地方，分析自己的不足之处。随后，你可以制订上半年、下半年的短期计划，把它们分为每个月的计划，分时间、分阶段执行。比如，每个月听 5 位优秀语文老师讲课，并认真做记录；每个月旁听 10 位外校语文老师讲课；等等。

第 2 年：模仿自己心中的优秀语文老师，看他是如何工作的，用他的标准严格要求自己。比如，优秀的语文老师会这样做：每天早晨读一篇文章，每天做工作总结，每周带着学生学古诗词和文言文，每月带着学生进行小组讨论，分析名家作品。

第 3 年、第 4 年、第 5 年……

通过一年又一年的积累，你把长期计划和短期计划都安排好并一一实现，就会从一位新手老师蜕变为一位优秀的语文老师，实现自己的职业目标。

（3）做短期计划时，可行性排第一，从易到难安排。某个具体的短期计划可能会和其他事项有时间冲突，你要从可行性出发，做那些更容易实现、更简单的计划，执行后你的信心会倍增，再选择有一定难度的计划执行。当同时面临两个短期计划时，你可以参考本书前面讲述的时间管理法，优先完成重要、紧急的计划。

3. 按照 20% 的少数人的时间管理法执行

做好长期计划和短期计划后，最重要的是执行力。想偷懒的时候不妨用 20% 的少数人的时间管理法鼓励自己，想想这些少数人、长期主义者会如何做。

有段时间我忙着准备参加创业比赛，在距离截止日期只有两周的时候，不得不把工作上一些重要的事情暂停下来。但实践后我发现，这样的方式并不能让我认真准备比赛，我应该提前做参加创业比赛的计划，就不会影响常规工作。

第二年参加新的创业比赛时，我吸取经验教训，先思考一个问题：如果是 20% 的少数人准备比赛，他们会怎么做。他们会提前把备赛时间规划出来，将其分解到每一天，再结合自身的工作和学习安排时间准备，这样既不会影响到平时的日常工作，同时也有足够的时间修改比赛路演的 PPT，而不是每天手忙脚乱地准备比赛。

在创业比赛开始前两个月，我把比赛的截止日期写在时间管理本上，分析这两个月该如何做短期计划。最后我决定：从工作时间和学习时间里各抽出 15 分钟，每天晚上花 30 分钟准备比赛。这样做既不会影响我正常的工作和学习，也能够兼顾备赛。根据备赛流程（提前学比赛规则、写商业计划书、做路演 PPT、不断修改内容及做演讲训练等），我制订了合理的短期计划，每天都有时间备赛。那次比赛我因准备充分，胸有成竹，最终取得了不错的成绩。

后来，我无论做什么样的短期计划，都会思考：如果从 20% 的少数人角度出发，他们会如何做。然后，我会结合长期计划，合理安排工作和学习，尽量不打破原本的好习惯，进一步做好时间管理。

我每次做计划、执行计划时，都会用少数人、长期主义者的方式思考，渐渐地我发现自己的思维改变了。我做新决策时不再只关注当下的利益，而是从长远的角度出发，思考如何做才能走得更稳、更远。比如，在面临“未来的机遇”和“当下短期赚钱”这两个选择时，我会从长期主义者的角度出发，做那些有机遇的事情，哪怕当下的物质回报很少，甚至没有物质回报；而不是做那些看似能短期赚钱、长期却没有发展的事。

做时间管理重在选择利弊，希望你也能从长期主义者的角度出发思考问题、做决策，用好长期计划和短期计划，把时间花在刀刃上。

第 3 节　用九宫格时间管理法平衡时间，使你成为少数人

在做时间管理的时候，你可能会因为某段时间工作太忙而导致自己没法安排锻炼时间；也可能因为学习时间安排得太满而导致没有自我提升时间。每次面临时间取舍时，你似乎都不想放弃原来的一些计划。可是，你一定要明白：学会放弃是为了更好地开始。

一天 24 小时被分割成工作时间、学习时间、锻炼时间、自我提升时间、休息时间等，如何平衡好这些时间，成为少数人呢？

下面推荐你使用九宫格时间管理法，可在最大时间限度内完成一系列事情。

1. 什么是九宫格时间管理法？

所谓九宫格时间管理法，从字面意思上理解，就是把不同的时间分配到不同的格子里，在每一个格子里都写上相关计划和时间分配情况，并一步步实现每个格子里的计划。

人生的不同阶段会面临不同的选择，无论做什么样的选择，都需要花费时间和精力。你可以把在工作时间、学习时间、锻炼时间、自我提升时间里需要做的事情分配到九宫格中。

你可以从健康、工作、财务、家庭、社交、爱好、学习、休息、备忘录九个角度出发设计九宫格。

2. 九宫格时间管理法有哪些优势？

这样设计的好处是：能让你更直观地查看本月、本周的时间花在哪儿了，了解具体待办事项还有哪些，从而使你高效利用时间完成计划。这也是长期主义者经常使用的方法。

九宫格时间管理法还可以搭配番茄工作法、四象限法则一起使用，以实现效率最大化。

九宫格时间管理法不仅适用于个人时间管理，也适用于团队时间管理，让团队能更好地协作完成一项或多项任务。

3. 如何运用九宫格时间管理法？

以“月、周”为单位绘制九宫格，如图 6–1 所示。

健康	工作	财务
家庭	社交	爱好
学习	休息	备忘录

图 6–1　九宫格时间管理法

绘制步骤如下：

第一步：准备一张 A4 纸，用尺子和笔画出九宫格。在九个格子里分别写上“健康、工作、财务、家庭、社交、爱好、学习、休息、备忘录”，可以把书写的顺序打乱，也可根据自己的待办事项优先等级书写。

第二步：往九宫格里填你的目标。如果以“月”为单位，可以往里面填你本月的各项目标，这个目标可以是简单的几个字，也可以用一句话概括；如果以“周”为单位，那么可以往里面写更多详细的内容，包括每周的每一天大约安排多长时间完成某项目标。填写目标的时候，可以遵循“3–3–1 原则”：3 个一定要完成的目标、3 个有难度的目标、1 个有挑战性的目标。这样安排的好处是你至少可以完成 3 个目标。在区分难易程度的情况下，更容易激发你内在的潜力。

比如，你是一名人力资源经理，要安排工作任务，可按照“3–3–1 原则”在纸上这样写道：

（1）筛选 2000 份简历，从中挑选 200 人进行面试。

（2）完成 200 个人的面试，从中选 20 个人作为新员工候选人，让总经理进行最终面试。

（3）完成公司本月职工的绩效考核与工资发放，做到零失误。

（4）修改公司的晋升机制，让新员工获得更多发展空间。

（5）修改员工 KPI 考核制度，让公司制度更人性化。

（6）本月筛选 300 份新媒体岗位简历，为公司储备新媒体人才。

（7）完善公司人力资源五大板块的内容，到月底至少完成其中一个板块。

到了月底，你可以查看统计工作九宫格里的月计划目标的完成情况：哪怕最终你只实现了前面 3 个“一定要完成的目标”，也胜过一个目标都没有完成；也许你会超预期实现另外 3 个目标，能实现计划里的 5 ～ 6 个目标，甚至把所有目标都实现了。用九宫格时间管理法做计划，你可以更好地执行多项任务，而不是面对多项任务时没有思路。

用九宫格法分配任务，可以合理安排每个板块的任务，做到多个任务有先后顺序地实施；到月底时查看结果和预期是否一致，也方便计算目标达成率。

第三步：把你的时间安排到不同目标中。比如，你计划本月的学习时间是每周 10 小时，可在“学习”宫格里写上目标，并把时间也写在里面。如果以“周”为单位，可以写上你每天打算安排几个小时在“学习”这个宫格，比如周一至周五每天学习 1 小时，周六和周日每天学习 2 ～ 3 小时。

九宫格法不仅适用于“月计划、周计划”，还适用于“每日计划”；可以根据实际情况绘制，也可以使用电子表格打印。

4. 九宫格时间管理法 + 四象限法则

结合“四象限法则”，把两种方法叠加起来使用，可实现高效利用时间，如图 6-2 所示。

你一天的时间中要把工作、学习、锻炼、自我提升的时间做规划，可以把两种方法叠加使用。先绘制九宫格图，再根据事情的重要、紧急程度，用不同的符号做标记。具体符号举例如下。

▲ 三角形：重要、紧急的事

● 圆形：重要、不紧急的事

★ 星形：不重要、紧急的事

◆ 菱形：不重要、不紧急的事

在九宫格对应的任务列表里，每一项任务后面都可以标注不同的符号，它们分别代表事情的重要、紧急程度，以提醒自己要合理安排时间。

健康 ▲健身30分钟	工作 ★ 完成20份问卷调查发放	财务 ◆ 把今日收支表制作好
家庭 ● 和家人一起吃晚饭	社交	爱好 ▲ 练习钢琴45分钟
学习	休息	备忘录

▲三角形：重要、紧急的事
●圆形：重要、不紧急的事
★星形：不重要、紧急的事
◆菱形：不重要、不紧急的事

图 6–2　九宫格时间管理法 + 四象限法则

用时间管理的叠加方法可以帮助你完成一天中多个时间段的任务切换，以及不同时间段该如何分配时间，还可以提醒你被遗忘的一些事情。比如，你在备忘录这一栏中可以写入临时安排的任务，即使当天要完成的任务很多，也能在查看九宫格时确认临时、琐碎的事情是否都已完成。

5. 处于人生的不同阶段，九宫格的内容也不一样

如果你处于学生时代，那么九宫格里的内容可以分为学习时间、锻炼时间、自我提升时间。学习时间会成为你学生时代安排得最多的时间，只有不断投入时间学习，你才能收获更多知识并形成自己的知识体系。

此时你可以把九宫格做一个简单变形，把第一排、第二排的三个宫格全部列为“学习时间”，把第三排的第一、二个宫格列为“自我提升时间”，

把第三排的第三个宫格列为“锻炼时间”，分别填入待办事项。此方法可叠加不同的时间管理法一起使用，如图 6–3 所示。

学习时间	学习时间	学习时间
学习时间	学习时间	学习时间
自我提升时间	自我提升时间	锻炼时间

图 6–3　九宫格简单变形

这样做的好处是：你能更直观地看到不同时间段自己的侧重点有何不同。你可以对每天、每月安排更多的学习时间，同时安排一些自我提升时间和锻炼时间，以实现劳逸结合。

如果你已经毕业工作了，那么九宫格里的内容可调整为工作时间、学习时间、锻炼时间、自我提升时间，同时每天的工作时间至少占据 24 小时里的 8 小时（按照正常上、下班时间计算），如果加班，工作时间会更多。当你感到工作疲倦时不妨换位思考：自己的角色已经从学生转变为职场人士，时间的花费自然也会改变，花更多时间在工作上是常态；先谋生，再追求兴趣爱好。

在工作时间为主的阶段，九宫格的变形如图 6–4 所示：第一排、第二排的三个宫格为“工作时间”；第三排第一个宫格为“学习时间”，第二个宫格为“锻炼时间”，第三个宫格为“自我提升时间”。完成后再填入待办事项。

工作时间	工作时间	工作时间
工作时间	工作时间	工作时间
学习时间	锻炼时间	自我提升时间

图 6-4　工作时间为主的九宫格图

通过九宫格时间管理法，你可以在人生的不同阶段都做好时间管理。

让我们在人生的不同阶段都认真做好时间管理，一环扣一环地稳步前进。

第4节　通过叠加使用时间，实现效率最大化

随着社会的发展，生活节奏变得越来越快。人们每天需要完成的事情越来越多，如果把时间合理叠加，“时间不够用”就不再是问题了。

比如，刷牙只花3分钟，听英语听力再花3分钟。你可以把这两件事合在一起做，一边刷牙一边听英语听力，无形中节省了3分钟。节省的时间可以用来做其他事。

当然，不是所有的时间都可以叠加使用，你要区分哪些时间可以叠加使用，哪些时间只能单独使用，才能实现时间利用最大化。

1. 找出可以叠加使用的时间

专注学习、工作的时间不可以叠加使用。无论是工作还是学习，只要涉及专注时间，都属于不能叠加使用的时间。

专注=效率，你越专注就越容易进入心流状态，学习效率或工作效率也就越高。比如在专注时间写作，如果在一小时的学习时间里每隔几分钟就被一件事打断，或者一小时中你同时做三件事情，这些都容易分散你的注意力。暂时切断与外界的联系，能让你在一小时内保持专注，效率也会提升。

简单、不费时的事情可以叠加使用时间，还可以利用碎片时间。比如，你可以一边做家务、一边听书；一边贴面膜、一边回复邮件或手机消

息。把这些时间叠加使用，不会影响你的正常生活，同时能让你在有限的时间内把琐碎的事情完成。

我的习惯是一边贴面膜 15 ～ 20 分钟、一边读书；一边做家务、一边用蓝牙音响听手机里的新闻或外语听力。贴面膜的同时完成了睡前阅读，也使我从信息爆炸的状态切换为独立思考状态。我平时久坐办公室，也会把时间叠加起来，用起身活动的时间简单锻炼。

我的大学导师张英华教授是一位时间叠加使用的高手，他会在乘坐交通工具时回复邮件和消息，在办公室里专注工作，在家中洗漱时听时事新闻。

我有一位朋友经常到全国各地出差，他也会把在路上的时间叠加使用。比如乘坐飞机、高铁时，他在用耳机听书的同时会闭目养神 10 ～ 15 分钟，之后再用电脑工作 30 分钟，起身休息 5 分钟，回复手机消息。

长期主义者习惯于把时间叠加使用，把做小事、简单事的时间叠加使用，就能节省出更多时间做真正重要的事。

2. 如何实现多种时间的叠加

这里的时间叠加，是指在每天 24 小时中尽可能地把一些时间叠加使用，平衡好工作、学习和生活的时间。

你可以和朋友、家人或同事约定，将同一时间段作为“叠加时间”；也可以独立把时间叠加使用。

比如，如果你工作太忙，没有时间与朋友见面，可以邀请好友一起加入“叠加时间”。你们可以相约一次“一小时线上见面”，在这一小时里共同完成一件事或达成一个目标。在这一个小时里，你们可以督促对方一起打开视频阅读 30 分钟，再用 30 分钟分享彼此最近的生活情况，实现自我提升时间和生活时间的叠加使用。此方法适用于工作忙碌的人，你和朋友不一定有时间经常见面，但“叠加时间”可以让你们的联系变得紧密，共同成长的过程也会让友谊变得更加牢固。忙碌时各自忙碌，空闲时再见面。

再比如，你作为一名职场人士或家长，平时工作忙，没有太多时间陪孩子，也没有时间自我提升，可以尝试把“亲子时间”和“自我提升时间”叠加起来使用。

你可以在周末抽出 1 ～ 2 个小时和孩子一起去图书馆看书：孩子读绘本故事，你读自己感兴趣的书。这样既拥有了与孩子共处的亲子时间，也拥有了自我提升时间。你还可以每天在陪孩子做作业时放下手机，拿起一本书阅读，给孩子当一个好榜样，陪孩子一起学习。你甚至可以把锻炼时间、自我提升时间、学习时间都和孩子的学习时间一起叠加，你们一起做运动和学习，以实现时间利用最大化的效果。

如果你只是自己一个人做时间叠加，可在任何时候开始。比如，你可以在上午、中午、下午的任意时候，开启自己的时间叠加计划，把要做的事情依次安排好。你可以花 30 分钟的时间一边做饭、一边听音频，可以花 15 分钟的时间锻炼、听音乐、给朋友打电话。

在叠加时间的过程中，你需要不断实践，才能渐渐摸索出属于自己的方法。所以，你可以准备一个本子记录适合叠加使用的时间，以及在哪些场景下可以使用。

3. 自我提升时间叠加长期主义时间

“自我提升时间”和“长期主义时间”也特别适合叠加使用。例如，你想学习弹钢琴，目标是在一年的时间里学会弹 5 首好听的曲子。这个目标要求你成为一名长期主义者，因为实现这个目标的过程同时也是将两种时间叠加使用的过程。

每月看书、做读书笔记、写书评的时间也可叠加使用，做这几件事的时间也属于“自我提升时间”和“长期主义时间”。长期看书和写书评都是自我提升的事情，通过做这些事，你渐渐形成自己的“输入和输出”知识系统。做这些事不仅可以收获许多知识，还能帮你开启新的副业，通过写作赚钱，也实现了多种时间叠加使用的最佳效果。

我的朋友暖暖经常利用下班后的业余时间看书和写作，渐渐在网上积累了许多读者粉丝，每个月写作的副业收入已经超过她的主业收入，不仅实现了自我提升，还成为一名长期主义者，同时实现了多种时间叠加的最佳效果。我还有一位朋友喜欢摄影，每天下班后，她用自我提升时间不断精进摄影这项技能，在成为一名长期主义者后，也实现了副业收入增加，同时多了一项谋生的技能。

你也可以分析自己的兴趣，发掘能让你实现自我提升时间和长期主义时间叠加的兴趣爱好，如果能实现靠它赚钱就更好了，可以在有限的时间内创造更多的价值。

在叠加时间的过程中，在短期内看不到实际收益，你也不要急躁，要相信它可以产生复利效应。这好比竹子的生长，前三年特别慢，因为它在不断地扎根为日后的生长储备能量，到第四年才会快速生长。在完成时间叠加使用的过程中你要耐心等待结果。把看书（自我提升时间）和写作、写书评（长期主义时间）叠加使用，短期内也许效果不明显，但从长远角度看你的收获和付出会成正比。当你看过的书越多，你的知识会变得越丰富；你长期坚持写作，花在写作上的时间会让你的写作水平渐渐提升，就产生了时间的复利效应，证明你花费的每一分钟都值得。

在叠加使用时间的过程中，须注意这几点：

（1）每次启动时，多给自己积极的心理暗示，告诉自己一定可以做到。就算结果不能得 100 分，得 60 分也胜过一直拖延、没有启动这个事项。

（2）与朋友、家人、同事共同叠加时间时，要注意约定规则，避免浪费大家的时间。理想很美好，大家可以一起看书学习、共同进步，实现它却是另外一回事。如果没有规则，很可能你们约定一起看书的一个小时，最后会变成闲聊一小时。制定规则对任何人都是约束，谁违反了规则，谁就要接受惩罚，如果大家共同实现了时间叠加的目标，则可以共同得到奖励。

（3）如果在实践过程中发现某些时间不适合叠加使用，可以停止这个计划。如果自己不好判断是否适合，可请朋友帮忙判断。比如，你把每天运动 15 分钟（锻炼时间）和听新闻 15 分钟（自我提升时间）叠加使用，坚持三个月后可以请朋友判断你的身材是否有变化，让他们指出你可以完善的地方。你也可以设计一份可量化的成果表和过去进行比较。比如，坚持锻炼三个月后，你把自己的体重和身材数据变化写在记录表中，能更直观地看到自己的改变。

在叠加使用时间的过程中，刚开始你或许会感到迷茫、想放弃，但实践一段时间后，你就能发现自己的变化，待做时间管理渐渐得心应手，你会发现通过叠加使用时间，每周能节省几个小时做其他事情，而且做事拖延的情况得到了改善。

多练习叠加使用时间，把事情一件一件做完，让目标一个一个实现，就能体验到成功的快乐。

第 5 节　建立输入系统，成为长期主义者

在信息爆炸的时代，你每天都在主动和被动地接受大量信息，你的时间也正在被切割成一个又一个的碎片。许多信息对你的生活和工作其实是无用的，另外，花太多时间浏览这些信息会使你的专注力下降，无法在有限时间内做好一件事。

我不喜欢每天被许多无效信息占据电脑和手机，也曾因浪费时间看无效信息而感到后悔。比如，每天打开电脑浏览器时会弹出各类广告，有时候连续弹出好几个广告，哪怕自己不想看，也得花几秒钟的时间把它们关闭。在信息爆炸的年代，如何在有限的时间找到自己想要的信息、知识并持续学习？——你需要建立自己的输入系统，渐渐成为一名长期主义者。

这里的输入系统并不是指一个软件或 App，而是你自己的一套独特方法，它能帮助你从众多信息流中快速获取想要的信息或知识。它不是简单地输入几个词，用搜索引擎就能寻找到答案的。正如学武术一样，入门的时候你只是掌握了其中的招式，但如果你建立了自己的一套学习系统，那么你不仅能学习相关的招式，还能从中领悟大智慧。学会的东西任何人都偷不走，它们会深深刻在你的脑海里。

如何建立自己的一套输入系统呢？

1. 列出获取信息的渠道

古代人获取信息的渠道主要是书本或口口相传，信息的获取速度相对较慢，且存在延时。比如在古代相隔千里传一封家书，即使快马加鞭也要好几天才能送到；在没有发明活字印刷术前，古人只能靠一代又一代人抄写书籍内容，才能让知识不断传递。

如今获取信息的渠道变得多元化，无论是从书本中还是通过互联网寻找，你都能快速获得大量信息，与古人获取信息的速度相比，这是一个天翻地覆的变化。但这也存在一个问题：你所获取的信息太多，使你很难在短期内做出明确判断——哪些信息才是自己真正想要的。

因此，你要学会列出获取信息的渠道，并辨别哪些信息才是自己真正需要的。

常见的获取信息的渠道有互联网平台（数据库、网站、App 等）、书籍、身边的长辈或朋友口述。

每一种渠道又有许多分支，想建立自己的输入系统，就要学会区分哪些渠道的信息靠谱，哪些渠道的信息对自己帮助不大。比如，你要写一篇专业论文，如果只是打开浏览器输入一些关键词进行搜索，那么不仅需要花费大量时间寻找适合的内容，还要花时间筛选出适合自己的论文进行阅读并做笔记。但如果你去专业的论文数据库平台进行搜索，由于里面的论文都有一定专业性，同时你花在搜索上的时间也会相对减少，无形中会节约你的时间成本，这样的效率会更高。

如果搜索一般的信息内容，建议你去权威网站，找有正规出处的内容，以便获得高质量的信息。

如果是从书本中获取信息，建议你阅读高质量的书，你从中获得的启发会更多。那什么是高质量的书呢？比如你想寻找设计类的书籍，身边朋友推荐的好书是一种方式，通过浏览专业书评寻找好书是另外一种方式。

先把对你有用的书列一个清单，再通过实际翻看挑选 10 ～ 15 本书变成真正适合你的书单。你也可以查看一本书的出版社、作者信息，判断这本书是不是好书，因为优质的出版社在出版内容时审核会更严格，也会对作者有规范要求。

如果从身边的长辈、朋友那里获取信息，你不仅要学会倾听，同时要学会判断哪些信息对自己有用，哪些信息不具备真实性和参考价值。人们的成长经历、知识面、眼界和格局各异，所以每个人看待问题的角度就会不同，得出的结论也不同。

比如，你是一位刚刚结束高考的学生，面临着填报大学志愿的问题，想通过和身边的亲朋好友沟通获得有价值的意见。有的人会告诉你“选一个好专业和好学校比较重要”，有的人会说“选择一座好城市更重要”，此时你应该听谁的意见呢？你可以都听，但最终做决定的人是你，你要学会从多角度出发分析这些信息的有用程度。好城市、好专业和好学校都重要，但“三好”的前提是高考分数。有时学校和专业都好，只是学校不一定在一线城市，是选择好学校还是好城市，要学会做取舍。

你从任何渠道获取的外界信息都可作为参考，但你一定要有独立思考的能力。通过做信息摘录和分析，你会更好地做决策，成为一名长期主义者，利用时间也会越来越高效。

2. 做信息摘录和归类整理

看到有用的信息后，你不要很快把电脑或书籍关闭，可以先把那些有用的信息摘录下来。

如果从书本中获取信息，你可以准备一个本子（或一份电子文档），以“月”为单位做摘要。把每月看到的好书做归类整理，把书里对自己有帮助的内容依次记录下来并加上自己的感悟——可以写成几句话或者一篇简短书评，也可以参考别人针对本书分享过的内容做详细的笔记。这些信息在你写文章、写论文时都会对你有帮助，你不必为寻找某一个论点花太久时间，因为你平时已经做好积累。通过不断地积累信息，你也增加了自己的知识储备量。

我每年都做纸质版和电子版的读书笔记，当我回顾它们时，总会感慨自己把提升时间大都花在了看书学习和做笔记这两件事上。这些信息、知识对我很有帮助，当我在写作过程中用到某一个观点或某一本书时，可以回顾我分类整理的摘要和读书笔记。如果没有“输入系统”，我在写书过程中会感到很痛苦，因为储备的信息和知识不足，所以写不出实际内容。而且对这些信息、知识的储备要靠平时积累，临时抱佛脚很难见效。

3. 针对同一内容形成自己的多次见解，并标注日期

一个人在不同的时间读同一本书会产生不同的见解，更何况是每年都在获取大量的信息呢？所以在每次阅读完、做完摘要后，你还可以形成自己的二次见解并写在笔记本里，每一次都标注好日期，以方便你回顾时快速找到在不同时间的感悟。

比如，你在阅读完《时间管理手册》后做了一份读书摘要；第二天或近几天内又做了一份读书笔记；100 天实践后再回顾此书，形成了自己的见解；半年后再回顾，形成二次见解。每次都标注日期。从一本书中获得不同的信息和见解，能帮你更好地“消化吸收”一本书。

做记录的格式（示例）如下：

【日期】2022 年 5 月 1 日，9:00—12:00。

【读书内容、获取信息渠道】《如何阅读一本书》，知乎网站。

【读书内容摘要】

（1）《如何阅读一本书》主要讲阅读的方法论，从读期刊到读专业学术书都有不同的方法，我特别喜欢其中关于阅读学术书的方法。它们能在我写论文时起作用。

（2）从知乎网站上获取了其他读书方法，特意存档，以方便以后查阅。文档放在了电脑“D 盘 –2022 年读书笔记 –5 月 – 知乎读书方法摘要”里，在此做标记，后续用到相关信息、知识时可直接查找。

【我的见解】

2022 年 5 月 1 日，第一次读完后我的见解：

（此处写上你的见解、观点等，可以用图文并茂的方式）

2022 年 6 月 1 日，第二次读完后我的见解：

（此处可写不同的见解）

2022 年 10 月 1 日，第三次读完后我的见解：

（此处可用 200 字左右写一段总结）

一段时间过后，你可以把这些简要的见解记录与朋友分享。做记录渐渐得心应手后，你可以对其进行丰富——把“知识信息数据库”不断更新，渐渐形成一套具有个人特色的“输入系统”。

你在一年后、几年后回顾时会发现，在积累的过程中，自己渐渐收获了许多知识。它们都是你宝贵的精神财富。

我身边的长期主义者们都有自己的“输入系统”，他们平时注重积累，在关键时刻系统里的信息、知识都能帮他们解决问题。有的人利用这套系统拟写了好几篇优秀论文；有的人利用这套系统让创业“从 0 到 1”，实现公司增值，且积累了大量的商业经验；有的人形成了自己的商业模式，获得了投资人的投资。

我也通过“输入系统”渐渐自学了许多知识，为终身学习、跨界学习不断做努力。这些知识为我日后能在职业生涯中走得更稳、更远奠定了良好的基础。

在碎片时间越来越多的时代，获得高质量的信息并掌握它们，能让你更专注地学习和工作。通过以上步骤你可以渐渐形成自己的“输入系统”，它们能使你思考问题的角度更全面，你也能借此渐渐形成一些自己的观点，直至成为一名长期主义者。

第 6 节　建立输出系统，达到知行合一

当你建立自己的输入系统后，还可以建立自己的输出系统，让自己形成“输入和输出”的良好循环，达到知行合一。

每个人在学生时代都用过一套输出系统——写作文。无论是小学还是中学，当你面临写作文的要求时，你会思考：作文应该写什么题材？有哪些好词佳句可引用？有哪些案例可以写在作文中？随着你写作次数的增多，你会感到自己的写作水平在不断提升。这套输出系统好比一个仓库，你可以把过去所学的知识、素材都运用到写作中。

输出系统能让你把具体的目标、所学的知识，通过实践运用到生活和工作中，能帮助你在单位时间内提升效率。

输出的方式有很多，例如：通过写作表达知识和观点，通过与朋友交流分享某个理念，通过举办线上、线下读书会遇见同类人……这些方式都能让你输出已掌握的信息或知识，与别人交换更多有价值的信息。

随着年龄的增长，你能获取的信息、知识越来越多，输入系统的知识储备量变得更丰富，你的输出系统也变得更好。

要想让输出系统实现“知行合一”，下面两个法则值得参考。

1. SMART 法则

SMART 原则是目标管理中的基本原则，它能让设定目标成为一个有效

目标。其中各个字母的含义如下：

（1）S 代表 specific（具体的），表示制定目标的标准一定要具体，让别人知道该怎么做。比如，你制订的输出目标是：成为一名长期主义者，做好时间管理。这就是一个不具体的目标。你可以把这个目标修改为：在 5 年的时间里，用业余时间学 3 个新领域的知识，获得两个专业技能的证书；做好时间管理，每周至少学习 5 小时，成为一名长期主义者。

（2）M 代表 measurable（可衡量的），指目标要能测量或衡量，能给出一些明确判断。也就说，可通过数据衡量你的目标。比如，你给自己定的输出目标是：每月阅读至少一本书和每月写一篇书评。这个目标就是不完整的，你需要补充一些可衡量的标准：每月阅读一本至少 200 页的书，之后写一篇至少 3000 字的书评，书评要有趣且符合年轻读者的阅读习惯。相对而言，这个输出目标前半部分更容易实现，也更容易考量。

（3）A 代表 attainable（可实现的），是指给自己定的目标不能太高或太低，太高容易打击积极性，太低又没有挑战性。比如，你写书评，制订的输出目标是在 100 天的时间里每天写 3000 字，这个目标会使你感到痛苦，因为较难实现。但若把字数这个目标定为每天写 500 ～ 600 字，则相对容易实现，也不会降低你对写作的积极性。当你把这个输出目标实现后，才有动力去实现另外一个输出目标。

（4）R 表示 relevant（相关性），是指目标之间要有一定的关联性，它们都为大目标服务。如果在你的输出系统里每个目标都是零散的，没有太多关联性，那么你会感到局限性。但如果它们之间有关联性，你会渐渐获得更多成就感。比如，在一年的时间里，有“100 天学设计、100 天学绘画、100 天学摄影”三个目标，它们之间的知识相互关联，构图法、色彩运用、光线使用等都能运用到三个目标中。因为你的各个目标之间有关联性，所以无论你最终呈现的是一幅画还是一幅照片，它们都能体现出你在构图和色彩运用方面的水平。

（5）T 代表 time-bound（时效性），一个目标如果没有截止日期或一定的时效，那么它基本等同于无效目标，这也是拖延最大的敌人。输出系统里要完成的每一件事情，如果没有明确的时间节点，可能你会产生做事拖延的想法；或是另外一种情况，刚开始做这件事时兴致勃勃，几天后便渐渐没有了动力。比如雅思考试，如果你只制订了一个简单计划却没有设定截止日期，可能这件事会被你无限拖延下去。但有了截止日期后，你就会明白备考的时间有限，如果在单位时间内不用心备考，昂贵的考试费和备考时间都会付诸东流。雅思考试每个月都可以报名，这会让你产生一种错觉，认为每个月都可以参加考试。但现实是备考时间拖得越长，就越没有动力认真备考。你总想着每个月都可以报名考试，报名时间可延长到年底、明年，晚点再备考也没关系。如果给自己设定 3 ～ 6 个月的期限，在这段时间内一鼓作气备考，反而会有意想不到的收获。

输出系统的目标如果基于 SMART 原则而制订，就更容易实现。设定一个具体目标，你有了信息或知识输出的方向，就知道该做什么样的准备输出。运用过去所学的知识，渐渐找到适合自己的方式做输出，就会形成自己的见解。

2. OKR 法则

OKR 法则是一套定义和跟踪目标及其完成情况的管理工具和方法，全称为目标和关键成果法（objectives and key results）。这个方法由英特尔公司在 1999 年首先发明，在其公司内部经过长期实践后，渐渐在硅谷传开。许多互联网公司运用 OKR 法则管理企业。例如谷歌、领英、Zynga（社交游戏巨头）、Cambly（硅谷知名创业教育公司）都使用该方法实现持续高速的增长。现在它已经成为流行的企业和个人进行目标管理的有效方法。

简单来说，OKR 法则要求公司、团队、个人都设立目标（objective），并衡量这些目标完成与否，要有一个关键结果（key results）。O代表的是“你想做什么事情”；KR代表的是“如何实现目标”，也就是实现目标的路径。

OKR的指导原则主要有三点：目标制订原则、关键结果原则、透明协作原则。

OKR能帮忙解决以下问题：

（1）战略清晰。它是灯塔，也是结果导向的量表，能呈现出任务的主要目标是什么，需要如何一步一步达成目标。

（2）提供持续稳定的动力。可避免目标和优先顺序不清晰导致的思路混乱、情绪问题。

（3）让正确的事情持续产生。让你走出舒适区，助你在成为长期主义者的路上越走越稳。

（4）男女老少通用。处理任何让你感到烦躁、无从下手的事，能帮助你理清楚思路后整装待发。

一个简单实用的OKR可以按照如下方式制定：

你可以从设定一个具体目标和三个关键指标开始。当你学会并适应这个方法后，可以举一反三，把它运用到实现多个目标的过程中。

假如你是一位正在从事乡村振兴的工作人员，可以这样制定自己的OKR：

具体目标：三个月内把30本和乡村振兴相关的书读完，并结合实际工作写一篇乡村振兴论文。

关键结果一：至少读25本关于乡村振兴的书，阅读率达成53%。

关键结果二：完成5篇乡村振兴的读书笔记，每篇2500～3000字。

关键结果三：结合读书笔记和实际工作完成一篇约30 000字的

论文，论文查重率 3%。

设定一个具体目标和三个关键结果的好处是：这些数字和数据能让制定目标过程和执行目标过程都变得可衡量，当你有了一定的执行力后，即使不能 100% 完成，至少也能完成 70%。

这两个法则都能帮助你培养良好的输出习惯，渐渐形成自己独特的输出系统。在成为 20% 的少数人的路上，希望你能形成自己的“输入和输出”系统，保持终身学习。

第7节 长期主义者的顶级自律——知行合一

长期主义者实现目标从来不是在嘴上说说而已，而是知行合一。实现目标的难易程度，与你的执行力有关。比如，你想成为一名美妆博主，却不愿花时间学相关知识；你想要月薪过万元，却从未认真分析月薪过万元的人具备哪些工作能力。

无论在职场上还是学习中，知道许多道理但不付出实际行动，是很难实现自己的目标的。

知容易，行却难。知行合一，是长期主义者的顶级自律。

如何实现自己的目标？又如何做时间管理，让自己每一年都有进步呢？下面分享一位长期主义者的故事，或许能对你有所启发。

刘润是国内著名商业咨询顾问，前微软战略合作总监，《5分钟商学院》主理人，曾担任海尔、百度、恒基地产、中远国际、晨兴资本、康宝莱、拍拍贷等多家企业的战略顾问，香港上市公司恒富控股独立董事，互联网转型专家。

他是如何实现自我价值，又是如何一步一步完成目标的呢？

1. 吃苦耐劳

他是“得到App”一位受欢迎的商业课老师，他的《5分钟商学院》是全网畅销书，许多人羡慕他在众多领域取得了非凡成就。

但你不知道的是：他的“作家”斜杠身份是十年如一日地坚持写作换来的。

刘润在他的一篇文章里写道：“我能写，是因为我初中就开始写小说，高中开始写诗集，2003 年开始写博客。如果博客时代有自媒体，那么在那个时候，我就已经写出了至少相当于现在百万级的爆款文章。写作这条路，我已经坚持了十几年，你却以为，我才写了两三年。”

小时候他家里并不富裕，他抓紧一切机会学习，不断提升自己的综合能力。

你觉得互联网大厂的工作模式“996（早上 9 点上班，晚上 9 点下班，每周工作 6 天）”很辛苦，但“996”对于刘润来说是常态。

为什么这样说呢？

因为刘润的工作模式是“007”：从 0 点到 0 点，一周 7 天不休息，365 天工作随时待命，才是他的工作常态。中国许多优秀的创业者或企业家都是这样的状态。

你看，厉害的人都不是突然变厉害的，而是长期坚持做好一件事并刻意练习，厚积之后而博发，吃苦之后才成功的。

我很认同他的文章《成年人顶级的自律，是不再推卸责任》里的一段话：

> 什么是吃苦？
>
> 大多数人对吃苦的含义都理解得太肤浅了。穷根本不是吃苦，穷就是穷，不是吃苦。
>
> 吃苦不是受穷的能力，吃苦的本质是长时间为了一件事聚焦，以及在长时间聚焦的过程中，所放弃的娱乐生活、无效社交、无意的物质消费，以及在过程中所忍受的不被理解和孤独。其本质上是一种禁欲能力、自控能力、坚持能力和深度思考的能力。

很大程度上，靠自己做出成绩变得富有的人，往往比穷人更能吃苦，否则他就不可能靠自己白手起家。

你会发现这些人富有了以后，还是比你勤奋，还是比你能忍受孤独，还是比你能延迟满足，还是比你简单纯粹。

这才是吃苦。

仔细想想，现在的许多年轻人缺少的正是这样的“吃苦精神”。

2. 改变思维

下面引用刘润微博所分享的一段话，有助于大家认识改变思维的重要性。

真正厉害的人，都有一种“工程师思维”。

什么是“工程师思维”？

有人说工程师思维是永远以资源有限、条件不足为前提，去实现现实世界的目标。

永远不要说我的条件不允许，NASA的工程师、运载火箭研究院的工程师的条件从来没有允许过。

两弹一星的工程师的条件从来没有允许过，说干就干，必须干出来。

你有没有这个决心？你有了这个决心，条件不可能不允许。

这就是工程师思维——你要有决心，还要有行动力，千万别在任务开始之前就急着否定自己，告诉自己不可能。

我认真观察身边的许多创业者后发现，真正能创业成功的人，他们身上都具备改变思维。他们只要想做一件事，认准后会一直努力朝一个方向前进，而不是“三天打鱼，两天晒网”。做事业不会一帆风顺，总会经历困难挫折，而正是这些考验不断筛选着各个行业真正优秀的创业者。

你的思维模式，决定了你能走多远。

我曾经遇见过喜欢抱怨的人，他们总是把问题或责任推卸给其他人，自己从来不承担责任。他们认为，所有的错都是别人的，所有的问题都与自己无关。

刘润说：“成年人顶级的自律，是不再推卸责任。”

这句话看似简单，但背后要承担的却是很大的压力。比如，他作为公司的创始人，要承担的责任和风险就非常大，如果作为老板扛不住压力，公司就很难走远。

工作上犯错不可怕，可怕的是没有意识到自己的错误并加以改进，还推卸责任。你若长期跟随这样的领导工作，有一天也会想离开，寻找新的工作。懂得反思和总结，才能成为更好的自己。

在学习中，学会承担责任也非常重要。例如，你正在学钢琴，老师给你布置的作业是每天至少练习半小时，你却每周只练习一次。下次你给老师交作业时，弹得结结巴巴，却说自己没有时间练钢琴，这就是不承担责任的表现。

勇敢地承担责任——承认自己没有花时间和精力好好练习钢琴，并告诉自己下次会改进，这样才能进步。

3. 静心做事

要想变成一个厉害的人，必然要经过一段默默耕耘的孤独时光。时间会给你答案。

一些优秀创业者声名显赫时往往都是 35 岁以上，比如：特斯拉汽车公司的创始人埃隆·马斯克，华为创始人任正非。

为什么大部分人是在35岁之后才功成名就的呢？

首先，他们得在一个行业或领域里经过多年的不断深耕，才能精于一个行业，才会渐渐拥有自己的一席之地。一个人第一年从事教育行业；第二年看到别人做游戏开发赚钱，又去做游戏开发；第三年又去做咖啡馆……不在一个领域里深耕，频繁转行，蜻蜓点水，浅尝辄止，这样的人不容易成功。

创业后，你会面对更多痛苦，深夜辗转反侧是常态，许多创业者熬不过第一年，公司就会因各种各样的情况倒闭了。

对一些学生读者来说，现在谈创业还早，但提前了解一些商业知识，为步入职场提前做准备也是件好事。

我和身边的几位朋友一直坚持在新媒体行业工作，才渐渐有一席之地立足。许多和我同时期在这个行业工作的人比我更努力，"一分耕耘，一分收获"，他们成了全网粉丝超过千万的博主。

刘润一直在商业咨询行业深耕，是一名优秀的商业咨询顾问。他不断提升自己对商业的敏锐度，才有机会成立咨询公司，给中国许多优秀的企业做咨询。

在一个行业里，真正能坚持到最后的人，永远是少数人。

而机会，是留给这些少数人的。

你想成为哪一种人？

人生路漫漫，做时间管理是一件会令你终身受益的事——用80%的时间和精力努力成为20%的少数人。

让我们一起做好时间管理，高效过好每一天。

后记 Afterword

这是我写的第二本书，距第一本《学习就是要高效：时间管理达人如是说》首印已经过去5年。第一本书陆续加印多次。我也经历了从职场打工人到自由职业者再到创业者的角色转变。一路走来，经历了风雨，也见过彩虹。各位读者见证了我的成长。

在这5年里，我也在不断积累沉淀，等待合适的机会创作第二本书。在清华大学出版社编辑张尚国老师的督促下，《时间管理手册：如何高效过好每一天》得以问世。能在书中与大家分享时间管理的方法论和实践经验，是我的荣幸。

感谢父母、爱人的一路陪伴和支持，他们是我的坚强后盾。

感谢各位老师、前辈的指导，他们在我面临人生抉择时给予点拨，让我未来的路走得更稳、更远。

谢谢各位读者一直以来的支持和喜欢。今年我刚好30岁，作为一名普通女性，常年坚持做时间管理，力求平衡好工作、学习和生活之间的关系，终于在而立之年实现了“30岁之前的愿望清单”：创业开一家公司；参加云南省、全国创新创业比赛获奖；学习多国语言；认识优秀的人，和他们成为朋友；去巴黎铁塔下拍照留念；去自己喜欢的一些城市、国家旅行，拓宽眼界；写一本书；成为昆明市官渡区政协委员、西山区青联委员……

作为一位普通人，我通过做时间管理实现了一些有难度的愿望。你也可以做好时间管理，把人生中的美好愿望一一实现。

你如何过一天，就如何过一生。

希望我的第二本书能帮助到你和你的家人、朋友，如果你看完此书有一些感悟和收获，我将感到非常开心。期待与各位读者在未来进行更多的线上和线下交流。

书中有不足之处，敬请方家雅正。

让我们一起努力，在更高处相逢。

徐丹妮

2023 年 10 月